KB161292

자발적 고독

SOLITUDE VOLONTAIRE by Olivier REMAUD

ⓒ Éditions Albin Michel, Paris 2017

철학자의 돌 8

자발적 고독

올리비에 르모 지음
서희정 옮김

2019년 6월 28일 초판 1쇄 발행

펴낸이 한철희 | 펴낸곳 돌베개 | 등록 1979년 8월 25일 제406-2003-000018호
주소 (10881) 경기도 파주시 회동길 77-20 (문발동)
전화 (031) 955-5020 | 팩스 (031) 955-5050
홈페이지 www.dolbegae.co.kr | 전자우편 book@dolbegae.co.kr
블로그 imdol79.blog.me | 트위터 @Dolbegae79

주간 김수한
편집 김진구
표지디자인 박연미 | 본문디자인 이은정·이연경
마케팅 심찬식·고운성·조원형 | 제작·관리 윤국중·이수민
인쇄·제본 한영문화사

ISBN 978-89-7199-967-7 04100
        978-89-7199-636-2 (세트)

※ 책에 실린 사진 도판의 저작권자가 불분명한 경우 또는 연락을 취하기 곤란한 경우에 피치 못
하게 허가를 구하지 못했습니다. 추후라도 저작권자가 확인되거나 연락이 닿을 경우 허가 절차
를 밟겠습니다.

이 도서의 국립중앙도서관 출판시도서목록(CIP)은 서지정보유통지원시스템홈페이지(http://
seoji.nl.go.kr)와 국가자료공동목록시스템(http://www.nl.go.kr/kolisnet)에서 이용하실 수
있습니다.(CIP제어번호: CIP2019022953)

책값은 뒤표지에 있습니다.

철학자의 돌 8

자발적 고독

올리비에 르모 서희정 옮김

Solitude Volontaire   Olivier Remaud

돌베
개

감사의 말

알렉산더 폰 훔볼트 재단, 2016년 3/4월호에 7장의 일부를 게재해준 『에스프리』Esprit, 국립의학아카데미 도서관, 엘렌 몽사크레Hélène Monsacré, 파트리크 사비당Patrick Savidan, 마르퀴스 메슬링Markus Messling에게 감사의 마음을 전한다.

작년에 세상을 떠나신 부모님과 존재만으로도 책을 마무리할 수 있는 힘이 되어준 아녜스Agnès, 알마Alma, 에밀Émile에게 이 책을 바친다.

우리 집에는

의자가 세 개 있었지,

하나는 고독,

다른 하나는 우정,

마지막은 사회를 위한 의자였네.

헨리 데이비드 소로, 『월든』(1854)

차 례

일러두기

1. 책의 내용을 더 효과적이고 적확하게 전달하기 위해 원문의 장 제목 일부를 수정하였고, 소제목을 보완하여 달았다.
2. 본문에 실린 도판은 원서에는 없고 한국어판에만 있다.
3. 페이지 하단의 각주는 옮긴이가 단 것이다.
4. 원서에서 이탤릭체로 구별한 부분은 고딕체로 바꾸어 표시하였다.
5. 지은이가 참고 문헌을 직접 인용할 때 붙인 인용부호는 번역 및 편집 과정에서 가독성을 고려하여 빼기도 했다.

홀로 있는 것을 좋아할 수 있을까?

'사라지다.' '멀리 떠나거나 내면으로 침잠하다.' 자발적 고독이 새로운 발상은 아니다. 자발적 고독에는 지금까지도 여전히 풍성한 도피의 사연이 담겨 있다. 강도 높은 형태의 자발적 고독을 추구하는 이들은 절대적인 자유를 예찬한다. 그들은 '아니요'라고 말할 수 있는 권리를 요구한다. 역사와 순응주의, 그리고 안주하는 삶을 거부한다. 또 반항할 때는 인연이 끊어지는 것도 개의치 않고, 떠나갈 때는 뒤도 돌아보지 않는다. 약한 강도의 형태로 표현하는 사람들은 도시에서 한 발 벗어난 전원의 삶을 찬양한다. 또 느림의 효용과 사색의 미덕을 찬미한다. 그들은 '예'라고 답하지만 그 대상은 사회가 아니라 자기 자신이다. 한 걸음 물러서서 자아를 실현하고 잠재력을 꽃피운다. 이 사람들은 자신들이 예측 불가능한 삶을 버티도록 도와주는 이런 고독을 갈망한다.

그렇지만 원치 않게 홀로 있는 경우가 많지 않느냐는 반론이 제기된다. 고독한 이는 말하기를 즐길 것이다. 그런데 곁에 아무도 없다. 침묵의 시간이 무겁게 그의 어깨를 짓누른다. 그는 상념을 이리저리 헤집는다. 자기 집에서도 두려움에 사로잡히는 일이 생긴다. 고립된 이는 "서로가 서로에게 속한"[1] 사회에서 자신이 숨 쉬고, 먹고, 잠든다고 생각하지 못한다. 도피는 불가능하다. 고립에서 어떤 지혜를 이끌어내는 것은 또 다른 도전이다. 자발적 고독이 고립된 삶을 이상화하는 것은 아닐까? 제대로 대답하려면 질문을 다르게 던져야 한다. 사회로부터 내쳐진 것이 아니라 스스로 사회와 거리를 둔 개인은 정확하게 무엇을 원하는가? 그는 어떤 경험을 하고 싶은 것인가?

홀로 있으려는 행동은 고독에 대한 갈망이 가장 평범하게 표출된 형태이다. 사춘기 소년은 방에 들어가 음악을 듣거나 책을 읽거나 그림을 그리거나 인터넷 서핑을 하거나 비밀 일기를 쓴다. 그러면서 타인의 판단에 의존하지 않고 스스로 할 일을 조율하고 자신을 평가할 수 있음을 가족에게 보여준다. 고독은 창의력을 자극하고 독립심을 키운다. 이때 고독은 일시적이고 선택이 가능하다. 소년은 방에만 머무르지 않는다. 친구들과 외출하기도 한다. 자연이 홀로 있으면서 긴장을 풀고 기운을 얻기에 적합한 곳이라고 여긴다.[2] 그러다가 이 아이가 먼 곳의 부름에 응한다면 우리는 추후 광활한 평야에서, 눈 덮인 산맥에서, 사막 한가운데서, 대양 한복판에서 청년이 된 그를 만나게 된다. 자연은 홀로 있으려는 마음과 떼려야 뗄 수 없다. 과감하게 자연으로 모험을 떠나는 자발적 고독을 선택한다면 대자연과 하나가 되는 기분이 드는 곳을 찾게 된다.

홀로 있으려는 마음을 따르는 일은 영적인 전통에서 비롯됐다. 마음속으로 생각의 대화를 나누는 전통이다. 수많은 고대 철학자와 신비주의자들에게 영혼의 대화는 자족의 증거였다. 사람들이 고독 속에서 언제나 사회가 "손을 내밀어주지 않는" 개인의 상태를 가리키는 고립을 추구하는 것은 아니다. 이보다는 오히려 "자기 자신에게 만족하는 능력"을 목표로 한다. 이런 능력을 갖게 된다면 그들은 "사건을 대하는 (자신들의) 예전 태도와 현재의 태도, 여전히 마음을 무겁게 만드는 문제와 그 문제를 개선하거나 해결하는 방법을 점검"3할 수 있다. 그들은 자신에 대한 인식의 길로 나아간다. 야단법석한 세상에서 벗어난 개인은 자기 의지에 따라 좌우되는 일이 무엇인지 알게 된다. 다른 사람들과의 관계에서 약간 멀어짐으로써 자기감정의 주인이 된다. 스토아 학파는 영혼을 외부에서 오는 악으로부터 자신을 지키는 성채에 비유한다. 독자적으로 고독을 선택한 자는 이성을 활용한다. 그리고 명상으로 세계의 질서에 편입한다. 어느 철학에서나 자족은 행복의 열쇠이다.

그렇지만 혼란스럽고 무엇이든 과하고 음모로 가득한 사회를 비난하면서도 "홀로 있으면서 지혜로워지겠다는 바람을 과도한 욕심"4으로 여길 수 있다. 위대한 세기라 불리는 17세기의 모럴리스트들이 고독을 번복할 수 없는 결정이 아니라 필수 불가결한 휴식으로 여긴 점도 당연하다. 사람은 사회와 교류할 필요가 있는 만큼 거리를 둘 필요도 있다. 우리는 번잡스러운 세상사에서 잃어버린 평온한 정신을 홀로 있으면서 되찾고자 노력한다. 그리고 다시 떠들썩한 군중 사이로 돌아간다. 현대 사회에서는 (디지털 기술에서의) 로그오프가 화두이다. 문제는 예나 지금이나 다름없다. 오프라인이고픈 욕구는 온라인이

고자 하는 열망과 무관하지 않다. 양립할 수 없는 마음이 아니다. 양립 불가능한 마음이 문제였던 적은 한 번도 없었다. 우리는 사회라는 떨쳐내기 힘든 집요한 존재와 관계를 끊고 싶으면서도 동시에 끊고 싶어 하지 않는다.

좀 더 거시적으로 생각해서 자발적 고독이 사회적 삶의 방식일 수 있을까? 그리고 이런 삶의 방식은 고독을 오롯이 누릴 수 있게 해줄까? 고독의 신봉자 중에서 단절과 연결이 양립하는 삶의 방식을 제안한 이가 있으니 바로 헨리 데이비드 소로다.

1845년 7월 4일, 소로는 콩코드 고향 마을을 떠나 오두막에서 살겠다고 선언했다. "삶에서 본질적인 사건에만 집중하고, 삶이 내게 가르쳐주려고 하는 것을 배우고, 세상을 떠나는 순간에 내가 제대로 살지 못했다고 깨우치는 우를 범하지 않겠다"[5]라는 단순한 계획이었다. 소로는 오막살이 경험을 바탕으로 한 글에 거의 매일 숲에서 마을로 찾아왔다고 적었다. 빨래를 하고 어머니가 구운 파이를 맛보고 신간에 대해 토론하며 고향 사람들과 저녁을 먹었다. 미국에서는 '고립되겠다'라는 선언에 초점을 맞춰 소로를 하나의 신화로 만들었고 그는 전설적인 은둔자이자 미국을 대표하는 고행자가 됐다. 소로가 고독을 연출했다는 점을 간파한 이는 드물었다.[6]

소로의 이런 위장에 감춰진 본질을 살펴봐야 한다. 이때의 위장은 속임수가 아니었다. 의지를 담은 장치이자 한 걸음 비켜서는 연극이었다. 오두막으로 가는 이는 사회에서 멀어진다. 그러나 그가 사회와 연을 모두 끊은 것인가? 이 물음이 앞으로 우리에게 하나의 큰 틀을 제공할 것이다. 이 물음은 앞으로 다루게 될 다른 모든 사례에서도 유효하다. 그리고 우리가 왜 그토록 홀로 있기를 좋아하는지 이해하게 도와줄 것이다.

이 책은 사회 속에서 고독을 논해보려는 책이다. 홀로 있기를 좋아한다는 것이 무슨 의미인지 살펴보고, 우리 내면에 있는 여행자에게 말을 걸어 정의에 대한 감각을 일깨우고, 자발적 고독에 대해 재고하도록 해 가장 먼저, 그리고 무엇보다 그 안에 담긴 자유의 경험과 비판적 사고력을 기르는 계기를 발견하게 만드는 책이 될 것이다.

앞으로 이어지는 장에서 행복의 비법은 소개되지 않는다. 관조와 행동, 또 지혜와 정치 사이에서 선택하라고 조언하지도 않는다. 고독의 올바른 사용법을 정의하기 위해 단지 '우리는 무엇에서 도피해 여행을 떠나는가?', '고독 속에서 무엇을 구하는가?', '자기에게 다가간다는 것은 무슨 뜻인가?', '우리에게 사회로 충분한가?', '고독한 이는 어떤 유형의 시민인가?', '홀로 있으면서 연대를 형성할 수 있을까?', '왜 자연을 신뢰해야 하는가?' 하고 자문할 것이다.

1장

도피할 것인가, 말 것인가?

고독의 위험

여로에서 만나는 여행자는 두 가지 유형으로 나뉜다. 우선 사회로부터 도피하는 이들이다. 그들은 실업과 폭력과 슬픔에서 벗어나려고 짐을 꾸린다. 미래가 없는 현 상황을 잊으려고 전 세계를 떠돈다. 또 지금 있는 곳이 자신이 있을 데가 아니라는 기분이 들어서 도망친다. 그들도 도피가 문제를 해결해주지 않는다는 점은 잘 알고 있다. 그 와중에 다른 문제도 등장한다. 때로는 동일한 문제이다. 이때 받는 고통은 이미 피했다고 생각한 만큼 더욱 쓰라리다. 그들은 상황이 바뀌어서 좋은 날이 오기를 기대한다.

다른 여행자들도 있다. 모험가 정신을 좀 더 발휘하는 이들이다. 그들은 절대 싫증내지 않는다. 꼭 출발점으로 되돌아오겠다고 다짐하지도 않는다. 그들의 여정은 오랫동안 이어진다. 아무것에서도 도피하지 않았고, 머나먼 나라에 끌리고, 새로운 만남에 매혹되고, 경이로운 자연에 사로잡혀서이다. 모든 것을 알고 싶어 하면서도 아무것도 알려지지 않길 바란다. 그리고 만족을 모르기 때문에 모순되는 이야기를 계속 한다. 위대한 여행자가 되어야만 이 점에 동의할 수 있는 것은 아니다. 소로는 자신이 태어난 매사추세츠를 거의 떠나지 않았다. 그는 이 모순을 놓치지 않고 지적하며 "우리는 탐험하고 배우길 갈망하면서도 동시에 만사가 신비롭고 미지의 영역에 남아 있기를 바라고, 또 육지와 바다가 언제나 야성적이고 알려지지도 않고 가늠할 수 없으니 설명되지도 않은 채이길 원한다. 자연은 어떤 경우에도 우리를 질리게 하지 않는다"[1]라고 했다.

독특한 체험을 하는 이들도 있다. 크리스토퍼 맥캔들리스는 숀 펜이 2007년 제작한 영화 <인투 더 와일드>Into the Wild의 실제 주인공이다. 이 영화는 존 크라카우어의 논픽션 작품을 화면 위에 옮긴 것이다. 맥캔들리스는 1990년 7월 가족과 인연을 끊기로 결심했다. 알래스카로 길을 떠나면서 작은 길을 누비고 자급자족하는 생활을 하기로 작심했다. 그는 (잭 케루악의 표현을 빌리자면) '길 위에서' 살면서 타이가(북방침엽수림)에서 다시 태어나길 바랐다. 여동생에게만 자신의 의중을 털어놓았고 다른 누구에게도 자기 계획을 언급하지 않았다. 그러고는 부모에게 아무런 말없이 성장기를 보낸 애틀랜타를 떠났다. 알렉산더 슈퍼트램프라는 가명으로 위대한 방랑자의 삶을 시작했다. 이 여행은 약 2년 넘게 지속됐다. 히치하이크를 하거나 화물열차를 얻어 타면서 미국 남서부 지역을 이동해 캐나다 접경지대로 올라갔다. 여정은 유콘 준주와 북극권으로 이어졌다. 알래스카 주 페어뱅크스 남부에 이르자 드높은 산 아래 펼쳐진

존 크라카우어의 논픽션 및 영화 <인투 더 와일드>의 실제 주인공 크리스토퍼 맥캔들리스가 거처로 삼던 버려진 고속버스 앞에서 포즈를 취하고 있다.

디날리 국립공원에서 걸음을 멈췄다. 그는 일기장에 목표가 필요했다면서 일상생활에서 찾지 못한 자아실현이라는 이상을 찾아 야생의 자연으로 자발적 유배를 떠났다고 고백했다. 더불어 왜 다시 돌아오려고 하는지도 설명해뒀다. 반짝이는 일탈이 끝나면 결혼하고 가정을 꾸리고 직업을 가지려고 한다고 분명하게 밝혔다. 출발하는 순간부터 귀환을 염두에 두고 있었기에 그의 방황은 영원한 것이 아니었다.

그다음 이야기는 널리 알려져 있다. 식용식물을 분간하려고 식물학 입문서를 챙겨갔지만 간접적으로 독성이 있는 곡물을 먹는 바람에 소화기 관련 합병증이 발생할 줄 몰랐다. 영양부족 상태에서 제대로 된 약도 갖고 있지 못했던 그는 병증을 다스릴 수 없었다. 그러다가 거처로 삼던 버려진 고속버스에서 이끼와 고사리 위에 누운 채로 숨을 거뒀다.[2] "진정한 행복은 함께 나눌 때에만 느껴진다." 그가 마지막으로 남긴 단상이다. 떨리는 손으로 일기장에 이 문구를 적으면서 자신이 착각했다고 덧붙이지 않았다. 그는 떠나기 전부터 이 사실을 확신하고 있었다. 소로의 『월든』, 톨스토이의 『결혼의 행복』, 파스테르나크의 『닥터 지바고』를 애독하면서도 바로 이 점을 깨달았다.[3] 홀로 있는 경험은 사회에서 사람들과 함께 보낸 순간들을 음미하도록 자극한다는 점을 이 책에서 배웠다. 그렇지만 맥캔들리스는 고독이 이토록 괴롭고 위험할 수 있는지는 미처 짐작하지 못했다. 고열에 시달리며 고립되었을 때 발생할 수 있는 위험성을 충분히 감안하지 않았음을 깨달았다. 죽음이 다가오는 공포 속에서 그는 고독에 대한 열망이 가져온 예기치 못한 결과를 가만히 지켜봤다. 알래스카에서 보낸 시간은 그의 인생에서 한때여야 했다. 그는 자연에서 배우고 바람과 더불어 사색하고 순록을 친구 삼아 송어를 잡고 버섯을 따려고 했었다. 그러고는 벼린 영혼과 안정된 마음으로 사람들 사이로 되돌아오려 했었다.

내면적 일탈

크라카우어는 자발적 고독의 다른 사례도 언급했다. 그는 청년에버렛 루스가 1934년 11월 11일 형 월도에게 보낸 마지막 편지의 한 구절을 인용했다.

> 자연은 질리지가 않아. 오히려 매일 더 강렬하게 자연의 아름다움과 떠돌이 삶을 즐기고 있어. 도시의 자동차보다 말안장이, 지붕보다 별이 빛나는 하늘이, 잘 정비된 도로보다도 미지의 어딘가로 향하는 불안하고 험난한 길이, 도시에서 살면서 느끼는 불평불만보다 자유로운 삶에서 오는 가늠할 수 없는 평화로움이 좋아. 비로소 내가 속해 있다고 느껴지는 곳에 왔고, 나를 둘러싼 우주를 독대하고 있어. 이러는데도 나를 비난할 거야? 지적인 사람들과 함께하는 일이 그립긴 하지만, 내게 정말로 중요한 것을 함께 나눌 수 있는 사람들은 극히 일부라서 그 사람들 없이도 사는 법을 익혔어. 아름다운 자연을 벗삼는 것으로 충분해.[4]

루스는 또 다른 초보 유랑자였고, 소란스러운 도시의 가도를 피해 도망쳤다. 이제는 닦이지 않은 길을 따라 걸었다. 포석이 깔린 보도를 내달리는 사람들에게 더 이상 악담을 퍼붓고 싶지 않았다. 도시에서는 그 무엇에도 소속된 기분이 느껴지지 않았다. 반면 자연 속에서는 우주의 시민이 되었다. 그는 천장이 없는 오두막집인 양 자연으로 피신했다. 은하수가 이불이 되어주었다. 막막한 평야는 주위 사람들의 빈말을 잊게 해줬다. 장대한 산맥의 아름다움은 도시인들의 우울한 얼굴을 기억에서 지워줬다. 소중한 친구들과의 추억이 되살아났다. 그래서 자신과 같은 생각을 가진 이들과 대화를 나누며 느꼈던 행복을 곱씹었다. 그는 말을 타고 자신이 이곳에서 조화를 이루고 있다는 느낌이 짙게 들게 하는 자연을 가로질렀다.

맥캔들리스와 루스는 자연을 택했다. 그들은 자신들과 기대하는 바가 크게 다른 이들과 교류해야 하는 사회를 등졌다. 이 사회에서 그들은 고립되지 않았지만 혼자라고 느꼈다. 주위에는 비슷한 사람이 아무도 없었다. 그들은 협소한 인간관계로 인한 고독으로 고통받았다. 이런 종류의 고독은 "누군가 자신에게 필요하다고 느끼는 유형의 타인을 만나지 못하는 장소에서 살거나 그런 처지에 있을 때 나타난다."[5] 두 사람 모두 그런 경우였다. 이 두 사람은 사회를 떠나면서 어떠한 가치도 공유하지 못하는 사람들 사이에 자신들을 잡아두던 이 고독을 거부한 것이다. 그 대신 아북극 지역만의 특별한 고독을 선택했다. 집에서 멀리 떨어져서 자신들을 치유한 자연으로 자신들을 질리게 한 문명에 대항했다. 그들은 자신들을 자유롭게 한 북쪽

침엽수림대를 받아들이고 자신들을 우울하게 하는 사회를 버렸다. 대자연을 선택한 것이다. 사회적 관습은 환멸만을 안겨준다고 판단했다. 충일감을 느끼고 싶다는 이상에 헌신할 시간이 됐다. 자발적 고독의 신화는 이런 식으로 강렬하게 마음을 사로잡았다.

맥캔들리스는 잭 런던이 그랬던 것처럼 비범한 모험을 경험하려고 했다. 타협을 강요하고 자기 자신이 되지 못하게 막는 틀에 박힌 일상을 떠나고 싶어 했다. 그래서 자신을 지치게 만드는 사회에서 벗어났다. 쉴 새 없이 움직였고 거리의 부랑자들 틈에서 밤을 보내기도 했고 독립된 삶을 즐겼다. 정든 집을 떠날 때만 해도 다시 돌아와 새로운 사회생활을 시작하려는 계획을 품고 있었다. 그의 일탈은 진지하게 시작했지만 비극으로 막을 내렸다. 어쩌면 기승전결이 있는 경험담으로서 자발적 고독을 체험한 평범한 일화가 될 수도 있었을 것이다. 자신이 주인공인 오디세이아를 아이들에게 들려줄 수도 있었을 것이다. 애초 계획대로 상황이 마무리되었을지도 모른다.

맥캔들리스의 고독으로 떠난 여행은 그가 죽으면서 갑작스럽게 끝났다. 그는 스스로를 수도자의 기질이 없는 유랑자로 여겼다. 수도자의 삶은 소명이다. 모든 소명은 일방적인 결정을 내포한다. 소명은 돌이킬 수 없다. 몇몇 예외적인 경우를 제외하고는 삶의 한 시기에 그치지 않는다. 소명은 운명이다. 수도사가 되려는 자가 수도원의 문을 열고 들어서면 그는 얼마 지나지 않아 몸과 마음을 그곳에 바친다. 명상과 신앙과 의례의 세계로 편입된다. 그 세계에서 그는 작은 일부이고, 거대한 불의 작은 불똥에 불과하다. 자신의 운명을 좀 더 수월하게 수용하려고 공동체의 삶을 산다. 맥캔들리스에게 유랑자란 길이 거처인 탐미주의적 여행자를 의미했다. 또 문명을 떠난 영적 수행자이자 자연에 몰입하기 위해 홀로 걷는 극단주의자였다.[6] 그는 길을 잃는 것을 즐겼다. 게다가 지도도 금세 접고 내키는 대로 나아갔다. 발걸음 닿는 대로 가면서 사람들을 만나고, 필요한 것을 직접 만들어 쓰고, 여러 일들을 겪다 보면 길을 찾게 되리라고 내기라도 하듯 정처 없이 걸었다. 그가 사용한 단어를 보면 그에게는 유랑이 소명인가 싶은 생각도 들지만 오히려 길고 긴 내면적 일탈에 가깝다. 그러면서 그는 도피에 열중하고 길 위에서 사회의 진실과 거짓을 구분하도록 도와줄 생기를 느꼈던 것이다. 그가 2년의 방랑기를 평범한 삶으로 회귀하기 전에 잠시 멈춰 가는 휴지기로 여겼던 것은 아닐까? 그는 야생의 자연을 떠나 사회에 재적응해야 했다.

영혼의 방랑자

그럼에도 고독이 부름이라는 점은 변함없다. 이 부름은 지위와 나이를 막론하고 모든 이의 머릿속에 고집스레 울려 퍼진다. 러시아 작가이자 기자인 바실리 골로바노프는 북극해 콜구예프 섬에 자주 머물렀다. 그는 홀로 떠나는 탐험을 비웃었다. 그것이 허세나 조롱거리라고 여겼다. 원정을 준비하게 되면서부터 그 생각은 "혼자 떠나는 일은 진실로 도피와 진배없다"라는 확신으로 굳어졌다. 그는 길동무인 피오트르 글라조프에게 연

바실리 골로바노프(위 오른쪽)는 북극해 콜구예프 섬에 자주 머물면서, 온전한 자유로움과 자기에게 더 가까워지는 기쁨을 누렸다. 콜구예프 섬의 자연.

락해 자기 꿈과 과오와 계획을 털어놨다. 그러나 골로바노프야 말로 진정한 도피자였다. 과거의 수많은 작가들이 그랬듯 그도 도망치려고 했다. 멜빌, 랭보, 런던 등 여러 영혼의 방랑자를 사례로 들면서 주저 없이 이렇게 적었다.

> 도피로 자기 정체성을 구하는 일은 20세기 문화에서 중요한 테마가 됐고, 배반이라고 평가할 수도 있는 도피의 부정적 측면도 현실적으로 정당화될 수 있다. 도피-일탈은 개인의 승리이자 아마도 궁극의 승리이고, 어찌 됐든 승리이기 때문이다! 그것은 절대적 비자유의 전조이자, 냉엄한 기계와 통계를 앞세워 전진하는 세상의 질서를 짐작케 하는 징후이다. 도피는 단절과 공간의 변화, '산 너머, 숲 너머, 광대한 대양 너머 등' 어디론가로 피신할 가능성을 전제한다. 20세기의 영원한 도피자는 아마도 21세기 인간들의 눈에 기이하게 보일 것이다. 더 이상 도피할 곳이 없을 것이라는 단순한 이유로 말이다.[7]

골로바노프는 연료와 석유 운반용 낡은 드럼통의 개수가 그곳의 생명체 수보다도 많은 지역으로 이동하기 위해 헬리콥터에 올라탈 때마다 분명 자유의 대가는 크다고 되뇌었을 것이다. 콜구예프 섬은 낙원이 아니었다. 대륙에서와 마찬가지로 섬에서도 소비에트 사회주의가 붕괴됐고 거주민 일부는 생계 수단을 잃었다. 이상적인 환경에서 산다고 개인의 절망이 해결되지는 않는다. 그래도 골로바노프는 헬리콥터에 오르면서 현실적 근심에서 도망쳤다. 자기 인생을 망쳤다는 기분은 사라지지 않았다. 그렇지만 자유로워졌다는, 자신과 더 가까워졌다는 기쁨이 느껴졌다. 그는 자신의 도피를 북극권에 거주하는 네네츠족의 문화를 파악하는 기회로 삼았다. 적막하고 외진 장소가 존재하는 한, 어쨌든 누군가는 사회에서 벗어나 자신의 호기심을 일깨우고 광활한 공간에서 오는 자유로움을 찬미할 것이라는 점은 분명하다.

프랑스어 단어 solitude('고독' 외에 '고립되고 인적이 드문 곳'이라는 뜻이 있다)는 오랫동안 지구에서 사람이 살지 않는 곳, 쉽게 접근할 수 없는 외진 곳을 연상시키는 이름 없는 널찍한 지역을 지칭했다. 어떤 이들은 넓고 메마른 편암 지대를, 다른 이들은 거친 바람이 후려치는 얼음벽이나 망망대해 한가운데에서 어두컴컴한 하늘을 지고 있는 외딴 섬을 상상했다. 공허함이 잠식한 이곳에는 세상사에서 벗어나 죗값을 치르려는 이들이 찾아갔다. 즐기기 위해서나 고요하게 명상을 하려고 그런 곳을 거니는 이들은 드물었다. 그곳에서는 어떤 꿈도 꿀 수 없었다. 사랑에 관한 개론서를 썼다는 이유로 아우구스투스 황제에 의해 사람의 발길이 닿은 적 없는 흑해 연안으로 추방당한 시인 오비디우스가 이미 1세기에 그 점을 입증한 바 있다. 오비디우스는 유배지에서 뼈저리게 괴로워했다.

오비디우스는 더 이상 온 세상에 속하지 못하고 자칭 '전 세계'totius orbis라는 고대 로마 제국에서 추방당했다고 느꼈다. 무역로가 개발되고 교통수단이 증가하고 기술 혁명이 일어나면서 이런 기존 관념이 뒤집어졌다. 오늘날 지리적인 고립은 더 이상 형벌이 아니고 오히려 모험심을 자극한다. 외진 곳은 상상력을 자극한다. 독립성을 가늠할 수 있는 시험장이 된다. 지구상 저 멀리 있는 곳, 때로는 위험한 지역에 찾아가 규범과 인습에서 벗어난 기쁨을 누린다.

　고독한 늑대라고 불리는 여행자들은 남북극, 사막, 고산, 심해처럼 유독 외진 지역에 끌린다. '프런티어'를 떠올리고 그 곳에 도달해 경계를 넘어서는 자신을 상상하는 것이다. 그들은 익스트림스포츠로 맛볼 수 있는 자유를 갈구한다. 위험을 감수 하길 즐긴다. 그들의 여행은 자아 성취를 위한 시도이다. 스스로 어디까지 혼자 결정할 수 있을지, 다양한 상황에서 자급자족할 수 있을지 알고 싶어 한다. 일단 야생의 세상에 들어서면 자신들이 성큼성큼 걷고 있는 그곳의 아름다움을 만끽한다. 떠나온 도시 환경과 대비되는 모습을 감상한다. 자신들도 이러한 외부의 모습을 내면화하고 있다고 인정한다.[8]

　이 비범한 여행자들이 늘 완전히 혼자 다니는 것은 아니다. 소규모 그룹을 형성하거나 때로는 탐험대에 참여하기도 한다. 일시적인 단체 활동 중에는 고독감을 간직하기 위해 타인과 적당한 거리를 유지하려고 주의한다. 그들은 사람들이 거의 찾지 않는 곳, 또는 찾기 힘든 장소를 찾아갈 때 혼자 떠난다. 그곳에 도착하면 살아남아 앞가림을 하고 세태에 휩쓸리지 않도록 수련한다. 이런 경험은 스스로에 대한 인식을 바꾼다. 성장을 위해 통과해야 하는 여행을 마친 수행자와 같다. 해묵은 구속에서 벗어나 자기 자신을 회복한 느낌을 받는다. 사회로

돌아왔을 때는 마치 다시 태어난 것 같은 기분이 든다. 새로운 인생을 살 준비가 된 것이다.[9]

탐험가로서의 순수한 기쁨

특별한 삶의 조각을 찾겠다는 결심이 혼자 떠나는 모험의 첫 번째 동기이다. 여행자는 자족의 상태에 도달하겠다는 야심을 품는다. 일상에서 누릴 수 없는 자유를 만끽하려고 타인의 도움 없이 살고 싶어 한다. 그의 마음은 탐험하는 장소의 분위기에 맞춰 따라간다. 17세기에는 '지역적 고독'과 '정신적 고독' 사이의 근본적 합일을 발견하려고 노력했다. 이는 덴마크 고고학자 에이일 크누트가 눈을 감기 1년 전인 1995년에 펴낸 에세이 『인디펜던스, 썰매 여행의 철학』을 관통하는 주제이기도 하다.

크누트는 그린란드 최북단 피어리랜드 경계를 이루는 '인디펜던스' 피오르를 따라 이동한 탐험을 기록했다. 그는 이곳에서 이전에는 경험하지 못했던 소소한 행복으로 점철된 하루하루를 보낸다.

> 이것이 바로 환희이다. 불협화음이라고는 전혀 없다. 신문도, 라디오도, 전보도, 읽거나 써야 할 편지도, 인기척도 없다. 정신을 장악한 평정을 흩트리는 것이라고는 하나도 없도록 섬세하게 준비된 극한의 자유가 주는 열매이다. 언제 일어나고 그날 무엇을 할지 혼자서 결정한다. 언제 야영지에서 철수할지, 출발 시점과

그날의 여정, 이동할 방향, 묵을 장소, 각 지점에서 보낸 시간 등을 선택하는 유일한 결정권자이다. 한 번도 그랬던 적 없고 또 앞으로도 더 이상 그럴 수 없을 것처럼 혼자인 시간이다.[10]

과학자이자 탐험가인 크누트는 비할 데 없는 충만감을 느꼈다. 그동안 도시인으로서 정신이 일상으로 인해 마비된 상태였으나, 그린란드 북단에서 도시의 불협화음은 울리지 않았다. 자동차의 엔진 소리도 더 이상 들리지 않았다. 디지털 기기도 입을 다물었다. 빙산의 정적 속에서 크누트는 삶의 방향을 결정했다. 무엇을 할지 선택했다. 생활의 리듬 중에 제삼자가 강요한 것은 없었다. 자연만이 자기 법칙을 강제했다. 하지만 자연의 제약은 역설적으로 그의 의지를 자유롭게 펼치게 해줬다. 그리고 순백의 물길에서 의지를 불태울수록 직업과 관련된 걱정거리를 더 멀리 날려 보낼 수 있었다. 빙하 속에서 고독을 느끼면서 하루하루의 주인이 됐다.

북극의 엄혹한 기후에도 불구하고 크누트는 초의지를 경험했다. 기상 조건이 허락하지 않을 때를 제외하고는 아주 사소한 결심이라도 곧바로 실행에 옮겼다. 하고 싶은 마음이 들면 바로 실천했다. 그는 끝없는 자유를 최대한 누렸다. 자신의 길을 전진하는 태양과 함께 나아갔다. 그와 태양은 모두 완만한 속도로 움직였다. 그의 평정은 우주적 질서에서 오는 것이었다.

지각하기 어려운 미세한 내면의 충격이 첫 번째 효과이다. 그 원인을 즉시 알아채지는 못하지만 외적인 조짐으로써 이 충격을 감지하고 가슴이 기쁨으로 벅차오른다. 지나치게 오랫동안 억눌려왔다는 듯이 그 어느 때보다도 깊이 있는 생각들이 가득 떠오른다. 지난 삶의 근심이 이미 사라져서 주위의 순수한 설경처럼 아득하고 비현실적으로 느껴질 정도이니 근심의 굴레에서도 마침내 벗어난 셈이다. 자신 있고 평온하게 썰매에 앉아 그날의 목적지로 나아갈수록 거추장스러운 개입에 저항하고, 생각이 자연스럽게 모이고 흩어지고 다른 생각에 자리를 내어주는 모습을 관조하게 된다. 오지에 가까운 이곳에서 우리는 평정을 되찾고 조화로운 개체, 그러니까 완성된 인간이 된다.[11]

극지방에서보다 고독이 더 절절하게 느껴지는 곳은 없는 것 같다. 그곳에서 우리는 자신을 마주하고 크게 성찰한다. 이런 고독은 더 이상 휴식이 아니다. 수평선은 수 킬로미터에 걸쳐 막막하게 펼쳐진다. 얼음 위를 미끄러지는 썰매의 움직임과 개 짖는 소리로 마음을 달랜다. 그러다 갑자기 높은 빙하가 나타난다. 안개에 가려 짐작조차 하지 못한 가파른 빙벽이다. 돌아가야 한다. 예고 없이 밀어닥친 눈보라가 고통스럽다. 가던 길을 멈추고 얼음집을 지어야 한다. 개들은 말뚝에 매어둔다. 곧 먹이를 줄 것이다. 개들은 마른 생선 냄새를 맡은 백곰이 가까이 다가오는지 알려줄 것이다. 극지방의 일상은 이렇다.

크누트는 북극의 혹독한 삶을 대도시의 복잡한 감옥 같은 세상보다 단연 선호했다. 그는 도시가 시민을 구속한다고 여겼다. 도시는 시민들이 그 의미를 망각한 의무를 지게 한다. 또 시민들을 땀 흘려 획득한 자유 시간의 노예로 만든다. 크누트는 우리가 과도하게 사회적이라고 평했다. 우리는 지나치게 타인은 물론 그들과 맺은 관계에 의존한다. 거대한 거미줄의 덫에 걸린 파리와 다를 바 없다. 이곳에서 "완성된 인간"이란 유럽 전역으로 '그랜드투어'를 떠나 경험과 인맥과 지식을 쌓으며 수양한 개인이 아니다. 19세기 교양소설에 등장하는, 세파에 부딪히는 학식 있는 청년도 아니다. 썰매가 전진할수록 자신이 지고 있는 모든 짐을 덜어내는 존재이다. 그런데 이때 속도가 한몫한다. 크누트는 빙산을 미끄러져 나아갈수록 이전의 자신과 거리를 두게 됐다. 마침내 잊어버렸기에 평온해졌다. 기억의 끈에서 벗어나면서 자아를 실현했다.

크누트는 작은 텐트 안에 필요한 것을 갖췄다. 하루 일과를 조직적으로 꾸렸다. 낡은 생각은 흐릿한 연기처럼 흩어졌다. 가까운 사람들의 장점만을 기억 속에 간직했다. 그 기억 덕분에 쏟아지는 눈을 버텼다. 다른 이들은 빙산을 후려치는 거센 바람에 사라졌다. 희박해진 대기에 얼굴이 달아오른 그는 왕이 된 것 같으면서도 (인도의 불가촉천민인) 파리아가 된 것 같은 기분이 들었다. 그는 자신의 거처를 밀어버리고 다시 세울 힘이 있었다. 하지만 고정된 주거지는 없었다. 텐트는 성이고, 썰매는 집시의 마차였다. 그는 새하얀 배경의 낯선 땅을 거니는 산책자였다.

피어리랜드에서 썰매 여행을 하는 사람들(위). 에이일 크누트(아래)는 극지방에서 고독을 선택한 자가 되어 인생의 냉담함, 놀라운 섭리, 아름다움, 기쁨을 느끼고 싶었다.

크누트는 그날그날을 살았다. 해야 할 일이 많았다. 매일 저녁에는 그날 수집한 정보를 기록했다. 과학 실험을 위해 채집한 시료를 분류했다. 당일 촬영한 영상을 잘 보관하고 지도를 펴고 그날의 경로를 확인하고 수정해 넣었다.

아침저녁으로 바뀌는 것은 딱 하나, 텐트의 둥근 개구부를 열면 보이는 바깥의 풍경뿐이다. 어제와 다른 지평선이 내 앞에 펼쳐진다. 침낭에 앉아 새롭게 발견한 것들, 어제 정복한 지역을 곱씹는다. 버너의 열기에 몸을 녹이고 탐험 일지를 꺼내 최신 성과를 기록한다. 지도를 펼쳐 새로 발견한 빙산, 곶, 크레바스는 물론이고 과감하게 살펴본 미지의 땅을 표시한다. 성장기의 어린이가 기준을 세우게 될 때까지 모든 현상을 기록하는 것과 마찬가지이다. 꽃, 삼각주의 모래 시료, 유물, 산에서 취합한 화석들을 정리해 봉투에 담고 번호를 매겨 분류하고 파일에 기록한다. 카메라 필름을 꺼내 날짜, 시간, 장소, 번호를 기입한다. 떠돌이 야영객은 머릿속을 철두철미하게 정돈해야 한다. 자신을 믿어야 하고, 그날 계획했던 거리만큼 제대로 이동했는지 직감으로 파악해야 한다.[12]

모험가는 유랑자이다. 그리고 모든 유랑자들은 어린아이와 같은 면모를 어느 정도씩 지니고 있다. 어린아이마냥 그들도 섬세하다. 세상을 가까이서 관찰한다. 상세한 정보를 정리하고 작은 단서를 분류하고 근거를 체계화한다. 아이는 변화가 나타날 조짐에 열광하고 백과사전 집필자가 느끼는 기쁨을 경험한다. 이 아이는 어른이 되어서도 탐험가로서 꾸준히 자신을 둘러싼 환경을 현미경으로 관찰한다. 탐험가는 썰매 위에서 주의를 집중한다. 과학적 이유에서도 그렇지만 신중을 기하기 위해서다. 잠시라도 집중이 흐트러지면 최악의 사태가 올 수도 있다. 그가 실수를 했다면 자신의 일거수일투족을 과하게 기록하고 본능에 기대지 않았기 때문일 것이다. 언제 발밑에서 갑자기 입을 벌릴지 모르는 크레바스를 피할 수는 없을 것이다.

게다가 고독이 지성의 족쇄에서 벗어나게 해줬기에 크누트는 이 점에 매료됐다. 그는 통상적인 분류와 정형화된 표현을 경계했다. 자신은 간소함을 추구하는 사람이라고 솔직히 털어놓았다. "사회와의 연결고리를 끊고 고독을 선택한 자가 되어 삶의 한때를 보내며 인생의 냉담함, 놀라운 섭리, 아름다움, 기쁨을 좀 더 예민하게 느껴"보는 것을 목표로 삼았다. "다름 아닌 삶의 역할"[13]을 체험하고 싶었던 것이다.

탐험가들은 고독의 동반자이다. 그들은 한동안 모습을 감춘다. 그동안 인내심을 발휘하며 제 한 몸 건사에 전념한다. 마주친 시련을 각 단계별로 탐험 일지나 일기장에 기록한다. 몇 달이나 몇 년이 지나 문학작품에서 그때 일을 녹여내기도 한다. 얼음이나 모래로 뒤덮인 불모지를 실험이 꾸준히 진행 중인 실험실에 비유한다. 다양한 일화를 이야기하면서 장소와 나눈 교감을 전한다. 장대한 극지방은 영적인 깨달음을 얻기에 적합한 곳이다. 이곳에서는 자연의 근본적인 힘이 느껴진다.

물아일체의 욕구를 충족시키는 이들도 있고, 비범한 경험에서 오는 특별한 혜택을 누리는 이들도 있다. 모두들 이때를 전환기로 삼아 자기 인생의 무게를 가늠한다. 얼음장 같은 바람이 서너 차례 불어오는 사이에 과거의 행동들을 점검하고 평가하는데, 때로는 그런 행동을 반성하고 잊어버리는 바람직한 상황까지 가기도 한다. 이토록 적대적인 환경에서 산다는 것은 생존한다와 같은 의미이다. 규칙을 익히고 최소한의 자원으로 살아남는 법을 배운다. 남북극의 환경은 녹록하지 않다. 냉정한 자연의 법칙은 정신을 벼려서 최대한 유용하게 사용하게 한다. 그리고 삶을 깊이 있게 느껴보게 만든다.

미국 비행가 리처드 버드는 무슨 생각과 어떤 결심이 자신을 부추겨 "결국 볼 만한 것이라고는 하나도 없는" 곳인 볼링 전초기지에서 1934년의 어느 날 밤을 보내게 했는지 『나 홀로, 남극에서 첫 번째 겨울나기』에 자세히 적었다.

사람들이 제대로 이해하길 바란다. 모든 것을 제쳐놓고, 꽁꽁 얼어붙고 어디인지도 알 수 없는 그곳에서 진행한 겨울 기상 조건 관측의 중요성보다 '경험을 해보고 싶다'는 열망이 컸다. 요컨대 개인적인 일이었다. 몇몇 연구를 제외하고는 전 인류적 사명을 띤 임무를 목표로 삼지 않았다. 나는 얼마간 혼자 있으면서 평화와 한적함과 고독을 맛보고 그것들의 진정한 가치를 발견하고픈 한 인간이었다. 그게 다였다. 현대 사회에서 수천 개의 문제에 시달리는 사람들은 본능적으로 이 마음을 이해할 것이라 생각한다. 우리 모두 역풍의 희생자이다. 이 소용돌이 속에서 지각 있는 사람이라면 끊임없이 목표에 대해 질문하고, 누구의 방해도 받지 않은 채 사색하고 삶을 점검할 수 있는 어딘가에서 휴식한다는 가능성에 쉽게 마음이 끌릴 것이다. 혹자는 모두가 사색의 필요성을 느끼는데 내가 유독 과장한다고 할지 모르겠지만 나는 그렇게 생각하지 않는다.[14]

버드는 외부에서 일련의 과학 실험을 진행하고 무엇보다 기후 기록을 작성해야 했다. 그는 당시 유명한 탐험가였다. 사람의 시선을 사로잡는 방법을 알고 있었다. 마음만 먹었다면 이번 탐사를 통해 전무후무한 영광을 차지할 수 있었을 것이다. 그렇지만 그것은 그의 의도가 아니었다. 그는 자신만의 세계로 돌아서거나 도피하지 않았다. 자신의 모험담을 글로 남겼으니 무엇을 감추려고 하지도 않았다. 그는 이기주의자도 인간 혐오자도 아니었고 그런 생각은 해본 적도 없었다. 내적인 경험을 하고 싶다는 욕구가 무엇보다 중요했다. 그는 이런 갈증을 해소하려고 탐험 일정, 이동 및 물자 조달 방법 등을 꼼꼼하게 챙겼다. 매 탐사가 낯선 도전이고 매번 새로운 위험 요소가 있다는 점을 익히 알고 있었다. 탐사를 출발한 순간부터 모든 사람들은 우연과 필연성이 얽힌 교묘한 게임을 시작하는 것이었다. 빙산에 오락적인 면이라고는 전혀 없었다.

1934년, 버드는 자신을 매료시킨 소용돌이에서 빠져나오지 못한 비행사에 가까운 모습이었다. 그는 침울한 바닥으로

빨려 들어가고 있었다. 말 그대로 과로로 진이 빠진 상태였다. 이미 비행기로 대서양을 횡단하고 남극점과 북극점 상단을 정복한 사람이었다. 자기 저서에서 탐사를 계획하는 데 보낸 시간, 자금을 동원하기 위해 유명 인사들을 만나서 들인 노력, 위험과 불확실성으로 인해 쌓여가는 불안과 피로에 대해 묘사했다. 탈진한 채로 남극의 어느 플랫폼 위에 세운 기지에 몸을 피했다. 전에 비해 덜 돌아다니는 삶을 시작했다. 그의 목표는 평정을 찾고 평온에 대한 감각을 되살리는 것이었다. 일곱 달 동안 혼자 지내면서 그는 다시 자기 삶의 주인이 되고자 했다. 남극에서 겨울나기는 인생에서 심신을 추스르는 휴지기가 되었다.

자발적 고독을 체험한 이야기를 살펴보면 주인공들 모두가 자신의 과거에 의문을 제기하곤 한다. 하지만 우리가 겪은 모든 것을 부인한다면 고독의 '가치'도 인식할 수 없다. 고독은 다르게 살아보겠다는 '계획'을 세우는 데에 '가치'가 있다.

나는 지리적인 의미의 고립과는 다른 것을 갈구했다. 갱생할 수 있는 철학에 몰입하고 싶었고, 혼자 살기로 한 계획이 그 가능성을 제공하리라 생각했다. 빙하가 발달했던 홍적세보다 한층 춥고 얼어붙은 남극점 근처에서 잃어버린 시간을 따라잡고, 연구하고, 사고하고, 전축을 들을 여유가 있을 것이다. 단순한 소일거리를 제외하고 모든 것을 박탈당한 일곱 달 동안에는, 그간 바라던 대로, 바람과 밤과 동파로 일어나는 불가피한 일을 배제한 그 어느 것의 노예도 되지 않고 인간의 법

리처드 버드는 남극에서 한 겨울을 나며 자발적으로 선택한 고독을 통해 비로소 다르게 살아보겠다는 다짐을 한다. 1947년 자신이 머물던 남극 기지의 막사에 다시 방문했을 때의 모습.

칙, 즉 나의 법칙에만 순종하며 살 수 있을 것이다.[15]

버드는 이국적인 문물에 정신이 분산될 걱정은 거의 하지 않았다. 세상의 끝인 그곳에는 관람할 만한 게 없었다. 남극점으로 떠나면서 그는 다른 사람이 되겠다는 야심을 품었다. 고독이 선사하는 것, 그러니까 새로운 전망을 얻고자 고독을 추구했다. 막간의 자유로운 휴식 시간을 최대한 길게 누리고 싶었다. 극지방은 늘 타지로 다시 떠날 날을 그리는 모험가들의 본능적 보바리슴*에 불을 지핀다. 이때의 보바리슴은 무기력하기는커녕 오히려 내적인 가능성과 감동을 가득 품고 있다.

버드는 험난한 자연을 접하며 즐거움을 되찾았다고 고백했다. 삶을 바꿀 준비가 됐을 때 그는 유년기로 다시 돌아간 듯한 기분을 느꼈다.

인간의 삶에서 평온한 시간은 드물지만 몇 시간이라도 있다면 삶에 크게 도움이 된다. 그 시간은 내면의 평화를 찾은 시기였고 그 시절의 반향은 오랫동안 울려 퍼졌다. 우주는 '고요하게 회상하는 감정'이 담긴 한 편의 시와 같았다. 아마 그 시간은 어린 시절 접했던 그런 시간이 반복되는 것일지도 모른다. 가끔 그렇게 생각했다. 어릴 때에는 집에서 몰래 빠져나와 좀 떨어진 숲

---

* 플로베르의 소설 『마담 보바리』로부터 연유한 개념으로, 자기 환영을 좇아 자신을 기만하고 스스로를 이상화하는 경향을 가리키는 말이다. 이 책에서는 다소 낭만적으로 쓰였다.

으로 산책하러 갔다. 셰넌도어 계곡으로 산등성이의 거대한 그림자가 드리우면 어린아이가 겁을 먹을 만한 어둠이 내려왔다. 하지만 멈춰서서 하늘을 응시하면 평화로움과 열광 사이의 어디쯤 되는 감정이 북받쳤다. 당시엔 그게 어떤 상태인지 제대로 파악하지 못했다. 뿐만 아니라 나중에 해군 장교가 되어 불침번을 서다가, 또 탐험가가 되어 그 누구도 한 번도 본 적 없는 산과 경치를 보다가 비슷한 감정을 다시 느꼈을 때에도 그게 정확히 무엇인지 깨닫지 못했다! 분명 이 감정 상태는 인간의 동물적인 측면에서 비롯된 것으로, 살아 있고 성장하고 있으며 더는 두렵지 않다는 발견이다. 그러나 다른 측면도 있다. 우주의 움직임과 동화되었다는 느낌이다. 자기 운명을 예감하고, 모두에게 있는 직관이 발휘되고, 무엇인가가 모습을 드러낼 것이라는 생각이 드는 것이다.[16]

빙산 위에 혼자 있는 일에는 뭔가 독특한 점이 있다. 버드는 한 번도 꿈꿔보지 않은 경험을 했다. 어디를 봐도 새하얀 풍경은 그의 원초적 감각을 자극했다. 시간이 지나 잊혀졌다고 생각한 감정을 불러일으켰고 노스탤지어를 아직 느껴보지 못한 유년기로 거슬러 올라가게 만들었다. 기억 속에는 모든 것이 저장되어 있음을 깨달았다. 고독 속에서 이전에 경험했지만 미처 그 의미를 깨닫지 못한 일을 일부 다시 체험했다. 그래서 그는 자신이 잃어버린 시간을 따라잡을 것이라고 한 것이다. 그는 자신의 주인이 되려고 하지 않았다. 대신 어린 시절의 순수한 영혼을 부활시킨 눈 속에 몸을 맡겼다. 그러면서 내면 깊숙이 묻혀 있던 약속을 지키겠다는 의지가 생겼고, 그러면서 자신에게도 운명이 있다는 감정이 싹텄다. 얼음 산맥의 복판에서 사색에 잠긴 그는 달리 바랄 게 없었다. 자신이 이 임무를 완수하리란 것을 알고 있었다. 그에게 어린 시절이란 순수한 시의 다른 이름이었고, 아무것도 후회하지 않고 자연의 위대한 리듬과 공명하던 정신 상태와 같은 말이었다. 지나간 삶을 되짚어보기 위해 혼자 있을 필요가 있었다.

어렵지만 가치 있는 경험

자발적 고독의 경험담에는 이전에는 체험하지 못했던 강렬한 감동의 순간이 담겨 있다. 이 경험은 자기 자신에게 가까이 다가가는 기회가 된다. 그렇다고 외진 장소에서 사는 일에는 고통이 수반된다는 점을 잊어서는 안 된다. 자립하려면 큰 대가를 치러야 한다. 극지방 탐사기, 더 광범위하게 여행기에서는 때로 의욕을 꺾는 최악의 시련을 경험하는 모험가를 다룬다. 폴 서루는 『여행자의 책』에서 조지 밴쿠버가 북서태평양 연안의 어떤 지역에 자신의 처참한 심리 상태를 반영해 '적막'이라는 이름을 붙였다고 했다. 또 프리드쇼프 난센이 인간이 감당하기 버거운 무게의 썰매를 밀어 두터운 빙하를 수천 킬로미터 이동하고 나서 수차례 자살을 시도했고, 잭 런던은 술을 얼마나 마셨는지 나중에는 고통을 달래기 위해 모르핀을 먹어야 했다고 전했다. 앱슬리 체리개러드는 1922년『최악의 세계 여행』에 캠벨 팀원의 고백을 실었다. 이 팀원은 남극과 비교할 때 이프레 참호는 차라리 소풍이었다고 털어났다. 이 소회에는 1차 세계대전이 벌어진 전장의 진흙이 여전히 묻어 있는 것 같다. 그렇지만 그것보다 대륙 빙하에서 걸린 동상의 흔적과 다른 시련의 상처가 더 두드러진다. 체리개러드는 플랑드르 지역에서 군 복무 중이었고 장갑차 부대를 지휘했다. '테라 노바' 남극 탐사에서 갓 돌아온 참이었다. 로버트 팰컨 스콧이 1910년에서 1913년까지 이끈 '테라 노바'는 재앙으로 막을 내렸었다.[17]

오늘날 여행의 어려움은 크게 줄었다. 홀로 떠나는 여행도 꽤 통제를 받게 됐다. 녹록지 않은 장소로 접어드는 미세한 움직임도 기록되고 측정되고 추산된다. '노호하는 40도대'나 '사나운 50도대'라 불리는 폭풍 해역에 가까이 간 선원이 길을 잃는 일은 거의 불가능해졌다. 눈사태로 실종된 도보 여행자도 자동으로 작동하는 추적기 덕분에 쉽게 찾아낸다. 모든 사고를 예측할 수는 없지만 예상 가능 폭이 점차 확대됐다. 사고를 예측하는 기계의 결함까지도 미리 파악하는 시대이다. 그래서 홀로 하는 여행은 지난 몇 년 사이에 모습을 바꿨다. 디지털 혁명이 진행되면서 혼자 하는 여행을 도와주는 장비도 발전했다. 그 어느 때보다도 철저하게 준비해 모험을 떠나고, 또 연달아 수차례 모험을 떠나는 것도 가능한 시대이다. 모험담도 다양한 미디어 장비로 전달된다. 고전적 의미에서 모험을 떠나는 일은 점점 줄었다. 고독을 선택한 자도 더는 진정으로 혼자가 아니다. 그렇지만 모험의 의미는 퇴색되지 않았다.

작가 라이너 마리아 릴케는 "우리가 아는 것은 거의 없지만 어려운 문제를 천착해야 한다는 점은 분명하고 그 점에 대해 확신을 잃어서는 안 된다. 고독은 어렵기 때문에 홀로 있는 것은 권장할 만한 일이다. 어떤 일이 어렵다는 점은 우리가 그 일에 더욱 골몰해야 하는 이유가 되어야 한다"[18]라고 적었고, 탐험가라면 이 말에 고개를 끄덕일 것이다. 험한 지역에서 생존을 도모하는 일은 인내력을 시험한다. 어느 것 하나 쉽지 않다. 매 순간 엎친 데 덮친 듯한 문제가 튀어나온다. 그렇기에 위험한 곳에 들어갔다가 무너지지 않고 당당하게 벗어난 이들은 끈기를 시험해본 셈이다. 그들은 고독에는 꾸준한 노력이 필요하다는 점을 배운다. 낙심했던 날들, 자신을 위로하기 위해 소환된 추억, 낯선 지각 경험을 가능하게 한 고요한 시간 등이 풍성하게 재현된 순간을 소중히 간직한다. 버드처럼 어린 시절 느낀 감정을 다시 떠올린 이들도 많다. 고독한 이는 새로운 삶을 살길 바라면서도 기억 속을 탐험하게 되니, 이것은 모험이 부리는 미묘한 연금술이라 할 만하다. 그는 다른 사람이 되고, 흐르는 시간을 두려워하기 이전의 자기로 되돌아간다. 장엄한 풍광 앞이라면 다른 지혜는 필요 없다.

2장

내면의 고독

순수하고 투명한 마음

내면의 고독이란 영혼에 거리낌이 없는 상태이다. 심장의 수축기와 이완기, 압축과 확장처럼 이중적인 움직임이다. 정신은 한곳으로 모여서 수축한다. 또 다시 증폭하고 주위를 둘러싼 세상을 발견한다. 카스파르 다비트 프리드리히의 작품 <바닷가의 수도사>를 감상한 하인리히 폰 클라이스트는 이렇게 적었다.

> 무겁게 내려앉은 하늘 아래 바닷가에서 한없는 고독에 잠긴 시선으로 망망대해를 떠도는 황홀경이란 이루 형언할 수 없다. 하지만 그곳에 갔다가 돌아와야만 한다. 저편으로 넘어가고 싶지만 그것은 불가능하다. 생존을 도와주는 모든 것을 털어내고 싶으면서도 노호하는 바다, 불어오는 바람, 짙게 밀려가는 구름, 새들의 고독한 울음소리에서 인생의 소리를 듣고 싶다.[1]

낭만적 감성의 고독한 자는 무한한 자연을 응시한다. 자연을 바라보며 자신을 망각하고 지금 서 있는 장소에 녹아든다. 삶의 부름에 응답하면서도 내세의 환희에 몸을 맡길 생각까지 한다. 그는 자신이 모방한 것과 스스로를 동일시하고 자연의 구성 요소와 동화된다. 그에게 고독은 감격스러운 영적 경험이다. 고독을 통해 그는 자신을 둘러싼 조화로움과 하나가 된다.

폴 서루는 자신의 여행벽을 인정하면서 전혀 다른 고독관을 강조했다. 그는 방대한 자연 속에서 개체성을 소멸시키는 낭만적인 해석에 반기를 들었다. 그에게 여행이란 "자신에게서 벗어나려는 시도"가 아니었다. 오히려 "남다른 풍경과 낯선 문화보다 집중력을 요구하고 기억력을 자극하는 것은 없다. (낭만주의자들이 생각하는 것처럼) 이국적인 장소에서 자기 자신을 잊어버리기란 솔직히 불가능하다"[2]라고 했다. 생소한 나라에 도착한 여행자는 긴장의 끈을 놓지 못한다. 오히려 의욕을 불태운다. 호기심을 끄는 세세한 것에 관심을 기울인다. 전반적인 경관에 주의가 휩쓸릴 만큼 마음을 놓지 않는다. 드넓게 펼쳐진 자연의 아름다움을 감상하면서도 거리를 유지한다. 서루가 볼 때 이 여행자의 목적은 자연과의 합일이 아니다. 이 여행자에게는 관찰력 발휘가 목표이다.

여행의 이런 두 가지 측면은 서로 상충되지 않는다. 내면의 고독에 대한 욕구는 이 두 가지 측면을 꽤 완벽하게 조합한다. 내면의 고독은 대체로 고립된 공간에서, 영혼을 장소에 조화시키고 관찰력을 기르는 육체적 시련이 끝난 후에 찾아온다. 더불어 내면의 고독을 누리기 위해 반드시 혼자일 필요도 없다.

"무겁게 내려앉은 하늘 아래 바닷가에서 한없는 고독에 잠긴 시선으로 망망대해를 떠도는 황홀경이란 이루 형언할 수 없다."
카스파르 다비트 프리드리히, <바닷가의 수도사>, 1808~1810, 베를린 구 국립미술관 소장.

피터 매티슨은 멸종 위기의 눈표범을 추적 중인 친구이자 동물학자 조지 샬러와 함께 네팔로 떠났다. 셰르파팀의 도움을 받아 이 둘은 1973년 가을 동안 돌포 지역의 티베트 고원까지 나아갔다. 그들은 크리스털 마운틴*에 가려고 했다. 매일 열 시간에 걸쳐 도보 강행군을 거듭하고, 발에는 물집이 잡히고, 장애물을 피하기 위해 눈은 땅에서 떼지 못하고, 급한 내리막길에서 무릎은 마음처럼 움직이지 않고, 건조쌀로 된 간편식으로 끼니를 때우고, 폭우는 시야를 가릴 정도로 퍼붓는 등 네팔 트레킹은 사람들 말처럼 "천국"이었지만 매티슨이 "의심하던" 모습 그대로였다. 매일 저녁 샬러가 젖은 양말을 벗으며 피가 송글송글 맺히는 상처를 발견할 때마다 보이는 거머리가 그 점을 상기시켰다. 때로는 용기를 잃었다. 가족과 친구들을 떠올리며 되돌아갈 것인지 계속할 것인지 망설였다. 급작스럽게 죽을지도 모르는 일이었다.[3]

고도 3000미터에 펼쳐진 숲에서 매티슨은 왜 이번 탐험을 하고 있는지 자문했다. 이번 탐험은 고통의 순례였다. 하지만 이 순례에서 중요한 진리 몇 가지를 깨우쳤다. 산을 오를수록 그는 자신으로부터 멀어져 변모했다. 모든 것이 그에게 낯설었다. 비탈을 오르면서 그의 정체성은 여러 조각으로 나뉘었고 그는 그 조각들을 냉소적으로 바라보기 시작했다. 어느 조각은 텐트 안에서 침낭 속에 누워 잠 못 이루는 자신의 모습을 보여줬다. 다른 조각에 담긴 그는 미국에 남아 있는 아들 알렉

---

* Crystal Mountain. 히말라야 도보 순례길 중에서 이름난 성산이다.

스를 생각했다. 과거의 몇몇 장면을 회상했다. 알렉스가 무척 어릴 때의 어떤 모습 하나가 머릿속에 떠올랐다. 포근한 바람이 불어오고 나뭇잎은 춤을 추고 구름은 도망치듯 흘러가고 새소리가 들려오고 쥐똥나무와 장미 향기가 물씬 풍기는 모래 놀이터에 앉아 있는 아이는 황홀한 표정이었다. 아이는 아무것도 관찰하지 않았다. 시작과 끝을 인지하지 못한 채, 사물 사이에 있는 하나의 사물로서 존재하며 우주의 중심에서 평화로웠다. 매티슨은 자신을 둘러싼 세상과 조화롭게 사는 것처럼 보이는 아들의 태도에 강한 인상을 받았다.

산중에서 매티슨은 추억에 젖었다. 그는 어릴 때 보낸 시간이 얼마나 의미가 있는지 깨달았다. 스스로도 그때는 자유롭다고 느꼈다. "자유롭게 방황하는 대신 방패막이 될 굴곡진 곳으로 몸을 숨기는 바닷가재의 피신", 그러니까 현대인을 특징짓는 은둔의 태도를 아직 알지 못하던 때였다. 그는 "순수하고 단순하고 해석되지 않은 경험에서 오는 행복"을 태평양에서 전함을 타고 폭풍우를 견디던 1945년 어느 날 밤에 잃어버렸다고 했다. 그날 밤, 그는 홀로 당직을 섰다. "바람과 파도와 소음, 전함의 철제품이 뒤섞인 소용돌이"에 맞섰다. 그는 두려웠고 몸을 피해야겠다는 생각뿐이었다. 그러면서도 모든 게 뒤죽박죽인 혼돈에 흥분되었다.

네팔 여행 중에 매티슨은 한 가지 사실을 깨달았다. 자신이 "무한한 것을 갈구하는 병"에 걸렸다는 점이다. 증상은 심각했다. 그가 "(무엇을 찾는지에 대한) 작은 실마리도 없이, 탐험을 시작한 것인지도 명확하게 알지 못한 채 이 길에서 저 길"로

헤매며 다니게 만들었고, 그는 "그저 매번 숨을 내쉴 때마다 채워지기를 간절히 바라는 공허함이 존재한다"[4]라는 것밖에 알지 못했다. 그는 젊을 때 잃어버린 순수함을 산에서 되찾고자 노력했다. 산을 1미터 오르는 것은 되찾고 싶은 그 시절을 복잡한 말과 위선적인 사고라는 얇은 막으로 덮어간 세월을 상대로 그만큼 승리했다는 의미였다. "마음의 여행"이란 고도가 높아질수록 내면으로 더 깊이 들어가게 되는, 거꾸로 가는 여행이었다. 매티슨은 "별도의 자아"가 형성되지 않았던 시절, 군중 속에서 고독한 삶이 아직 시작되지 않았던 열 살 이전의 시기로 되돌아가고 싶어 했다.

매티슨은 선불교 신자였다. 그는 저서에서 우매한 서구 문명을 비판했다. 시민들이 "세상에 담긴 엄청난 원기"를 누리지 못하게 방해하는 부조리한 물질주의에 강한 거부감을 드러냈다. 비할 데 없는 일체감을 선사하는 강력한 "등산에 대한 도취"를 물질주의와 비교했다. 그에게 눈 덮인 정상은 우주적인 균형을 상징했다. 등반길은 물론 고생스러웠다. 하지만 그 과정에서 오랫동안 마음에 걸리던 것으로부터 벗어날 수 있었다. 고원을 "희고 덧없고 부드러운 수의"마냥 덮은 눈 속에서 그는 명상을 했다. 5000미터 위에서 그는 새롭게 "어린아이처럼 마음이 열리고 투명해지는"[5] 느낌이 들었다.

매티슨은 아마도 라이너 마리아 릴케가 묘사한 "위대한 내면의 고독"을 경험했을 것이다. 릴케는 유년기가 성인이 되어 시도하는 내밀한 영적 탐구의 길잡이가 되는 시절이라고 여겼다. 그러면서 이 당시의 상태, 초기의 영혼을 회복하라고 제안했다. 그는 어린아이처럼 세상에서 관찰한 사소한 것을 있는 그대로, 어떤 논평도 하지 않고 기록했다. 또 어떤 판단도 내리지 않고 정리했다. 그는 주위 환경과 하나가 됐다. 인간이 모든 것을 이해하지 못하는 이 시기를 찬미했다.[6]

네팔을 여행하는 동안 기상 조건으로 인해 고독은 언제나 함께했다. 공기는 희박했고 짐은 무거웠고 하얀 눈에 빛이 반사됐고 땀은 등줄기를 따라 흐르다 얼어붙었다. 이 모든 것이 사람들을, 가장 능숙한 짐꾼까지도 정신적으로 압박했다. 어떤 높이가 되니 "눈을 동반한 돌풍 앞에서 (……) 영혼과 이성은 더 이상 아무 의미가 없었다." 명상은 시시각각 변덕을 부리는 하늘의 조화를 막지 못했다. 고요하고 광막하던 공간에서 눈 깜짝할 사이에 살을 에는 바람이 불어왔다.[7] 크리스털 마운틴에 도달한 매티슨과 샬러는 불교 사원인 차캉 곰파에서 멀지 않은 곳에 짐을 풀었다. 그곳은 수도원은 아니었지만, 말하자면 영적인 수련을 위한 은신처에 가까운 "고독의 거처"였다. 샬러는 눈표범, 티베트푸른양, 외로운 늑대를 관찰하며 수첩을 가득 채웠다. "티 없는 순백의 산 정상" 아래에서 매티슨은 이렇게 적었다.

산에는 '의미작용'이 없다. 산은 그 자체로 의미하고 존재한다. 태양은 둥글다. 나는 삶의 소리로 가득 찼고, 산에서는 소리가 울리고, 내가 그 소리를 들을 수 있을 때 우리는 함께 공명한다. 이 모든 것을 정신이 아니라 마음을 통해 깨달았다. 표현될 수 없는 것을 지각하려

고 애쓰는 일이 부질없음을 인식하고 있고, 지금 이 구
절을 언젠가 다시 읽게 될 때에는 그저 단어에 불과하
리라는 점을 알고 있다.[8]

매티슨은 자신이 내면의 고독을 찾았다고 분명히 말했다.
또 산 정상에서 언어가 새로운 의미를 갖게 되는 경우가 존재
한다고 했다. 피곤해서 그랬을 수도 있다. 고산 등반 중에는 단
어와 사물 사이의 간극이 최대한 좁아지는 시점이 있다. 그 누
구도 평소처럼 말하지 않는다. 전처럼 편하게 상대방의 말을
해석하거나 한 주제에 대해 길고 깊게 이야기하기 어려워진다.
고도가 높아질수록 언어는 가장 단순한 근원으로 돌아가게 된
다. 산에서 부는 바람은 관습을 무너뜨린다. 단어가 다시 사물
에 밀착한다. 사물 자체도 다시 강력해진다. 사물이 단어에게
반격을 펼친다. 산은 더 이상 외적 형태인 기표가 아니다. 산은
그 자체로 산이다. 산에 사는 사람은 산을 오를수록 자신과 산
을 동일시한다.

네팔의 산맥은 거대했다. 매티슨은 거친 돌길과 빙탑 지대
를 걸어 나아갔다. 목표 지점에 도착하니 자신이 더욱 투명하
고 가볍게 느껴지고 주의력도 벼려진 것 같았다. 눈에 보이는
모든 것이 놀라우면서도 만족스러웠다.

나는 이끼가 퍼져나가듯 산과 하나가 됐다. 눈에 반사
된 햇빛으로 반짝이는 산 정상, 나팔 소리가 나는 대기,
고요 속에 울려 퍼지는 대지와 하늘의 소리, 음침한 새

피터 매티슨은 네팔의 고산에서 평범하게 보이는 순간도 놓치지 않고, 다른 때가 아닌 지금 현재, 오직 현재에 실재하려는 노력을 어떻게 할 수 있는지 깨달았다. 1973년 네팔로 떠났을 때 셰르파와 라마승과 함께 이야기를 나누고 있다. © American Academy of Achievement

들, 신비로운 동물들, 깃발, 큰 뿔이 달린 산양들, 오래된 돌조각품, 변발을 하고 양모 장화를 신은 원시적인 타타르족, 은빛으로 반짝이는 칼리간다키 강(검은 강)의 얼음, 캉 라 패스,* 크리스털 마운틴 등의 마법에 사로잡혔다. 친구들의 속삭임, 휴식 같은 저녁, 진흙으로 만든 화덕에서 노간주나무 장작이 타면서 만드는 불꽃, 매일 똑같은 거친 먹을거리, 고되지만 단조로운 삶처럼 일상에서 만나는 기적을 사랑했다. 에메랄드 블루빛 커피잔을 들고 차를 마실 때, 다른 일은 아무것도 하지 않고 차에 집중하면서 한 번에 하나의 일만 하면 된다는 데에 만족감을 느꼈다. 9월 말부터 세상 소식은 전혀 듣지 못했고 앞으로도 12월이 되기 전까지 아무 소식도 듣지 못할 것이다. 그렇지만 정신은 조금씩 맑아졌고, 바람과 태양이 마치 종소리처럼 머릿속으로 흘러들어왔다. 이곳에서는 서로 대화를 거의 나누지 않지만 단 한순간도 외롭다고 느끼지 않았다. 나는 비로소 나 자신과 하나가 되었다.[9]

여행이 마무리될 무렵에 매티슨은 어린 시절에 맛보았던 순수함을 되찾았다. 끝없이 무엇이든 해석하려는 마음의 덫에서 벗어났고, 삶에서 일어나는 일을 겸손하게 수용했다. 세상

---

* Kang La Pass. 네팔 쿰부 히말라야에서 험준하기로 유명한 고개로, 많은 도보 여행자가 도전을 꿈꾸는 곳이다.

과 조화를 이루면서 지각이 개발된 것이다. 내면의 고독을 누릴 때 오는 장점은 수없이 많았다. 그는 상상력을 발휘하고 평범한 것에 관심을 기울였다. 뉴스 속보를 좇지 않고 고요함에 감사하고 자아와 웅대한 자연에 다가섰다. 그렇지만 그가 모험으로 도망친 것이기도 하다. 아버지와 남편으로서의 책임을 회피했다. 그래도 그는 계곡으로 내려가기 전 고산에서 "아무리 평범하게 보이는 순간도 놓치지 않고, 다른 때가 아닌 지금 현재, 오직 현재에 실재하려는 노력"[10]을 어떻게 하면 되는지 깨달았을 것이다.

묵상과 내면의 고요

내면의 고독을 구하는 길은 장애물이 포진한 기나긴 고행길이다. 이 길을 걷는 사람은 때로 다른 사람들의 곁을 조금씩 떠나 멀리 사라질 것 같은 분위기를 풍긴다. 하지만 그는 앞으로 나아갈수록 주위 세상을 발견하게 된다. 감각은 예민해지고 마음은 언제라도 감탄할 준비가 돼 있다. 더 이상 과거를 돌아보며 후회하지 않고 다가올 미래를 걱정하지 않는다. 지금 이 순간, 현재에 만족한다.

내면의 고독이 이뤄졌다고 삶이 행복해지지는 않는다. 우리가 행복한지 여부를 알려면 먼저 우리가 누구인지를 알아야 한다. 그런데 자신이 누구인지 파악해야만 현재에 만족할 수 있는 것은 아니다. 현재에 만족한다는 것은 자연이라는 거대한 체계 안에서 작으나마 내 자리를 찾았을 때 느껴지는 전반적으로 홀가분한 상태이다. 때로는 초월적인 존재인 자연과 교감을 나누고 이런 상태가 되기도 한다.

『백과전서 혹은 과학, 예술, 기술에 관한 체계적인 사전』 에서 조쿠르 기사chevalier de Jaucourt가 집필한 부분에 고독에 관한 항목이 있다. 이 항목은 '고독한 자'라는 이름의 카드 게임에 관한 설명 다음에 나온다. 이 다음 항목은 시민 상태(시민 사회)와 상반된 자연 상태의 정의이다.

고독Solitude

[여성명사] <종교> 황막하고 인적이 없는 곳. 기독교에서는 고독을 두려워해서 신을 섬길 때 반드시 사회에서 벗어나라고 지시하지 않는다. 기독교 신자는 군중 속에서도 내면의 고독을 찾을 수 있고, 또 예수 그리스도가 "너희도 너희의 빛을 사람들 앞에 비추어 그들이 너희의 착한 행실을 보고 하늘에 계신 아버지를 찬양하게 하여라"라고 말씀하셨기 때문이다. 규칙은 습관이 되면 지키기에 힘겹지 않은데, 규칙을 반드시 따라야 한다고 굳게 믿는 신자들의 상상력은 합리적이고 현명하기보다는 침울하고 병적인 측면이 있다. 은신처를 자랑스러워한다면 이는 우스꽝스러운 일이다. 하지만 이따금 '고독'에 투신하는 일은 바람직하다. 홀로 물러나 있으면서 누릴 수 있는 혜택이 많기 때문이다. 즉, 정신이 안정되고 순수함을 회복하고 어지러운 세상이 만들어낸 격정적인 감정을 누그러뜨릴 수 있다.

그래서 어떤 현자는 은둔이 영혼의 치료소라고 한 바
있다.[11]

종교인들은 지나친 고독이 견디기 어렵다는 점을 알고 있
다. 이런 고독은 피를 말리고 정신을 병들게 하는 유폐와 유사
하다. 종교인들은 그래서 훨씬 훌륭한 동반자로 밝혀진 내면의
고독을 중요하게 여긴다. 내면의 고독 속에서 사람은 요란한
사회에 의해 입은 상처를 치유한다.

사회와 고독 사이에는 절충적인 지대가 존재한다. 그래
서 우리는 왕성한 사회 활동과 관조적 생활의 균형을 잡으면서
수차례 명상에 잠길 수 있다. 가령 마들렌 드 스퀴데리*는 '세
속적 오티움'**을 만들었는데 그 은신처는 역으로 진정한 의미
의 살롱이 됐다. 그녀는 저서 『대담』에서 같이 어울리는 소수
자 집단을 언급했다. 칼뱅파 신교도, 얀센파 신도, 무신론자들
이 그녀의 살롱을 찾았다. 다양한 만남이 성사됐다. "사회 조직
에서 분리되어 특정한 공간에 국한된 작은 사회"를 구성했다.
자체적으로 선별된 구성원들이 모여 함께 명상을 했다. 그들은
세상에서 벗어나 장시간 토론했다. 그들이 상상 속 성채에 스
스로를 가둔 금욕주의자들처럼 열정만 다스렸던 것이 아니다.

* Madeleine de Scudéry. 17세기 프랑스의 저명한 소설가이자 에세이스트다.
그녀의 소설은 살롱문학 중 유미주의적 미학관 '프레시오지테'의 최고봉으로 꼽힌다.
이 밖에도 철학적인 주제에 대한 담론을 다수 남겼다.
** 오티움otium은 라틴어로 '자유로운 시간'의 의미를 띤 다양한 표현, 즉 한가함,
무위, 여가, 고독, 은둔, 평화 등을 포괄하는 단어이다. 본문의 '세속적 오티움'은 '홀로
자유롭게 사색할 수 있는 일상 속 공간'이라는 뜻으로 쓰였다.

궁정 생활을 비판하고 신분과 특권을 가진 이들의 횡포에 반기를 들었다. 그러다가 추방당하자 다른 방식으로 결집했다. 그들은 허울뿐인 가신들과 호화로운 왕실을 계속 비난했다. 때로는 죽음이 다가와서 실제로 세상이라는 무대에서 물러나기도 했다. 그들은 생시몽 공작***이 "삶과 죽음 사이의 시간"이라고 묘사한 영적 은신처에서 마지막 순간을 보냈다. 시대의 증인으로서 회상록을 집필했던 그와 마찬가지로 그들도 모든 일이 마무리되는 순간을 존엄하게 맞았다. 인간이 얼마나 덧없는 존재인지를 새삼 확인하는 시간이었다.[12]

그래도 세상의 무게는 여전히 무겁다. 이 무게는 의식을 마비시킨다. 수도사가 이뤄낸 내면의 고독이 선망의 대상이 되는 이유이다. 수도사는 그 누구보다도 묵상의 가치를 알고 있는 것 같다. 인내심과 끈기가 필요하다는 점도 알고 있다. 노력하면 신을 만날 수도 있다. 내면의 고독은 그런 면에서 한낱 은둔보다 훨씬 중요하다. 포트루아얄 수도원 소속 의사였던 장 아몽은 "아무리 외진 수도원이라고 해도 오직 신하고만 대화를 나누는 곳이 아니라면 고독이라는 이름을 붙일 수 없다. 다른 사유가 끼어들면 진정한 고독이 아니다"라고 기술했다. 베르나르 뵈그노는 깊이 있는 연구를 통해 은둔이 언제나 고독의 동의어가 아님을 입증했다. 은둔이 "활동의 중심을 이동시켜 세상의 기준에서 벗어나기로 한 결정"이라면, 고독은 "좀 더

*** Comte de Saint-Simon. 본명은 루이 드 루브루아Louis de Rouvroy이다. 그의 회상록은 태양왕 루이 14세 시대의 궁정 생활을 상세하게 담고 있는 사료로서 가치가 높다.

서서히 이뤄지는 마음가짐이자 정신 상태"를 의미한다. 그런 점에서 고독한 종교인은 "자신의 고독한 의식 안에서 묵상하는 법"[13]을 익힌 이들이고, 프랑수아 드 살François de Sales이 강권한 '독실한 삶'을 고려하면 이 점은 더욱 확실해진다.

수도사는 은둔을 고독의 한 방편으로 삼고 그 대가를 치른다. 그는 영적 수련을 하면서 고독이 연옥이면서도 지옥이라는 점을 깨닫는다.[14] 둘 중 무엇이 될는지는 세상에 어떤 의미를 부여하느냐에 달려 있다. 토머스 머튼*은 세상이라는 단어에 세 가지 의미가 있다고 한다.

우선, 세상이란 개인은 물론 국가 사이에서 끝없는 갈등이 발생하는 곳이다. 세상이라는 단어를 들으면 보통 만인의 만인에 대한 투쟁, 인류 역사를 점철한 수많은 분쟁이 연상된다. 다음으로 세상이라는 개념은 상류 사회를 지칭한다. 이는 특정한 계층, 정확히는 특권층의 사회로 과거의 궁정 귀족이 하나의 사례가 되겠다. 마지막으로 세상은 신념을 방해하는 것이다. 머튼은 「야고보서」의 가르침(4:4)을 받아들였다. 이 가르침에 따르면 '세상의 벗'은 '하느님의 원수'이다. 어떤 의미를 보더라도 세상은 소란과 동의어이다. 그런데 소란은 사람들을 고립시킨다. 결국 사회는 사람들을 소외시킨다는 말이 된다.

머튼은 세 번째 의미를 강조했다. 그는 성직자를 희망하는 예비 수도사 중 상당수가 사회적인 고립으로 괴로워하고 있다

---

*   Thomas Merton(1915~1968). 트라피스트회 신부로서, 현대의 대표적인 영적 스승으로 꼽힌다.

고 지적했다. 시민 사회에서 배척받았기 때문이다. 다시 말해 인생의 부침으로 심신이 취약해진 것이다. 풍파에 무릎 꿇은 그들에게는 다시 일어설 시간이 필요하다. 고독으로써 그들은 다시 일어날 것이다. 그렇지만 같은 이유로 고독을 버티기도 쉽지 않을 것이다. 그래서 머튼은 고독을 경험할 수 있는 가능성을 갖춘 사회의 한 형태로서 수도원을 묘사했다. 과거의 고통을 수용하고 충분히 묵상하고 고독을 감내하기에 공동체의 삶이 최적이라고 여겼다.

종교에 입문하겠다는 결정은 모순된 인간의 조건을 드러낸다. 개인이 자신에 대해 인식하고 자아를 '발견'하기 위해서 고독은 반드시 필요하다. 한편 살아가는 법을 배우려면 타인을 관찰해야 하는데, 이는 완전히 혼자여서는 안 된다는 뜻이다. 아직 깨달음을 얻지 못한 인간은 모순된 요구 조건에 갈팡질팡한다. 그래서 사색을 갈망한다. 자신이 누구인지, 이웃과 나를 구별하는 것이 무엇인지 알고 싶어서이다. 그러면서도 인간은 사회적인 존재이다. 인간은 사회 내에 존재해야만 인간이 된다. 만만치 않은 도전이다.

수도원의 존재는 인간의 조건을 반영하는 거울이다. 수도사는 내면의 고독을 추구하는 일과 집단으로 살아야 하는 필요성 사이에서 타협점을 찾아야 한다. 머튼은 그러면서도 목표를 착각해서는 안 된다고 주의를 줬다. 수도사는 개인적인 성취감을 느끼기 위해 고독을 추구하는 것이 아니다. 만약 그렇다면 그것은 이기심의 발로이고, 자신이 자립하고 싶은 욕심에만 방점을 찍는 행동일 것이다. 하지만 수도사는 전혀 다른 길로 발걸음을 옮긴다. 바로 "자아 발견"의 길이다. 자아 발견은 곧 "자기희생, 죽음을 통한 부활"[15]이다. 그러니 자신만을 챙기는 이기적인 측면이 없는 사랑을 해야 한다. 이 사랑은 인간이 타인을 사랑하게 만든다.

수도원에서 수도사들은 자립과 자율 사이에서 줄타기를 한다. 엄밀히 말하자면 자립은 덕목이 아니다. 수도사가 작은 신이라도 된 양 모든 일을 사적인 의도대로 처리하면서 거짓말을 할지도 모른다. 그는 자립했다고 해서 자유롭지 않다는 점을 알고 있다. 사람은 자율적이어야만 자유로울 수 있다. 수도원 생활에서 이뤄지는 사회적인 상호 작용 안에 편입돼 서로 다른 개인들로 이뤄진 환경에서 자기 자리를 찾아야 한다. 머튼은 "자립 본능"이 때로는 장점이 된다고 인정했다. 자립 본능이 불의를 보고 분개해 맞서도록 충동하기 때문이다. 하지만 그렇다고 "목적 그 자체"가 되진 않는다. 단순히 "물건을 좀 더 효율적으로 사용하고 (타인에게) 기꺼이 주도록" 하는 금욕도 마찬가지로 그 자체로서 목적이 되진 않는다.

그렇다면 "내면의 기도"는 어떻게 볼 것인가? 머튼은 내면의 기도가 신실하다면 이 기도는 "영혼 안에 고립된 공간"을 만들어서 "우리가 육신은 물론 영혼을 위해 찾아 헤매는 고요와 고독을 가져다줄 것이다. 영혼을 위해 대부분의 시간을 혼자 보내는 것은 좋은 일이다. 그렇지만 자신만을 격려하고 위로하려고 혼자 있는 것이라면 영혼은 암흑 속에 빠져 불안해하고 시험에 들게 될 것"[16]이라고 했다.

이제 분명해졌다. 내면의 고독은 제대로 된 하나의 시험이다. 내면의 고독을 자율성을 추구하는 일과 결합시키기는 쉽지 않다. 머튼은 개인적인 만족감을 위해 내면의 고독을 추구해서는 안 된다고 누차 강조했다. 사람들의 예상과 달리 그는 고독 자체에 가치를 두지 않았다. 절대적인 무욕은 찾아보기 힘들다는 점을 알면서도 그랬다. 내면의 고독과 더불어 은둔도 중요했다. 이때 은둔이란 공동체에서의 삶을 의미한다. 은둔은 곧 연대이고 이로써 수도사는 움직여야 할 필요성과 사색을 해야 하는 의무를 동시에 해결할 수 있다. 게다가 수도사는 은둔하면서 더 자비로워진다. 그를 찾아오는 친인척에게나 함께 생활하는 다른 수도사들에게 좀 더 자신을 내줄 수 있게 된다.

공동체는 장차 수도사가 신과 결합하는 일을 돕는다. 공동체는 기도를 통해 수도사가 언제나 행동으로 자신을 표현할 필요는 없으며, 반응하지 않아도 된다는 점을 받아들여야 한다고 깨닫게 한다. 초연한 태도는 하나의 덕목이고, 수도원 생활의 일부이다. 그래서 수도원 생활은 물리적인 유배로 간단하게 정리되지 않는다. 이런 태도는 내면의 고독으로 가는 단계이다. 수도사가 "완벽한 내적 전향"을 경험하고 신에게 회귀했을 때 영혼은 초연한 상태가 된다.[17]

초연한 태도는 고독한 마음가짐을 갖게 한다. 수도원 생활을 갓 시작한 많은 수도사에게 이런 태도를 갖추는 일은 큰 시련이다. "고요하고 고독한 삶에서 인간의 감정이 정상적으로 느껴지지 않는다. 개인적인 교류가 거의 전무하고 타인을 위해 가시적이고 물질적으로 '무엇인가를 하지' 못한다는 무력감이 수시로 드는 일은 때로 고문처럼 여겨지고 심각한 환멸에

수도원의 존재는 인간의 조건을 반영하는 거울이다. 수도사는 내면의 고독을 추구하는 일과 집단으로 살아야 하는 필요성 사이에서 타협점을 찾아야 한다. 영화 <위대한 침묵>(2005)의 한 장면. ⓒ 필립 그뢰닝

빠지게 한다. (……) 고독하게 살기 위해서는 심지가 굳고 단단해야 한다. (……) 분명하게 말하자면 아무에게도 사랑받지 못하고 있다는 생각에 사로잡혀 괴로워하는 사람은 수도원에 은거하는 생활을 시도할 수 없다." 고독을 견디기 위해서는 소명을 굳게 다져야 한다. 수도사는 소명을 새로운 삶으로 받아들여야 한다. 자신의 물질적인 욕구를 줄이는 것만으로는 충분하지 않다. 전향이 필요하다. 정신적으로 초탈하지 않으면 내면의 고독을 찾지 못한다. 내면의 고독을 찾으려는 노력은 여럿이 함께, 서로가 서로를 도우며 이뤄진다. 그래서 머튼은 수도사를 유랑하는 은둔자로 여기지 않았다. 수도사는 산중으로 몸을 피하더라도 몇 달이 지나면 성령의 요구에 따라 산에서 나오고, 또 대부분의 경우에 공동체에 속해서 살아간다.

공동체에 속한 삶은 평생 계속된다. 종교에 입문하려면 "진실하겠다는 의지"를 지니고 있어야 하기 때문에 이런 결정은 진심에서 내려야 한다. 그리고 이런 결정을 내린 사람은 엄중한 책무를 짊어지게 된다.[18] 하지만 이 책무를 다했을 때는 최고의 보상이 주어진다. 내면의 고독 속에서 묵상에 잠긴 수도사는 자기 자신에게 가깝게 존재한다. 그들의 묵상은 사유의 부재나 단순한 집중이 아니다. 이는 "우리의 너머에, 또 아래에 있는 것들과 우리의 온 영혼"을 조화시키는 움직임을 낳고, 평화, 내면의 고요, 마음의 평정을 가져온다. 수도사는 혼자일 때자신을 슬프게 한 사회의 기억에서 마침내 벗어난다. 그렇게 사회에서 명성을 추구하다가 겪은 사건을 잊고 더 이상 타인의 판단에 연연하며 살지 않는다. 수도사는 고독을 통해 "신의 고독"에 다가섰다. 그렇게 신과 마주섰을 때, 타인을 위해 살 수 있고 "신의 보이지 않는 친절"을 경험하기 시작한다.[19]

고립이 아닌, 타인이 존재하는

내면의 고독을 확보하는 과정이 철저하게 개인적인 경험은 아니다. 공통된 목적을 향해 가는 구성원이 모인 공동체 내부에서도 일어난다. 게다가 이 과정에서 타인들은 무엇을 해야 할 것인지에 대해서도 알려준다. 머튼은 사회가 시민들에게 묵상하고 초탈한 상태에 도달할 수 있는 가능성을 제공할 경우에 많은 이득을 볼 것이라고 단언했다. 그렇게 된다면 시민들이 자신들의 인간적 진실성을 스스로 결정할 수 있게 될 것이다. 또한 개인적인 자유를 누리게 될 것이다. 정치인들은 사람들로 하여금 내재된 가치를 펼치도록 만들면서 그들의 삶을 개선시킬 것이다. 사람들은 묵상의 필요성을 잊지 않고 삶에서 홀로 있는 시간과 함께하는 시간 사이의 적절한 균형을 찾도록 주의를 기울일 수 있을 것이다. 반면 지나치게 북적이는, 그러니까 과하게 집단적인 사회는 심각한 오류를 범하게 된다. "언어에 침묵이, 허파에는 공기가, 신체에는 양식이 필요하듯 사회에도 고독이 필요하다. 공동체가 소속된 개인의 내적인 고독을 침범하거나 파괴하려고 한다면, 이 개인은 정신적인 질식사로 소멸할 수밖에 없기" 때문이다. 게다가 내면의 고독을 좇다 보면 "거짓된 고독"의 입지도 줄어들 것이다. 거짓된 고독은 사람을 자기파괴적으로 만든다. 사회로부터 인정받지 못하고 인간이 될 권리마저 박탈당했다고 생각하게 만들어 복수하도록 부추긴다. 결론적으로 "개인에게 필요한 고독의 가치를 더 이상 인정하지 않는 사회는 전쟁으로 갈 곳을 잃은 사람들을 지붕 없는 숙소에 단체로 밀어 넣고, 축사도 없이 방치된 가축 떼가 돌아다니는 무너진 폐허 속에 그대로 머무르도록 강요하는 상태"[20]와 완벽하게 닮았다.

내면의 고독을 지키는 일은 뿌리 깊은 악으로부터 사회를 보호하고 (나를 보호해주는) 거처의 벽을 보강하고 인류가 새로운 방황으로 내몰리지 않도록 해준다. 한나 아렌트가 고립, 고독, 적막감을 어떻게 구분했는지 상기해보자. 아렌트도 고독을 인간 공동체의 근본적인 경험으로 봤다. 고독은 고립으로 귀착되지 않는다. 아렌트가 볼 때, 고립은 사실상 "전체주의 이전"의 것이다. 고립은 빠르게 적막감을 낳는다. 고립된 개인은 사유의 동반자로서 자기 자신에 대해 갖고 있는 신념, 즉 모든 경험의 바탕이 되는 세상에 대한 기본적인 신뢰를 잃는다. 고립은 일종의 뿌리를 상실하는 일에 가깝다. 그리고 뿌리 뽑힌 이는 이 세상에서 타인이 인정하고 보장하는 자리를 갖지 못한다. 이 사람은 무용하고 세상 어디에도 소속되지 못한다. 마찬가지로 적막감에 빠진 사람은 버림받은 사람이다. 이 대척점에 있는 고독은 사유의 조건이다. 고독은 고립과 적막감으로부터 인간을 지키는 방패이다.

아렌트는 고대 사상을 참고했다. 인간은 혼자일 때 사색한다. 더 나아가 사유한다. 사유하면서 인간은 자기 자신과 대면한다. 자아와 대화를 한다. 그러면서 내적 다중성을 경험한다.

아렌트는 "하나 속의 둘"이라고 표현했다. 하지만 고독에는 심각한 문제가 있으니, 바로 이것이다.

> 하나 속의 둘은 타인을 통해 통일성을 회복한다. 타인의 정체성과 절대 혼동될 수 없는 정체성을 지닌 불변하는 개체의 통일성 말이다. 나는 정체성을 견고하게 세우려고 타인에게 전적으로 의존한다. 그리고 고독한 인간들에게 우정은 큰 시혜를 베푼다. 우정은 그들을 다시 '전체'로 만들고, 언제나 모호한 사유의 대화로부터 그들을 구원하고, 각자가 대체 불가능한 인간으로서 자신만의 목소리를 내도록 정체성을 복원한다.[21]

아렌트는 에픽테토스와 키케로가 설파한 내면의 대화를 예찬했다. 그러면서도 내면의 대화에 바탕이 되는 자급자족에 관한 논거 부분에는 힘을 싣지 않았다. 현자는 자급자족하지 않는다. 또 안식처로 몸을 피하지도 않는다. 사람은 자신과 대화하면서 위험을 감수한다. 아렌트는 루터가 『성경』의 한 구절에 주석을 달면서 "인간이 혼자 있는 것은 좋지 않다"라고 한 부분을 인용했다. 루터는 사람이 혼자 있으면 "노상 하나에서 다른 하나를 추론하고 모든 것을 최악의 방향으로 예상한다"라고 주장했다. 그러니 "고독으로부터 도피"[22]해야 한다고 덧붙였다.

아렌트는 내면의 대화가 적어도 두 가지 조건을 충족시킬 때 유익하다고 추론했다. 첫째 조건은 내면의 대화를 특징짓는 고독이 고립이 아니어야 한다는 점이다. 고립은 머튼이 언급한 '거짓된 고독'과 유사하다. 좌절감은 어떤 사람이 사회에서 제대로 평가받지 못했다고 느낄 때 맛보는 감정인데, 고립되면 이런 좌절감을 표출하다가 결과적으로 복수심마저 키울 수 있다. 둘째는 내적 고독을 느낄 때 타인이 배제되지 않아야 한다는 점이다. 사실상 타인이 존재해야지 명상을 통해 이성을 동원하는 사람이 개체로서의 특징을 갖게 된다. 고독은 이 두 가지 조건이 갖춰졌을 때에 좋은 일이 된다. 아렌트가 마지막으로 우정에 방점을 찍은 것은 대화의 중요성을 강조하기 위해서였다. 물론 우리는 혼자서 사색할 수 있다. 그렇지만 말을 하면서 여럿이서 생각할 수도 있다. 철학자도 마찬가지로 지나친 고독을 경계해야 한다.

소명 없는 수행

머튼은 침묵을 중요하게 여겼다. 말은 인간을 특별하게 만들고, 침묵은 그들을 동등하게 만든다. 그런데 공동체에서의 삶은 모든 사람을 예외 없이 아울러 통합하는 게 목표이다. 이 일은 지속적으로 이뤄져야 하는데 종교적인 마음은 절대로 지금 있는 곳에서 느낄 수 없기 때문이다. 종교적인 마음은 이 땅에 유배되어 늘 신의 도시를 향해 움직인다. 만약 이 마음이 외딴 곳으로 자리를 옮겼다면, 이는 안식처를 찾기 위해서이다. 내면의 고독을 통해 수도사는 사회가 자신에게 미치는 영향력을 축소시키고, 체념하는 대신 내적으로 전향하려고 노력한다. 그는 자신을 마주함으로써 만물의 창조주를 대면하려고 한다.

수도사는 세속을 떠나 구도의 길로 나아간다. 수도사로서의 삶은 모름지기 "세상에서 벗어나 살겠다는 선택"이 그 특징이다. 수도원의 담장은 이런 격리의 원칙을 상징한다. 그렇지만 "은거하라는 명령"이 명확하게 내려지지는 않았다. 다니엘에르비외레제는 "교회에서 전반적으로 죄를 지은 세상으로부터 물리적으로 멀어져야만 기독교적인 지고의 선에 다가간다고 여긴 적이 한 번도 없었다는 점은 분명하다. 죄를 지어 타락한 이 세상은 예수가 구원한 세상이기도 하기에 이 세상 속에서도 신성을 구하고 거기에 도달할 수 있기 때문"이라고 지적했다. "종교에 헌신한 삶"이라면 어느 한 형태가 다른 것보다 성스럽다고 할 수 없다. 그러니까 "수도원 제도의 현대사에 강력하게 영향을 미친 긴장 관계가 (공동체에 속해 있는지 여부와 무관하게) 고독한 삶이 '그 자체'로 우월하다는 생각, 그리고 신성 도달의 가능성 측면에서 모든 삶의 형태는 동등한 조건이라는 생각을, 다소 부끄럽게도, 대립시켰다"라는 것이다.

오늘날 이 긴장 관계는 바깥 세계가 진화하면서 새롭게 변했다. 관광산업이 개발되고 개인적인 휴식 차원에서 세속을 떠나보려는 시도가 늘면서 수도원이 각광받게 되었다. 비종교인들 상당수가 수도사들의 자발적 고독을 높게 평가하고 있다. 수도사들도 모든 인간에게는 개인적인 측면과 타인과의 관계적 측면에서 자기 잠재력을 조화롭게 발휘할 권리가 있다는 현대적인 관념에 점차 적극적으로 동조하고 있다. 수도사들이 사회 내부에서 발생한 기대를 수용하면서 그들의 이미지도 바뀌었다. 불필요한 것을 덜어내는 정신을 바탕으로 한 대안적 삶의 방식의 아버지로 여겨지고 있는 것이다. 종교인은 세속인보다 느린 삶을 산다. 소비하는 것도 적다. 종교인이 새롭게 각광받는 옛날식 생활의 지혜 달인, 현실적인 이상향의 선구자가됐다. 그 결과, 수도원의 담장은 전보다 낮아졌다. 이제 수도원은 비종교인들에게도 문을 열고 환영의 손길을 내민다. 또 수도사들이 세상으로 나가는 것도 용인한다.[23]

수도원이 문을 개방한 일은 근대화의 역동적이고 강력한움직임을 확실히 보여준다. 루이 뒤몽은 개인주의에 관한 저작에서 세속을 떠난 사람은 "궁극의 진리"를 탐구한다고 설명했다. 인도에서 세속을 등진 사람은 혈통 중심의 사회에서도 해방된다. 뒤몽은 세속을 떠난 사람을 근대 사회의 개인과 비교했다. 세속을 등진 이는 "자기 자신으로 충분하고 스스로에게만 마음을 쓴다. 그의 사고는 근대적 개인과 비슷하다. 한 가지큰 차이점이라면 우리는 세속에 살지만 그는 세속을 벗어나 산다는 것"이다. 에른스트 트뢸치의 연구를 바탕으로 뒤몽은 사회가 근대화되는 과정에서 이런 차이점마저 사라짐을 입증했다. 근대화는 영원한 이방인인 현자의 종교적 개인주의를 세속의 삶에 조금씩 도입했다.[24] 또 세상의 이질성을 희석시켜 세속에 속한 근대적 개인이 세속을 벗어난 개인의 주요 가치를 자신에게 유리한 방향으로 수용하도록 만들었다.[25] 요컨대 서구사회의 개인주의는 세속을 등진 종교인의 삶의 태도가 힘을 얻은 결과이다. 근대화란 세속을 벗어난 개인과 그가 추구하는탈세속적인 가치가 득세함을 의미한다. 근대 사회에 사는 개인은 세속을 벗어난 자와 마찬가지로 자아를 실현하고 제약에서 벗어나길 바란다.

뒤몽의 연구에 따르면, 자발적 고독이 탈세속적으로 구현된 수행이 세속적 삶의 형태를 결정했다. 세속을 벗어난 사람은 수행 덕분에 고독을 기반으로 해 인간관계를 맺게 되었다. 영적인 초탈이 근대화가 아우르는 포괄적 가치가 된 것이다. 이 점에 있어서 어떤 모순도 없다. 가장 집산주의적인 사회가 때로는 가장 개인주의적이다. 이런 사회는 고독을 장려한다. 수도 생활의 전통이 오래된 불교 등이 지배적인 공동체에서도 마찬가지이다.[26] 특별한 종교적 성향을 갖고 있지 않은 채 수도원에 묵상을 하러 간 사람들에게 짧은 고독의 경험은 "역의 포섭"[27]을 체험하는 순간이다. 이 순간은 영적이면서도 비종교적이다. 그들은 한동안 사회가 무관심했던 개인적 기대를 충족시키기 위해 종교적 소명이 없어도 수행을 한다.

3장

애매모호한 사회

철학자인가, 인간혐오자인가

자발적 고독은 심심풀이 오락거리가 아니라 하나의 시험이다. 베르나르 무아테시에는 플리머스를 출발한 후 희망봉, 루윈 곶, 혼 곶을 통과한 1968년 어느 날 밤, 배에서 문득 두려움을 느꼈다. 그는 더할 수 없이 외로웠다. 오랫동안 가족들의 소식도 듣지 못한 참이었다. 단독 세계 일주는 사상 처음이었다. 디지털 추적 기술도 아직 개발되지 않았다. 무아테시에는 처음같이 출발한 동료 셋에게 전하는 소포를 지도에 표시된 중간 기점에 남겨뒀는데 그 소포가 잘 전달됐는지 매일 궁금해했다. 그런 걱정에도 불구하고 그는 키를 조작하고 돛을 내리고 "바다와 함께 동거동락"하는 생활이 좋았다.

몇 달이 흘러 〈골든 글로브 챌린지〉 경기 우승을 목전에 둔 상황에서 무아테시에는 기권을 결정했다. 결승점에 들어가지 않고 항해를 이어갔다. 갈라파고스 제도 근처에서 경기를 포기한 이유는 자신을 대양의 시민으로 만든 고독을 만끽하고 싶어서였다. 문명은 더 이상 그의 마음을 사로잡지 못했다. "육지 생활, 냉혹한 도시, 초점 없는 군중, 의미를 상실한 삶의 리듬을 갈구하는 마음을 완전히 잊고"[1] 싶었다. 장-자크 루소가 말했던 "내가 하고 싶은 일을 마음껏 하는 것보다 내가 하고 싶지 않은 일을 하지 않는 것"인 "일종의 행복"을 느끼게 됐다. 더 이상 자신과 자연 사이에 놓인 방해꾼과 타협하고 싶지 않았다.[2] 고독을 찾아 떠난 여행에서 대체로 미미하고 덧없는 세상의 기쁨을 모두 합친 것과 맞먹는 소박한 자유를 누렸다.

고독 속에서는 타인을 잊고 싶을까? 사람들은 고독이 필요한 이유를 들 때 다른 사람들의 시선에 마치 무한한 힘, 모든 것을 다 파악하는 능력이 부여된 것처럼 설명하는 경향이 있다. 타인이 나의 사소한 행동까지 평가한다는 것이다. 그래서 자기 삶을 살려면 그 시선에서 벗어나 멀리 떨어져야 한다고 주장한다. 그런 시도가 얼마나 어려운지 짐작하지 못하는 것일까? 사회생활이 행복을 망친다는 생각이 들면 그 사회생활에서 벗어나야 한다. 이렇게 홀로 있게 된 사람이 맞는 고독은 최상의 경우에 명상 수련소가, 최악의 경우 고통의 방이 된다. 이 지점에서 그가 인간혐오자가 아니냐는 반격이 들어온다. 혼자 있는 것을 좋아한다는 것은 인간을 멸시하는 것으로 귀결되는 게 아닐까?

캐나다 출신 피아니스트 글렌 굴드는 데뷔 초, 인터뷰에 응하고 국제 무대에 서는 데에 별 어려움이 없는 젊은 인재였다. 기이한 행동을 하긴 했다. 콘서트홀의 규범을 무시하고 연주를 하면서 콧소리를 내거나 심지어 노래를 불렀던 것이다.

베르나르 무아테시에가 골든 글로브 챌린지 경기 기간에 선상에서 요가를 하고 있다.

그 때문에 굴드는 전설적인 인사가 됐다. 그의 행동 하나하나가 열혈 청중의 호기심을 자극했다. 가령 사람들은 그의 혈액 순환 문제에 많은 관심을 보였는데, 그 문제로 그는 연주 전에 항상 아래팔을 뜨거운 물에 담그고 장갑을 끼어야 했다. 하지만 굴드는 결국 공적인 삶에 회의를 품게 됐다. 1964년 급작스럽게 콘서트 연주자로서 경력에 종지부를 찍고 라디오 녹음이나 스튜디오 녹음에만 전념하기 시작했다. 사교계 생활을 접고 소수의 친구만을 신임했다. 1982년에 세상을 떠날 때까지 그는 대중과 인기에 연연하지 않는 현대판 은둔자를 상징했다.

1964년, 굴드는 특이한 여행을 떠났다. 위니펙과 처칠을 연결하는 머스케그 익스프레스 열차를 타고 매니토바 주 대평원을 횡단했다. 이 일탈은 세 편의 라디오 다큐멘터리 <고독 3부작>The Solitude Trilogy으로 남았다. 사운드트랙은 대위법을 적용해 제작됐다. <북쪽에 대한 생각>The Idea of North이라는 제목의 1부에는 굴드의 목소리가 보모, 관료, 인류학자, 측량사의 목소리와 섞여서 흘러나온다. 서두에서 그는 자신이 "오래 전부터 툰드라와 타이가가 빚어낸 믿기 힘들게 아름다운 풍광에 크게 매료됐다"라고 털어놓는다. 그는 "이 풍광에 대해 많이 읽고 썼으며, 한번은 그곳에 가려고 파카를 꺼내 입기도 했다. 나는 내가 필요해서 아웃사이더로 남았고 북쪽은 언제나 나로 하여금 꿈을 꾸게 하고, 때때로 관련된 이야기를 풀어놓게 하고, 그러다가 결국 도피하기에 적절한 곳이었다"라고 덧붙였다.

굴드는 북극을 언급하며 홀로 있고 싶다고 털어놨다. 그는

글렌 굴드는 고독한 여행을 통해 자기 내면의 음악을 느끼고, 꿈꾸는 능력을 개발하고자 했다. <북쪽에 대한 생각>의 홍보를 위해 포즈를 취했다.

무엇보다도 야생의 대지에 감도는 정적을 사랑했다. 고독은 그에게 치유의 효과가 있었다. 고독은 사교 활동으로 생긴 근심 걱정을 치료해줬다. 프랑수아 지라르 감독의 영화 <글렌 굴드에 관한 32개의 단상>32 Short Films about Glenn Gould(1993) 중 열일곱 번째 이야기에서 굴드는 "다른 사람이랑 한 시간을 보내면 X의 시간을 혼자서 보내야 한다는 기분이 늘 들었다"라면서 누군가를 만난 시간을 고립으로 상쇄시켜야 했다고 고백했다. 그는 X에 들어갈 숫자를 몇 개 들면서 X가 큰 비중을 차지한다는 점이 중요하다고 지적했다.

사회에 과도하게 속해 있는 것은 정신건강에 해롭다. 모든 예술은 상당량의 고독을 요구한다. 그렇지 않으면 창의력이 손상된다. 굴드는 사람들을 많이 만나면서 기가 쇠했다. (그의 경우에 화창한 날보다 좋아했다는) 구름 낀 하늘을 볼 시간도 없어졌기 때문이다. 그는 감탄하는 능력을 잃었다. 평정이 깨지고 집중력이 감퇴됐다. 그는 더 이상 사회생활을 제외하고 생각할 수 없고, 자연에 동화될 수 없고, 내면의 음악을 느낄 수 없었다. 캐나다 북부로 떠난 여행은 고독한 여행이었다. 이 여행은 상상력을 키워주고 꿈꾸는 능력을 개발해줬다. 이런 여행에서는 그 누구도 아무런 변화 없이 돌아오지 않는다. 오히려 모든 이들이 다시 철학자가 되어 돌아올 수 있다.[3]

혼자서 매니토바 주를 여행한 굴드는 인간혐오자인가? 그는 사람들 사이에서 혼자 사는 것은 섬세한 기술임을 알고 있었다. 한편으로 창작자라면 유리 성에 칩거하며 자신의 사유에서 벗어나지 않아야 하는 것이 숙명이라고 생각했다. 아마도 말은 필요하지 않을 터였다. 음악은 관조이자 명상을 유도하는 정적의 한 형태였다. 굴드는 내면의 고독에 침잠했다. 그는 "고독을 향한 강한 열망"을 느꼈다. 마치 잠이 필요한 젖먹이처럼 고독이 필요했다.[4] 다른 한편으로는 일상을 떠난 도피 같은 여행에서 만난 북극 지대 주민들의 문화를 더 자세히 알려고 노력했다. 그중에는 레드 강 인근에서 만난 메노나이트 신도들*도 있었다. 그는 시간을 내 그들과 이야기를 나눴다. 그들이 관습, 신앙, 언어, 전통을 존속시키려고 노력하는 과정에서 부딪히는 어려움 등을 조사했다. 그는 낯선 장소와 사회의 마술 같은 힘으로 변화했고, 원래 속한 사회로 돌아왔을 때에는 얼마간 철학자가 돼 있었다. 그는 세상이 아직은 아름답다고 확신했다.

인간혐오자라는 딱지

흔히 인간혐오자는 호기심이 부족하다고 한다. 그 자신은 별로 인정하지 않는다. 인간혐오자에게 (아무래도 그가 가장 싫어할) 비난을 하는 사람들은 그러면서 관조를 즐기는 성향과 인간을 혐오하는 기질을 뭉뚱그린다. 인간혐오자라는 단어는 집단이 부여하는 사회적인 호칭이다. 주위의 기대를 저버리는 사람을

---

* Mennonites. 종교개혁 당시 등장한 네덜란드 재세례파의 지도자 메노 시몬스를 따르는 종파이다. 신대륙으로 넘어와서는 전통적 교리를 고수하며 독자적인 교파로서 명맥을 잇고 있다. 평화주의를 추구하며, 유아 세례, 병역 등을 정치적, 종교적 박해로 여겨 거부한다.

인간혐오자라고 부른다. 인간혐오자는 화가 나서 사회 체제에 남아 있으면서도 거리를 두고 있다. 그는 도피하지 않고 투덜거리고 비난을 곱씹고 때로는 일갈한다. 인간혐오자는 대체로 침울한 사람이다.

로버트 버턴이 1621년『우울의 해부』에서 지적한 것처럼 "자발적 고독이란 우울의 일상적인 동반자로서 사이렌이나 가시채(쇠채찍)**나 스핑크스처럼 은밀하고 돌이킬 수 없는 방식으로 당사자를 심연으로 밀어 넣는 데 성공한다." 이는 고독이 사람들을 사회생활에 부적합하게 만든다는 말이다. 고독에 익숙한 자들은 금방 "인간혐오자가 되고, 자기 자신을 혐오하는 것은 물론이고 다른 사람이 함께하는 것도 싫어하고, 티몬***이자 네부카드네자르****"5이다. 우울한 사람은 자신을 비하한다. 함께 어울리는 사람들만을 인정하는 사회는 그를 비사교적이라고 간주한다. 그가 공동의 사회 규범을 비난하기라도 하면 다른 사람들을 좋아하지 않는 사람으로 몰린다. 인간혐오자의 진짜 적은 누구인가? 바로 "상류 사회"이다. 인간혐오자는 상류 사회에 속한 고관대작들이 고독의 사회적 가치를 파악하지 못하는 아첨꾼이자 위선자라고 생각한다. 고관대작들은 자신들의 권력을 키우려고 끼리끼리 모여 춤을 추며 시간을 보낸

** 끝에 가시나 뾰족한 쇠붙이를 붙여 가축을 모는 데 사용한 막대기. 비유적으로 '저항해봤자 아무 소용이 없고 결국 자신만 손해를 보게 되는 자극적인 상황, 사물, 존재'라는 의미가 있다.
*** 그리스 철학자. 부와 친구들을 모두 잃고 실성한 후 세상에서 모습을 감췄다.
**** 바빌로니아의 제2대 왕. 「다니엘서」를 보면 바빌론의 유수를 자행한 후 정신에 이상이 생겨 사람들에게 쫓겨나 야수처럼 살았다고 한다.

다. 그리고 자신들이 속한 곳 이외의 사회는 알지 못한다. 그런 의미에서 인간혐오자는 모럴리스트이다.

알베르 카뮈는 니콜라 샹포르*를 "저항하는 모럴리스트"라고 평가했다. 샹포르는 당대의 풍속을 냉철하면서도 세심하게 관찰해『잠언과 성찰』에 담았다. 프랑스혁명 발발 직전, 그도 홀로 있겠다는 갈망과 사회에 동참하려는 욕구를 결합해보려고 애썼다.

샹포르가 동시대 사람들에 대해 내린 평가는 가차 없었다. "사회에서는 자연에서 입은 해악에 대한 위안을 찾아야 하고, 자연에서는 사회에서 받은 피해에 대한 위로를 구해야 하는 것이 불행한 인간 조건이라네. 얼마나 많은 사람들이 자신의 고통을 달랠 위안거리를 사회에서도 자연에서도 찾지 못하고 있는가."[6] 흔들리는 인간의 영혼을 어떻게 해석할 것인가? 사회에서 가한 고통과 자연이 준 불쾌함은 무엇인가? 샹포르는 파스칼과 달랐다.** 그는 인간에게 어떤 측은지심도 갖지 않았다. 오히려 고독에서 사회로, 사회에서 고독으로 왔다 갔다 줄타기하는 것이 사회 체제의 흔적이라고 의심했다. 그것이 보편적으로 불안정한 사물을 대하는 상류 사회의 문법이라고 여

---

* 니콜라 샹포르Nicolas Chamfort(1741~1794). 프랑스 작가이자 모럴리스트. 시, 희곡, 문예 비평 등 다양한 형식의 글을 남겼고, 뛰어난 글솜씨와 명석함으로 궁정과 살롱에서 인기를 끌었다. 당대 풍속을 신랄하게 비판한『잠언과 성찰』로 유명하다.

** 샹포르와 블레즈 파스칼Blaise Pascal(1623~1662)은 둘 다 인간성에 대해 성찰한 모럴리스트지만, 약간의 차이가 있다. 샹포르는 상류 사회의 규범에, 파스칼은 인간 본성에 더 정통했다. 샹포르가 관찰과 인식에 비중을 뒀다면, 파스칼은 사유와 도덕에 관심을 기울였다. 샹포르가 유쾌하고 촌철살인의 기지를 발휘했다면, 파스칼은 강건하고 고결한 성품을 보여주었다.

졌다.

샹포르는 사회 속에서 사는 것은 영혼을 좀먹는다고 했다. 사회적인 게임이 무한으로 복잡하게 펼쳐지면서 영혼의 일부를 마비시킨다. 영혼이 불구가 된다. 영혼이 지나치게 불행해지지 않으려면 샹포르는 무엇보다 유명해지려 하지 않아야 한다고 꼬집었다. "당신을 알지 못하는 이들에게 알려지지" 않아서 얻을 수 있는 이득이 많다. 명성을 좇으면 불편한 점이 많다. 인기보다는 존중을, 명성보다는 덕망을, 사라지고 마는 영화보다는 오래 이어지는 명예를 택하는 편이 낫다. 사교 생활의 범위를 넓힐수록 허영심도 커질 위험이 있다. 반면 좁은 인간관계를 유지하면 허영심은 저절로 사그라진다. 허영심이 사라진 자리에 재능이 펼쳐져 빛을 발한다.

샹포르에게 우애와 고독은 불가분의 것이었다. 단, 이때 우애는 유산이나 특권 등을 내려놓고 "신분 차이가 없는 상태" 여야 한다. 이런 우애는 신뢰를 강화한다. 협소한 사회의 구성원 사이에서 싹튼 이런 우애는 날로 돈독해진다.[7]

신분이 높으면 사회적인 관계망의 눈이 촘촘해진다. 그러면 우애는 권력에 굴복한다. 신뢰는 무너지고 한순간에 불신이 들어선다. 신뢰의 붕괴는 사회의 일부, 그러니까 술수를 즐겨 쓰는 상류 사회의 행실 탓이다. 사소한 원인이 심각한 결과를 낳는다. 불신이 팽배하면 실로 모든 사람들의 자유를 방해한다. 샹포르는 신분이 높은 사람들의 수가 늘어난다 해서 그 이름에 걸맞은 사회를 구성하게 되지 않는다고 누차 지적했다. 사교계 인사들을 보면 그 지적이 옳다고 확신하게 된다. 이 인사들은 심지어 자신들이 진정한 사회를 대표한다고 생각한다. 하지만 그들이 때로 식욕을 넘어서는 식사를 즐길 때, 다른 사람들은 식욕에 못 미치는 식사로 굶주린다. 그들은 현실적인 사회의 면모를 모른다. 그들은 평행 우주, 즉 궁정이라는 세상에 살고 있다.

샹포르의 통찰력은 주체할 수 없을 정도였다. 상류 사회의 본질은 짐승의 무리라고 꿰뚫었다. 도덕적인 용기가 없는 개인의 집단이자 "이해를 둘러싼 다툼"과 오만의 "비극적인 충돌"만이 지배하는 모임이다. 사회에서 모습을 드러내려면 궁정에서 벌어지는 음모의 끈을 주도적으로 잡고 개입하면 된다. 반대로 자기 원칙을 지키고 품성을 가다듬으려는 이는 보이지 않고 기억에서도 사라진 채 "홀로 살라"고 떠밀린다. 이런 게임에 동참하지 않으면 "소위 아무것도 아닌 것, 존재가 없는 것"[8]이 된다.

상류 사회는 언어를 변형하면서 존속한다. 언어로 눈속임을 한다. 샹포르는 단어의 정확한 의미에 대해 주의 깊게 생각하라고 힘줘 말했다. "사물에 대해 정확하게 파악하고 싶다면 세상에서 그 사물에 부여하는 의미와 정반대로 그 단어를 받아들여야 한다. 이를테면 인간혐오자는 만인을 사랑하는 사람이고, 나쁜 프랑스인은, 끔찍하게 오용되고 있긴 하지만, 바른 시민이고, 철학자는 2 더하기 2가 4라는 점을 아는 담백한 사람이다."[9] 인간혐오자란 상식을 갖춘 사람이다. 세상 사람들은 그가 인간을 멸시하고 조국을 배신했다고 한다. 하지만 인간혐오자라는 낙인을 찍힌 이는 자신을 비방하는 사람들을 비판하는 데에 그친다. 그뿐이다. 그는 자신이 인류에 대한 애정을 갖고 있다는 점을 알고 있고 또한 기본적인 가치에 의문을 품지 않는다. 덧붙여 마음은 자신이 살고 있는 나라에 두고 있다.

궁정 사람들은 궁정 밖의 사람들을 싫어하고, 자신들을 닮지 않은 이들을 증오한다. 그들은 사교계의 규범을 공유하지 않는 이들에게 인간혐오자라는 이름을 붙여버린다. 그들은 자신들을 제외한 사회가 이방인들로 구성돼 있다고 생각한다. 샹포르는 이렇게 물었다.

> 주위 사람들에게 가장 낯설게 보일 이는 누구인가? 베이징이나 마카오에 있는 프랑스인인가? 세네갈에 있는 라플란드인인가? 혹여 부유하거나 지체가 높은 이들, 또는 둘을 두루 갖춘 이들 사이에서 아무것도 없이 인망이 두터운 사람은 아닐까? 구성원 20분의 19를 이루는 사람들과 권리를 나누지 않겠다는 암묵적 관습으로 사회가 유지되고 있다는 점이 놀랍지 않은가?[10]

샹포르는 상류 사회 사람들의 눈에 가난한 자들, 이방인들, 더불어 여자들과 아이들까지 인간혐오자이자 진정한 사회 규범을 알지 못하는 불쾌한 존재들로 보일 것이라고, 또 이 사람들이 엄밀하게 말해 어떤 계층에도 속하지 못하고 나라 없는 이방인으로서 여기저기를 방황하며 산다고 생각할 것이라고 추측했다. 하지만 상류 사회에 속한 궁정 사람들이 이렇게 생각한다면 고독한 사람들, 자신들과 생각이 다른 이들이 모두 모여 구성된 국민층이 확대되고 있음을 인지하지 못한 것이다. 샹포르는 반대로 사람들이 귀족 작위와 신분 획득에 집착하지 않고 자기 삶을 꾸려나갈 권리를 옹호했다. 그는 궁정 밖의 사람들을 고독한 인간혐오자로 규정하는 풍조를 거세게 비난하며 논리적으로 반격했다. 또 자신들만의 가면무도회 밖에서 발견할 수 있는 인간적인 덕망을 인정하지 않는 상류 사회에 분개했다. 그런 사회에서 사는 일은 그에게 고통스러웠다.

그렇지만 대가로 얻는 것도 있었다. 상류 사회는 샹포르에게 안온한 은둔을 발견하게 해줬다. 그러려면 '아니요'라고 대답할 줄 알고, 자신으로서 살고, 고독을 감당해야 했다. 사회적인 예법의 횡포를 지각한 이들이 바로 그렇게 살았다. 고독을 선택한 이들은 용감하다. 그리고 사색을 위해 홀로 있으려는 자신들의 바람을 비웃는 궁정 사람들에게 당당히 맞선다. 궁정 사람들은 때로는 그들에게 조언을 하고 때로는 그들을 지탄한다.

젊어서 넘치는 열정에 이끌려 세상에 발을 내밀고, 사회와 쾌락 속에서 극심한 고통의 위안거리가 될 만한 것을 찾던 때에 사람들은 내게 홀로 있는 시간과 일을 사랑해보라고 권하며 현학적인 설교로 나를 질리게 만들었다. 나이 마흔이 되어 사회를 버틸 만하게 해주던 열정을 잃고, 사회의 곤란과 허무만이 눈에 들어오고, 이제는 고통도 사라져 더 이상 세상을 통해 고통에서 벗어나려고 하지 않게 되니 홀로 있는 시간과 일에 대한 애정이 커져 다른 모든 것을 대신했다. 더는 세상 밖

으로 나가지 않는다. 그리고 사람들도 나를 세상으로
돌아오게 만들려고 괴롭히지 않는다. 그렇지만 인간혐
오자라는 둥 손가락질을 받았다. 이런 기이한 태도의
변화를 어떻게 설명할 것인가? 뭐든 비난하고 보려는
인간의 욕구가 원흉이다.[11]

샹포르는 단호한 입장이었다. 상류 사회가 사람들이 사회
와 고독 사이에서 동요하도록 조작한다고 생각했다. 꼭두각시
인형극처럼 궁정 사람들이 움직임을 통제했다. 그들은 지금 당
장 필요하지 않은 이를 무대에서 내쫓았다. 그러고는 그들이
바랄 때 그 사람이 되돌아오지 않으면 그를 중상모략했다. 파
리의 여러 살롱에서 인기가 높고 아카데미프랑세즈 회원으로
선출된 작가인 샹포르가 이런 게임에서 벗어나기로 한 선택보
다 확실하게 그들의 권모술수를 의심하게 만드는 것은 없었다.
궁정 사람들은 그처럼 강인한 성정의 사람이 더 이상 자신들로
부터 칭송받으려고 애쓰지 않는다는 점을 받아들이지 못했다.
그것을 마치 모욕으로 여겼다.
　궁정 사람들 사이에 공통적으로 찾아볼 수 있는 덕목은 많
지 않다. 어떤 이들은 위선적이고 어떤 이들은 친절하다. 궁정
사람들은 기질적으로도 전술적으로도 줏대가 없다. 그들은 자
신들을 모방하지 않는 이들을 멸시한다. 샹포르는 자신이 비난
하는 악덕을 행하고 싶지 않았다. 자가당착에 빠지지 않으려고
의식적으로 고독이라는 해결책을 받아들였다. "세상과 재화
를 포기하고 나는 행복, 평정, 건강, 심지어 부까지 얻었다. '시

합이 끝나기 전에 기권하면 진다'라는 속담과는 달리 나는 경기에서 빠졌지만 승리했다는 점을 깨달았다."[12] 그는 게임에서 빠져 개인적인 이해관계가 각축을 벌이는 경기장을 벗어났다. 자신의 의지를 음모의 손아귀에서 빼내와서 지켰다. 그는 "신분 없는" 신분을, 예법에 연연하지 않는 지위를, 명성이 따르지 않는 존중을 희망했다.

샹포르가 개인적인 차원에서 평온함을 누리게 되었다고 그가 은둔자가 된 것은 아니다. 우선 그는 세상사에서 물러난 삶의 비참함을 모르지 않았다. 고독 속에서 사람들은 지나치게 생각하고, 충분히 움직이지 않는다. 심지어는 "삶이 살아지는 모습을 바라보는" 듯한 경향도 보인다. 그리고 샹포르는 세상을 저버리지 않았다. 그는 사실상 이방인들의 사회라는 다른 사회에 들어섰다. 고독한 그는 단호하게 구성원 20분의 19 편에 선 "정직한 사람"이었다. 그는 작위보다 인망의 손을 들어줬다. 그래서 "어두운 방 안에서 마구잡이로 돌아다니는 사람들의 우스꽝스러운 행동"을 구별할 수 있는 "밝은 빛이 드는 공간"[13]을 찾으려고 한 것이다. 그는 정직한 사람으로서 사회라는 연극을 관찰했다. 무대가 지나치게 어두워져 연기자들끼리 서로 부딪치는 순간에 조명을 켰다.

모든 사람들에게 사랑받는 사람이 될 필요는 없다

사회의 애매모호한 면은 전적으로 인간혐오자를 둘러싼 논란에서 비롯된다. 루소도 인간혐오자의 통상적 정의에 반기를 들었다. 그는 몰리에르가 『인간혐오자』에서 존중할 만한 덕목은 전혀 치켜세우지 않은 채 잘못된 감정만을 비난했다고 혹평했다. 주인공 알세스트의 성격에 대한 소고에서 루소는 인간혐오자라는 단어의 의미에 대해 묻는다.

> 그러면 몰리에르가 말하는 인간혐오자는 누구인가? 시대의 풍속과 다른 사람들의 악의를 싫어하는 선한 사람이다. 정확히 말하자면 다른 사람들을 사랑하기 때문에 그들 내부에 숨겨진, 서로에게 가한 피해와 그 피해로 인해 싹틀 악덕을 혐오하는 것이다. (……) 인간혐오자가 적으로 삼는 것은 다른 사람들이 아니라 어떤 이들의 악의, 그 악의를 자극하게끔 다른 사람들이 제공하는 빌미이다. 사기꾼과 아첨꾼이 없다면 그는 모든 사람들을 사랑할 것이다. 선한 사람은 이런 의미에서 인간혐오자가 아닐 수 없다. 아니, 진짜 인간혐오자는 이렇게 생각하지 않는 사람이다. 사실상 내가 만인의 친구보다 인간에게 더 위협적인 적은 없다고 생각하기 때문인데, 만인의 친구라는 자는 만사에 감탄하며 사악한 자들을 끊임없이 부추기고 순수하지 못한 마음으로 사회적인 무질서를 야기하는 악인들의 비위를 맞춘다.[14]

인간혐오자는 비사교적인 사람이 아니다. 루소는 이 점이 왜곡되지 않도록 경계했다. 그는 한 집단이 태어날 때부터 자기 집단에 속하지 않았고 그 집단의 섬세한 특성을 모르는 사람들을 흠집 잡으려고 인간혐오자라는 호칭을 사용한다는 점을 간파했다. 루소도 샹포르처럼 의미를 전복시켰다. 결과적으로 그 의미를 제자리로 되돌린 것이다. 인간혐오자는 모든 인간을 사랑하는 사람이다. 궁정 사람들은 만인의 친구를 자처하긴 하지만 속으로는 다른 사람들을 증오하면서 그들의 비위를 맞춘다. 그렇지만 그 누구도 바보가 아니다. 곰곰이 생각하면 상류 사회야말로 인간혐오자로 득실댄다.

궁정 밖의 사람들은 만인을 사랑한다. 루소는 자신의 사례를 들면서 올바른 삶의 태도를 강조했다. 그는 자신을 특권층과 귀족들의 뒤틀린 사교계에서 도망친 박애주의자로 여겼다. 그의 간절한 소망은 이런 사람들의 비루한 행태로부터 인류를 보호하는 것이었다. 그는 궁정이라는 무대의 과도한 연극성을 배격했는데, 이로 인한 위선적인 태도가 사람들의 마음이 투명해지지 못하게 막는다고 생각했기 때문이다. 이런 사교 관계는 억압으로 다가온다. 그리고 홀로 있고 싶은 욕구를 키운다.

루소는 고독을 사랑한다고 했다. 이 사랑에는 사회가 그 원인을 제공했기에 직접 치유해주지 못하는 영혼의 질병이 감춰져 있었다. 그는 소외됐다고 느꼈다. 그렇지만 사회생활에서 따라오는 위신을 지키고 싶은 마음은 변함없었다. 이런 모순에 부아가 난 그는 "사람들이 자신에게 이질적이고 낯선 사람, 결국 아무것도 아닌 것이 되었고, 이는 그들이 원했기 때문"이라고 평가했다. 절망의 밑바닥에서 그는 "그런데 그들에게서, 또 모든 것에서 떨어져 나온 나, 나 자신은 누구인가? 이것이 내가 탐구할 주제인가?"[15]라고 자문했다. 제네바에서 쫓겨난 루소는 '사람이 혼자일 때 그 사람은 과연 누구인가?', '타인과 자신을 어떻게 구별하며 자신이 유일한 존재임을 어떻게 주장할 것인가?', '모든 사람들이 인간은 모름지기 사회에서 생활하고 다른 사람과 동등한 존재가 되려고 태어난다고 한다면, 우리에게 과연 혼자 있고 싶은 권리가 있을 것인가?'라는 근대적인 질문을 던졌다.

스위스계 의사 요한 게오르크 치머만은 1784년에서 1785년 사이에 고독이라는 주제를 연구하며 루소의 질문을 다시 다듬었다. 그는 4권에 달하는 방대한 작품을 출간하고 『고독에 관하여』라는 제목을 붙였다. 20년의 노고가 담긴 역작으로 수차례 개정과 재판을 거쳐 완성된 이 작품에는 고대 참고 문헌, 일화, 보편적 견해 등이 총망라되어 있다. 출간 당시 명실상부한 베스트셀러의 자리에 올라 전 유럽의 학계에서 널리 읽혔다. 러시아의 예카테리나 2세도 놀라운 책이라고 칭찬했다. 예카테리나 2세는 치머만에게 상트페테르부르크에서 자신을 위해 일해보겠느냐고 제안까지 했다. (치머만이 고사한) 이 제안이 있은 후 얼마 지나지 않아서 (일부지만) 첫 번째 프랑스어 번역본이 출간됐다. 그리고 영역본이 미국의 살롱까지 보급됐다. 1800년대 전반기 내내 자신들의 공적인 임무에 대해 수없이 자문하던 미국 지식인들은 이 책을 두고 토론을 벌였다. 이제 고독이라는 단어만 나오면 치머만의 이름과 연결짓게 됐다. 소로도 각별한 관심을 갖고 이 저서를 탐독했다. 이 책을 개인 서재에 보관할 정도였다.[16] 소로는 "고독을 찾는 성향이 (……) 무엇보다 번잡스러운 세상에서 우리가 싫어하는 모든 것으로부터 도망치려는 욕구이자 자립과 휴식에 대한 끌림이고, 분별력 있는 사람에게는 지고의 기쁨을 맛보려는 갈망으로 이 기쁨은 누구나 자기 내면에서 찾을 수 있기에 부러움의 대상이 되지 않는다"[17]라는 치머만의 견해에 동의했다.

치머만은 자신의 저서에서 고독과 세상에서 벗어나려는 도피를 구별했다. 그는 단번에 은둔하는 수도사의 삶에 대한 맹목적 추종을 간파했다. 그러고는 은둔하는 삶과 수도사로서의 소명을 기탄없이 비판했다. 그러다 보니 수도회 대표들과 논쟁을 벌이게 됐다. 이 대표들은 치머만이 구도를 위한 헌신의 규율에 무지한 열혈 무신론자라고 몰아세웠다. 그렇지만 하노버 왕가의 궁정 고문관으로서 조지 3세의 수석 의사로 활동하다가 포츠담의 상수시 성에서 프로이센의 프리드리히 대왕의 임종을 지켰던 치머만이 의도한 바는 그게 아니었다. 그는 고독을 폐쇄적인 종교계의 독점물이 아니라 "(그가 살고 있는) 세상 속 사람들이 접할 수 있는 것"[18]으로 만들려고 했다. 그는 은둔자가 아니라 "인간을 위한" 고독을 설명했다. 그러면서 수도원 생활에 관심을 갖고, 연구실에서 사례를 분석하고, 소도시에 확산되던 권태로운 감정을 연구하는 등 다양한 경험을 쌓았다. 그 결과, 당대 일상생활에 관한 방대한 자료를 축적할 수 있었다.

치머만은 고독이 모두가 잘 활용할 수 있는 기회임을 보여주고 싶었다. 쉽지 않은 시도였다. 상류 사회는 실상 진만 빠지는 경기장이었다. 이 사회는 영혼을 지치게 했다. 그렇지만 홀로 있음이 반드시 함께 있음보다 나은 것도 아니었다. 사회와 마찬가지로 고독에도 장점과 단점이 있다. 그는 우선 체계적으로 종합해보려고 고독의 장단점을 꼽아봤다. 그리고 그것들을 서로 비교했다.[19] 그다음에 고독을 선택한 인간이 그 무게를 감당하고 혜택을 누릴 수 있을지 자문했다. 그는 독자들에게 고독을 권하기 위해 사회와 관련된 경험과 마찬가지로 고독도 하나의 온전한 경험이라고 설명했다. 고독을 선택할 때에는 이에 관한 특징적인 법칙을 알아두는 편이 좋다. 그러면 이 법칙이 사회를 유지하게 하는 규칙과 배치되지 않는다는 점을 깨닫게 된다. 고독은 사회의 대립항이 아니라 오히려 사회를 유지하는 단단한 버팀대이다.

치머만은 지배층 인사였다. 그는 귀족 문화를 유지시키는 뿌리 깊은 원동력을 알고 있었다. 그는 궁정 사람들의 행실을 심하게 책망하지 않았다. 스스로도 국가적 자부심에 대한 글을 썼고 수차례 왕을 섬기기도 했다. 그는 귀족들의 사교 생활이 국가의 번영에 기여한다고 평가했다. 그렇지만 상류 사회에 속하려고 하지는 않았다. 그는 "드러나지" 않는 귀족도 있어야 한다고 생각했다. 예의범절에 연연하지 않고 적들의 질투심을 불러일으키는 그런 사람에게 공감했다. 모든 사람들에게서 사랑받는 사람이 될 필요는 없기 때문이다.

자기에게로의 집중과 세상의 사용

그는 자신이 해결하고픈 모순에 대해 먼저 논했다. 압데라 사람들은 고독한 데모크리토스를 멸시했다.* 이 사람들은 자신들의 생활 양식에 충분히 만족한 터라 다른 생활 양식을 고민해볼 여지가 없었다. 궁정 사람들도 "소용돌이" 같은 자신의 삶에 만족했다. 궁정 사람들은 다른 사람들이 좀 더 잔잔한 물속에서 행복을 구한다는 사실을 상상하지 못했다. 하지만 그랬던 이들이 고독을 진지하게 받아들이면서 갑자기 여기에 갖은 이점을 투영해 탐욕스럽게 고독을 갈구하기 시작했다.

사람들이 갈망하는 것을 거부할 이유가 있을까? 하지만 궁정 사람들은 결함과 미덕을 헷갈렸다. 그들은 의지가 약했다. 권력에서 지나치게 멀어질까 두려워하느라 고독의 길을 걸을 용기가 없었다. 그래서 자신들이 속한 곳에 머무르는 편을 택했다. 고독은 그들에게 제로섬 게임으로 보였다. 그 게임에서는 얻을 게 없었다. 자신들에게는 세상이라는 시합이 좀 더 유리했다. 샹포르의 표현을 빌리자면, 그들은 이 시합에서 기권하고 싶지 않았다. 그들이 완전히 틀린 것도 아니었다. 고독에도 단점이 있다. 고독을 선택한 자가 삶의 근심거리를 잊기 위해 작은 골방에 틀어박히면 고독의 함정을 인지하지 못한다. 예수도 완벽한 고독이라는 야심에 사로잡힌 적이 있었다. 이런 야심에는 비이성적 사고가 숨어 있다. 그리고 이런 비이성적

---

* 　원자론을 체계화하고 유물론의 기틀을 형성한 그리스 사상가 데모크리토스 Democritus는 쉽게 히죽거리고 홀로 지내던 탓에 당시 고향인 압데라 사람들Abderites 에게 정신 나간 사람이라는 손가락질을 받았다. 주민들은 그가 미쳤음을 입증하기 위해 당대 저명한 의사인 히포크라테스를 초빙하기까지 했다. 그와 대화를 나눈 히포크라테스는 그야말로 진정한 철학자라는 결론을 내리고 그 내용을 편지로 남겼다. 라퐁텐은 이 글을 바탕으로 대중의 우매함을 꼬집는 우화를 남기기도 했다.

사고는 집착으로 변해 일이 불합리하게 전개되는데도 불구하고 도피를 위한 도피를 하게 된다. 이 지점에서 또 다른 "형용모순"이 등장한다.

치머만은 루소의 저서도 읽었다. 그는 『말셰르브에게 보내는 편지』를 읽으며 여기저기 수많은 메모를 남기고 내용에 담긴 병리학적 흔적을 분석했다. 루소는 사람들이 자신을 잊길 바랐다. 그러면서도 사람들이 자신과 자기 글에 대해 이야기하길 기대했다. 그는 남들에게 인정받으면서도 잊히길 바랐다. 평정과 명성을 동시에 열망했다. 치머만은 루소가 보여준 이런 측면을 바탕으로 그의 성격을 간파했다. 이는 사교계 인사들의 가식적인 행복은 물론 고독도 감내하기 어려운 면이 있다는 자기 견해를 잘 보여주는 사례였다. 그도 루소와 마찬가지로 단순하고 활동적인 전원생활을 예찬했다. "수심에 차 있으면서도 입가에 미소를 띠고 궁정에 모습을 드러내는" 행동보다 결례인 일은 없다. 그럴 바에는 차라리 시골에 머무는 편이 낫다. 그렇지만 치머만은 변함없이 "우리가 제일 먼저 필요로 하는 것은 사회"이고, 명성은 언제나 부질없기에 사회를 필요로 하는 마음을 채워주지 못한다고 생각했다.

고독을 선택한 자는 물론 주위의 "바위"를 벗삼을 수 있다. 그렇지만 자연만으로는 충분하지 않다. 자연은 마음을 어루만져주지만 위안이 되지는 않는다. 또 마음을 진정시켜주지만 타인의 부재로 생긴 근심거리를 없애주지는 못한다. 치머만이 볼 때, 영혼은 자연과 교감하지 못한다. 영혼은 감정의 교류를 통해 영혼끼리 공감한다. 그래서 "세상에서 멀어져 지식, 감정, 사고를 아무에게도 전달하지 못할 때 이것들 대부분은 아무런 즐거움도 주지 못한다." 일례로 늘 혼자 걷는 산책자는 걸으면서 행복하지 않다. 행복을 느끼려면 최소한 둘은 있어야 한다.[20]

그렇다면 고독의 장점은 무엇일까? 고독한 사람들 중에는 "보편적인 관습의 급류"에서 벗어나 삶을 누리는 이들이 많다. 어떤 사람들은 그들이 비사교적이거나 소심한 기질을 지니고 있다고 생각한다. 다른 이들은 그들에게서 고양된 품성, 게으름을 피우는 게 아니라 묵상을 추구하는 영혼을 발견한다. 우리는 "(사회에 대한) 소화불량"으로 괴롭기 때문에 사회에서 벗어나 휴식을 취한다. 타인을 지나치게 챙기다 보면 자기 자신을 망각하게 된다.

> 휴식에 대한 열망, 그리고 자신을 추스르고픈 갈망은 우리가 오랫동안, 게다가 원하지 않았음에도 불구하고 다른 사람들을 위해 움직여야 했을 때 자연스럽게 발생한다. 타인에게 의존하지 않고 평정함을 유지해야만 진정으로 자기 자신이 된 기쁨을 누릴 수 있다. 자신에게 어떠한 자유도 없다는 사실을 알 때만, 그러니까 하루 중 단 한순간도 자신의 뜻대로 할 수 없다는 점을 알 때에만 제대로 처신하는 사람들이 있을지도 모른다. (……) 안부 인사를 전하는 것 이외에 특별한 목적 없이 다른 사람을 방문하는 것은 사고가 조금이라도 정립된 사람에게 지구상에서 가장 씁쓸한 일이다.[21]

치머만은 고독에 대한 의지가 무엇을 뜻하는지 분명히 했다. 다른 사람을 방문하는 일을 그만두고 싶은 사람은 "자신의 일과 중에서 기계적인 부분"에서 손을 뗀다. 그리고 의미 없는 의무를 정리하고 모든 것을 단순화시키고 자신에 대해서 생각한다. 그는 이제 자신이 하고 싶은 것만을 한다. 자신이 바라는 대로 삶을 이끌어갈 수 있다는 사실을 발견한다. 그는 지금까지 늘 주의가 산만해서 자아를 상실한 채 살았던 것이다. 이제 한 가지는 확실하다. 앞으로는 주의가 분산되지 않도록 처절한 전쟁을 치를 것이다. 그는 주의 분산이 자신의 영혼을 무력하게 만들고 현재를 살지 못하게 방해하고 눈앞의 일에 제대로 집중하지 못하게 한다는 점을 알고 있다. 주의가 분산되면 삶의 고통, 질병, 죽음, 비애를 극복하지 못하게 방해를 받는다. 게다가 우리의 정신까지 둔감하게 만든다. 반면 고독 속에서 우리는 자신에게 진실을 털어놓는다. 우리는 결연해진다. 그리고 산만해지지 않고 흐르는 시간을 받아들이고 차분하게 개인적인 공격에 대처하겠다고 다짐한다. 이런 미덕은 시끌벅적한 세상에서 벗어나야 자신의 것이 된다. 고독은 이렇게 성품을 다듬는다.

쉴 새 없이 감각을 자극하면 정신이 흐트러지고 산만해진다. 또 정신을 권태로 이끈다. 산만한 정신은 영혼을 고갈시키고 고유한 생각을 갖지 못하게 한다. 그런데 우리는 자기만의 생각을 갖지 못할수록 권태에 빠진다. 뒤집어본다면 "고독에 대한 취향"은 주의 산만에 대한 혐오와 다시 자기만의 생각을 갖고 싶은 바람으로 설명된다. 치머만은 한 발 더 나아가 독자들에게 불필요한 활동으로부터 자신을 보호하라고 권유했다. 그는 빽빽한 일정에 휘둘리지 말고 기록 경기를 하는 것처럼 완수한 업무로 하루를 평가하지 말라고 제안했다. 이런 사람이 "고상한 사람"이다. 그의 머릿속은 복잡한 집무실이 아니다. 그래서 구속되지 않은 이 사람은 맹목적으로 작위를 좇는 행태를 비난할 수 있다. 그는 다른 사람들이 각자 지닌 덕성을 인정하기에 상류 사회 사람들과 차이가 있다. 그는 "식견을 갖춘" 사람이 된다.

고독 속에서는 "각자가 자신이 내키는 대로 사고한다."²² 고독한 사람은 타인의 반응과 세상의 통념에 개의치 않고 삶을 꾸린다. 이 지점에서 다시 그가 인간혐오자라는 비난이 고개를 내민다. 치머만은 "당신이 주의가 산만해지게 방치하지 않겠다고 다짐한 순간, 몰지각한 사람들은 곧바로 당신을 인간혐오자로 낙인찍는다"라고 재차 이 비난에 반박하면서 고독을 현명하게 활용하라고 했다. 주의 산만의 폐해를 지적한다고 인간을 멸시하는 것은 아니다. 치머만은 비난의 근거가 된 궤변을 가볍게 받아쳤다. 그는 이성의 힘이 어느 정도는 홀로 있으면서 다져진다고 주장했다. 사람들이 주의가 흐트러지지 않으면 사회에서 빈번하게 일어나는 잘못된 판단을 더 잘 걸러낼 수 있다.

치머만의 비판력은 계몽주의적이다. 그는 고독을 인간혐오에 대한 해독제로 여겼다. 적절한 표현이다. 해독제는 치유책이고 보통 이미 작용하기 시작한 어떤 물질의 확산을 지연시키기 위해 처방한다. 이런 비유를 통해 치머만은 고독한 사람이 인간혐오자가 아님을 입증하려 했다. 사람들의 머릿속에서 일은 종종 비뚤어진 방향으로 나아가곤 하는데, 고독을 선택한 사람은 그런 점을 명철하게 가려낼 수 있는 사람이다. 고상한 사람이 명철하다고 해서 환멸에 젖지 않는 것은 아니다. 그도 세상에서 도피하지 않도록 노력해야 한다. 고독 속에서 자신에게 부족한 부분을 보완하더라도 완벽해지지는 못할 것이다. 완벽에 대한 기준이 지나치게 높으면 사회는 실제보다 더 불완전하게 보일 것이고, 그렇게 된다면 자신이 설정한 목표를 달성하지 못할 것이다. 그렇지만 그 목표는 "제대로 생각하고 판단하고 행동하는 법"을 익히는 것이지, "유행을 좇기 위해" 고독을 찬미하는 법을 배우는 것이 아니다.[23]

치머만은 네 권에 걸친 저서에서 고독을 식견을 갖추는 경험의 반열에 올려놨다. 홀로 있을 수 있는 사람은 계몽주의가 사회에서 이룩한 발전의 증거를 제공했다. 모든 사람들이 정기적으로 홀로 있는 시간을 갖는다면 풍습의 형태와 사회적 환경도 아마 나아졌을 것이다.

하지만 치머만은 현실적인 사람이었다. 그는 사람들이 고독 속에서도 둔감해진다는 점을 알고 있었다. 고독은 많은 노력이 필요한 일이기에 때로는 기대했던 것과 반대되는 결과를 낳기도 한다. 고독을 선택한 사람이 자기 생각이 타인의 생각보다 낫다고 완고하게 고집을 부릴 위험도 있다. 더 이상 모순을 감내할 수 없어진 것이다. 그는 사견이 공개적으로 논의되는 것을 받아들이지 못하고, 전 세계가 자기의 사고와 유사하다고 생각하기 시작한다. 그는 결국 자신만을 존중하게 된다.

자기에게는 비판력을 발휘하지 못한다. 이 비판력은 독단적인 사고로 변질된다. 고독은 더 이상 올바른 판단에 필요한 평화를 가져오지 못한다. 고독은 이렇게 편협함의 온상이 된다. 위험하지 않은 고독은 없다.

지식인의 서재의 역설은 이렇게 형성된다. "세상을 사용" 하지 못해 많은 학자들이 자기 견해가 우월하다고 여긴다고 치머만은 지적했다. 그들은 방에서 나가 다른 관점도 중요함을 깨달아야 한다.

학자들은 서재에서 세상으로 나가면서 자신에게 익숙한 나라를 떠나 모든 것이 새롭고 낯선 나라로 들어선다. (……) 세상과의 교류는 생각을 가다듬고 새로운 영감을 얻을 수 있는 마르지 않는 샘이다. 학자들은 세상과 교류함으로써 마음을 열고 탄력적이고 유연하고 힘 있는 태도를 갖춰, 겉보기에는 불가능해 보이는 일을 해내고 사람들의 마음을 사로잡고 이들을 설득한다. 어두컴컴한 은신처 구석에서 세상을 밝게 비추겠다는 희망을 품고 있는 학자들, 또 그런 희망에도 불구하고 사람들을 어떻게 대해야 할지 모르는 학자들이 얼마나 많은가![24]

예전에 그랬듯이 지금도 비판은 쉽다는 말이 나올 것이다. 그렇지만 이 비판은 적확하고, (치머만이 인용한 베이컨의 말을 빌리자면) 책에 담긴 지혜를 활용해 내 것으로 만들려면 읽는 것만으로는 부족하다.

치머만은 고독의 장점을 두둔하면서도 세상과의 교류를 예찬했다. 고독과 사회는 절대로 분리될 수 없기 때문에 양립하더라도 아무런 모순이 발생하지 않는다. 심지어 한쪽의 과잉을 다른 쪽의 과잉과 연장선상에서 분석하기도 한다. 그래서 고독을 선택한 사람이라면 한 번쯤 성자가 되길 꿈꾸었고, 모든 사교계 사람은 우울하다는 착각도 해보았다. 치머만은 두 번째 사례에 각별한 관심을 가졌다. 사교계 사람의 속성은 짧은 순간 동안이라도 생각을 집중할 수 없다는 점이다. 그러다 보면 이 사람은 "세상에 대한 열망"을 잃고 우울해진다. 이 우울은 상상력의 산물이다. 그가 추구하는 삶의 목표에 토를 다는 사람이 없어서 그는 환상의 세계를 현실로 여기기 때문이다. 극단적인 고독은 물론 미친 행동이다. 하지만 지속적인 주의 분산도 잘못된 일이다.

고독의 가장 큰 문제점은 마음의 고통을 여전히 품고 있다는 점이다. 그렇지만 은신처로 몸을 피하는 것만으로 절망을 치유하는 사람은 없다. 방 안에서는 아무것도 잊히지 않는다. 상처는 다시 쓰라리다. 상상력은 상처를 더욱 고통스럽게 한다. 과거는 고독을 선택한 사람을 쉴 새 없이 따라다니는 유령이다. 그래서 항상 도피하는 "공허한 영혼"에게는 홀로 있으라고 권하지 않는다. 치머만은 "감수성이 예민하고 상상력이 풍부하고 열정이 뜨거운" 사람에게는 홀로 있기를 만류했는데, "고독이 이런 특성을 한층 배가시키기 때문"이었다. "우리의 모든 감정은 고독할 때에도 함께한다. 정신적인 문제는 사소한 것이더라도 고독 속에서 심각해지는데, 고독할 때 우리는 끊임없이 그리고 생생하게 그것이 무엇이었는지, 또 무엇인지 곱씹기 때문이다."

고독의 결점 혹은 사회의 결함

고독에 이런 단점이 있다고 해서 다른 사람들까지 고독의 장점을 누리지 못할 이유는 없다.

> 고독의 가장 아름다운 업적은 바로 이것이다. 우리가 제대로 사용하기만 한다면 고독이 누그러뜨리지 못하는, 고독이 치유해내지 못하는 괴로움과 비애는 없다. 사실 이런 치유의 과정은 더디고 단계별로 이뤄진다. 자기 자신을 대면하며 사는 기술은 수많은 경험을 통해 길러진다. 품성을 형성하는 다양한 사건과 특정한 상황을 겪어 보면 고독을 누리기 위해서는 이미 충분히 성숙해야 하고 그래야 이와 비슷한 효과를 기대할 수 있다는 결론을 얻을 수 있다.[25]

이런 삶의 기술은 어떻게 익히는가? 독서와 연구를 통해? 물리적인 경험으로? 사람을 "모든 이를 보는 눈"과 같은 자아와 가까워지게 만들고 종국에는 편견마저 없애주는 명상으로? 죽음으로 사랑하는 이를 잃거나 질병에 걸렸을 때, 마지막 순간에 찾아가 위안을 구하게 되는 내면의 친구가 개입해서?

치머만은 "젊은 마음"이라고 명명한 젊은이들에게 사전 준비 과정을 가져보라며 "타인과의 교류와 자신과의 교류를 번갈아 맺는" 방법을 권했다.[26] 그는 의식의 내면이라는 단절된 영역에 머물면서 오직 자아 속에서 행복을 찾는 일은 불가능하다고 확신했기에 홀로 있음(고독)과 함께 있음(사회)의 장점을 조합해보라고 제안한 것이다.

고독이 사람들을 이해하는 법을 배우는 학교라고 말한다면 사람들은 비웃을 것이다. 그렇지만 우리는 사회에서 사유의 소재를 모을 뿐 별달리 얻는 게 없다. 엄밀히 말하자면 우리가 세상에서 하는 일은 관찰뿐이다. 그 후 고독 속에서 관찰한 내용을 분류하고 이것을 실행에 옮긴다. 이런 관계로 미루어볼 때 인간의 가장 은밀한 약점을 발견하려는 이, 인간의 불완전함과 단점을 밝히려는 이를 어떻게 시기심이 많다거나 인간을 혐오한다고 평가할 수 있는지 모르겠다. (……) 이런 시도가 그렇게 많은 비난을 받고 있지만, 내 눈에 들어오는 것은 관찰력뿐이다.[27]

관찰력을 키운 사람에게는 사회의 장점을 활용하면서도 고독을 누릴 수 있는 기회가 늘어난다. 그 사람은 세상에서 약간 떨어져 스스로 생각하는 능력을 키운다. 세상을 오가면서 그 능력을 확장하고 가다듬는다. 관건은 고독과 사회를 어떻게 활용하느냐이다. 치머만의 논리를 따르자면 고독한 자는 강력한, 더 나아가 행동하는 세계의 시민이다.

작가들은 대학교, 소도시, 후견인이 사는 집 등이 아닌 다른 세상을 알아두는 것이 좋다. 그들은 수많은 나라에서 온 다양한 신분의 사람들과 교류를 하며 지식을 쌓아야 한다. 귀족 사회를 경멸하지도, 신분이 낮은 계층 사람들을 피하지도 말아야 한다. 하지만 때때로 모든 친교에서 벗어나 긴 시간 홀로 지내보기도 해야 한다. 각종 쾌락과 사회에서 맺은 관계를 포기할 줄 알아야 한다. 그리고 무엇보다 주위 사람들에게 인정받으려고 애쓰지 말아야 한다. 그렇지 않으면 사실이 아닌 것을 말하거나 사실을 숨겨야 할 때가 있다.[28]

관찰력은 소중하다. 자기 자신은 물론 세상과 비교해 자신의 위치를 제대로 평가할 수 있게 해주기 때문이다. 세계주의자는 고독이 필요한 만큼 사회도 필요하다. 그는 홀로 있으면서 스스로 생각할 수 있는 힘을 갖게 한 자율성을 누린다. 다른 나라의 사람들과 교류할 때에는 시민이 된다. 모두가 이런 방식으로 홀로 있음과 함께 있음이라는 리듬을 번갈아 타면서 세계의 시민이 된다.

치머만에게 세계주의자는 단순한 여행자가 아니다. 샹포르가 말하는 정직한 사람과 같은 의미의 인물이다. 세계주의자는 타인과 더불어 살 줄 알고 관례를 지키면서도 그것에 종속되지 않을 줄 안다. 그는 한동안 자리를 비웠다가 때때로 시대에 뒤처진 의복을 입고 다시 사회에 나타난다. 외양은 중요하지 않다. 외양이 어떠하든 사회에서 지내면서 많은 것을 얻어갈 것이기 때문이다. "세상을 드나들면서 고독의 결점을, 홀로 있으면서 사회의 결함을 보완한다는 점"이 중요하다. "어느 한쪽만을 선호하거나 지나치게 좋아하지는 말아야 한다."[29] 치머만은 여기서는 고독을, 저기서는 사회를 취하라고 교육하지 않았다. 그의 처방은 좀 더 진지했다. 그는 고독과 사회의 결함을 그것들의 강점으로 보완했다. 또 고독과 사회를 대립시키지 않고 둘을 불가분의 관계로 만들었다. 그러면서 어느 한쪽만 과하게 취하지 않길 바랐다.

고독은 인간혐오와 별반 관련이 없다. 고독은 인간을 자유롭게 만드는 단순한 삶의 비밀에 가깝다. 그러면서 고독은 사회의 애매모호한 면을 걷어낸다. 이제 더 이상 위안을 구하려고 자연을 찾지 않아도 된다. 치머만은 루소주의자 성향이 두드러진 어조로 인간혐오 논란에 대한 장을 마무리했다.

귀족들은 홀로 있으면서 누리는 모든 즐거움이 인간혐오를 낳는다고, 더 심하게는 인간혐오가 그런 즐거움을 주는 것이라고 주장한다. 하지만 나는 수많은 모임에서 기분이 상해 집으로 돌아오는 일이 불쾌한 감정으로 집 밖으로 나가는 일보다 흔하다고 생각한다. (……) 합을 내 보면 인간혐오자가 지배층 인사보다 인간혐오 지수가 월등히 높지 않다. 사실상 인간혐오자는 악덕과 광기만을 경멸하지만, 경박하고 한가한 지배충 인사는 이 모임에서 저 모임으로, 이 게임판에서 다른 게임판으로 전전하면서 행동이나 글로써 눈길을 끄는 모든 것을 싫어한다. 그리고 명성을 누릴 만한 자격이 있는 모든 것을 비웃으며 자신은 명성도 존중도 바라지 않는 체한다.[30]

이제야 인간혐오가 제 위치를 찾게 됐다. 인간혐오는 더 이상 하나의 집단이 다른 집단에게 붙이는 사회적인 호칭이 아니다. 인간 천성의 하나이다. 인간혐오자는 다른 사람들에게서 탐탁지 않은 부분을 배척하는 데에 그친다. 그는 인식 능력을 갖춘 사람이다. 그가 고독을 찾는 경향이 있긴 하지만 고독이 그의 전유물은 아니다. 인간혐오자라는 의심을 받는 사람보다 사교계 사람이 훨씬 인간혐오적인 측면을 갖고 있다. 사교계 사람은 감탄해야 마땅한 정신적 산물 등을 멸시한다. 또 작위가 없는 사람에게도 남다른 특징이 되는 덕성을 혐오한다. 세계주의자는 고독으로 즐거워진다. 그는 스스로 사유하는 즐거움을 누릴 것이다. 이런 즐거움을 되찾은 덕분에 그는 사회로 되돌아와도 문화 분야에서 독창성을 뽐낸 이들을 경계하지 않을 것이다. 그는 홀로 있는 삶을 시민으로서의 삶만큼 즐길 것이다. 다행히도 규칙을 정하는 것은 자연이다. 자연은 "우리가 인간혐오자이기를 바라지 않기"에 모든 것을 다시 질서 있게 정리할 것이다. 그리고 고독을 선택한 사람은 평정이 필요할 때에 다시 자연을 향하면 된다.

고독을 선택한 사람은 사회와 연을 완전히 끊지 않는다.

지나치게 계급을 앞세우고 억지로 꾸며낸 환경에서 때때로 멀어진다. 사교계에 속해 있을 때에는 정신이 분산되어 생긴 고통을 완화하려고 애쓴다. 그는 어느 시점에든 반드시 사회적인 게임으로 돌아온다. "모든 사람들의 사랑을 받으려고 노력하면서도 아무에게도 굽실거리지 않고 세상에서 도피하는 대신 자기 의지대로 세상을 떠날 줄 알아야 한다"[31]라는 역사의 교훈은 명확하다. 바로 인간에 대한 애정, 자유, 초탈이 자발적 고독의 철학을 이루는 세 가지 요소라는 점이다.

4장

한 걸음 옆으로 물러나서

야만적이고 무질서한

우리는 홀로 있으면서 다른 사람의 방해를 받지 않고 자신과 대면하길 바란다. 이는 쉬운 일이 아니다. 내적인 고독의 상태에 도달하기 위해서는 의연한 자세가 필요하다. 사람은 묵상하면서 평정을 방해하는 것을 잊으려고 노력한다. 또 신경을 곤두세우게 만드는 것과 거리를 둔다. 하지만 그렇다고 절대로 사회에서 멀리 벗어나지는 않는다. 때로는 그 거리 두기를 계기로 사회를 유심히 관찰한다. 그리고 종국에는 사회로 돌아온다. 게다가 고독에 대해 깊이 생각하면 좋지 않다는 점은 누구나 알고 있다. 울적한 사람이 고독을 선택해 세상에서 벗어나서 우울한 기분을 곱씹는 것보다 끔찍한 일은 없다. 이런 사람은 사회적인 관계를 더 이상 신뢰하지 않고 사사건건 반대만 한다. 그렇지만 이런 사례는 드물다. 인간혐오자는 허구에 불과하다. "실제 인간혐오자는 괴물이다. 그런 이가 존재한다면 웃음거리가 아니라 공포의 대상일 것이다"라는 루소의 지적이

바로 진실이다.[1]

그래도 고독을 선택한 사람은 통상적인 규칙을 따르지 않는 게 아니냐는 한 가지 의혹이 남는다. 사람들은 고독을 선택한 사람이 무언가를 포기했고 세상을 등졌고 공공의 선을 무시한다고 생각한다. 마치 사표를 내고 작별 인사를 한 사람처럼 여긴다. 그러고는 그 사람이, 치머만의 표현을 빌리자면, 모든 사람이 존중하는 것을 무시하고 모든 사람이 무시하는 것을 존중한다는 추측이 확산된다. 그는 내키는 대로 행동하는 것 같고, 그가 누리는 자유를 참아줄 수 없게 되고, 제멋대로라고 그를 질타한다. 요컨대 그를 미심쩍게 여긴다.

고독을 택하는 일과 세상사에 관여하는 일은 종종 서로 모순된 행동으로 인식된다. 고독을 선택한 사람에 대한 불신은 사회 형성을 다룬 고전적 이론과 이 이론이 공동체적 관념에 미친 영향에서 얼마간 기인한다. 토머스 페인의 『상식』을 예로 보자. 1776년 미국 독립 선언이 있기 몇 달 전에 출간된 이 소책자에서 페인은 애초에 인간이 고독을 감당하기 불가능해서 사회가 형성됐다고 설명했다. 페인은 "다른 곳과 아무런 연락이 닿지 않는 고립된 어딘가에 정착한 소수의 사람들"을 상상했다. 그리고 "이런 자연 상태에서 그들이 처음으로 떠올린 것은 함께 사는 사회였다. 인간의 힘은 욕구에 비해 매우 미약하고 정신은 영속적인 고독을 버티기에 역부족이어서 주위에서 같은 처지에 있는 다른 사람을 서둘러 찾아 지지와 원조를 구해야만 한다는 등 사회를 이뤄야겠다는 생각을 하게 된 동기는 수천 개에 달했다"[2]라고 적었다. 신대륙에 도착한 유럽 이민자들을 염두에 둔 견해였다. 생존하려는 이민자들의 의지는 인력으로 작용했다. 인력에 이끌려 사람들이 모였다. 페인은 뒤이어 미국인들이 영국의 통치에 맞서 일어설 것을 촉구했다. 독립을 위한 투쟁을 시작하려고 고독의 가치를 처음부터 인정하지 않았던 것이다.

사회적 유대 관계가 어떻게 수립되었는지에 대한 가설의 대부분에서 개인은 자연법 이론가들이 이름 붙인 '자연 상태'를 포기한다. 페인의 이론에서도 마찬가지로 고독은 사회가 모습을 드러내기 위해 인류가 벗어나야 하는 원초적인 조건을 의미한다. 홀로 있기를 포기하는 행동은 곧 정부와 국가를 구성하려는 의지를 굳히는 일이다. 개인은 사회를 조직하면서 평등과 안전을 보장하는 권력 기관 아래로 들어간다. 그럼으로써 개인은 고립된 상태로 방치되지 않고, 기본권을 보장하는 기관에 순응하는 조건으로 시민의 자격을 획득한다. 이때 고독은 정치 공동체의 장점을 돋보이게 하기 위한 수단이다.

고독은 야만적이고 무질서한 자연 상태와 연결되면서 그 가치가 폄하됐고, 이런 상태를 막기 위해 시민성이 발달했다. 사람들이 모여들면서 고독의 가능성은 배제되었다. 홀로 있는 상태를 거부하기로 한 결정이 우리의 머릿속에서 정치의 발단으로 각인됐다. 그렇기에 옆으로 한 걸음 물러나 있는 사람들에 대해 의심이 싹텄다. 홀로 있으려는 사람들이 남들을 이용해 자기 이득만 꾀하는 사람으로 보이는 것이다. 게다가 공동의 의무는 지지 않으면서 국가의 혜택을 보려 하고, 공익이나 만인의 안전 따위는 관심도 없고, 모르긴 해도 야만적인 기질을 감추고 있어서 진정한 시민이 아니라고 생각했다.

정치 행위로서의 은둔

미국 문화에서 고독은 다른 의미를 지닌다. 18세기에 다른 사람들과 떨어져 저 멀리 가서 사는 사람은 "프런티어"를 점유한 자였다. 문명과 야만 사이에 놓인 상상의 경계선인 프런티어는 서점西漸 운동으로 인해 앞으로 꾸준히 움직이고 있었다.[3] 프런티어를 점거한 사람은 영토를 독점하려는 영국인들에 맞서 투쟁했다. 평야의 반체제 인사이자 은둔자가 되어 미 대륙의 광활한 대지를 "사유화"했다. 그렇게 고독 속에서 영국 본토의 지배에 저항했다. 그리고 양질의 토지 대부분을 손에 넣었다.

　미국의 은둔자는 자연으로 몸을 피했다. 이는 반사회적인 행동이 아니다. 홀로 있겠다는 그의 열망은 정치적이다. 그렇기에 그가 단절된 생활로 자아를 형성했다는 점은 역설적이다. 그는 "사회가 형성된 이후에도 사교 생활을 대신해 단절된 생활을 하겠다"라는 선택을 하면서 단순히 곰과 더불어 살러 간 것이 아니라, 자신의 윤리적, 사회적 개혁 의지가 어떤 타협도 용납하지 않음을 보여줬다. 그는 자신이 머무는 오두막이나 동굴에서 크게 외쳤고, 사람들은 멀리서도 그의 말을 들었다. 그는 자기 원칙을 거침없이 강요했다. 그의 독특한 사고는 정치인들, 그리고 그와 친밀한 관계를 유지하고 있던 작가들을 크게 놀라게 했다. 그는 은둔하면서 고립되고 싶다는 욕구와 공공의 선에 대한 각별한 관심을 결합했다. 그러면서 사람들을 놀라게 하는 한편 설득하기도 했다. 헌법 정신을 반박하는 대신 보완하고 완성시켰다. 토지 공유를 주장한 영국 변호사 토머스 스펜스가 영감을 받았다고 한, 바닷가 동굴에 살면서 동굴 벽에 '인간의 권리'rights of man⁴라는 글귀를 새긴 한 은둔자가 그 일례이다.

독립 이전에는 은둔자라는 인물상이 꽤 인기가 있었다. 많은 사람들이 이 인물상을 이용했다. 보수주의자들, 때로는 반연방주의자들까지도 은둔자를 예로 들면서 사회적 유대 관계가 해체되고 있다고 주장했다. 반면 진보주의자들과 연방주의자들에게 은둔자는 부당한 정치 제도의 방증이었다. 대중 은둔 문학, 특히 18세기에 영국과 미국에서 출간된 책력에서 은둔자는 정치 이론의 문화적 구현물이었다.

정부 형성의 기원에 관한 공적인 논의에서 고독을 집중적으로 다루게 되면 연구자들은 혁명기에 발생한 긴장 관계를 다시 살펴야 한다. 그러면 그들은 사회계약 시대(또는 헌법 시대)에 대한 통일된 관점이 아니라, 이러한 통합론의 가능성 자체를 반박하는 논증을 발견하게 된다. 이 당시는 사교 관계와 고독을 모두 추종하고, 시민 사회의 수립과 이로부터의 탈피에 관한 이야기가 난무하고, 성문화된 헌법에 열광하면서도 법조문에 대한 우려를 토로하고, 정부가 개인으로 구성된 것인지 아니면 개인이 정부로 인해 등장한 것인지 하는 경쟁적인 개념이 등장하고, 개인이 혼자서 비공식적으로

내린 결정이 더 낫지 않느냐는 의심을 드러내면서도
정치적 숙의를 높이 평가하는 시기였다.[5]

이런 전통에서 자발적 고독은 정치의 일환이었다. 최고위
직에서도 자발적 고독을 통해 얻는 이익을 인정했다. 토머스
제퍼슨 대통령은 직업 정치인들에게 정기적으로 "국가적 모
의"에서 벗어나라고 조언했다. 1769년부터는 몬티첼로에 사
저도 짓기 시작했다. 이를 통해 정치를 하는 일이 늘 정치에 매
여 있지 않음을 전제한다고 알리려고 했다. 이렇게 의도적으로
거리를 두지 않으면 공공심과 정의감이 무뎌지고 만다.[6]

이는 "올바른 판단력"의 문제이다. 올바른 판단력을 발휘
하는 일이 고독과 사회를 대립시키지 않는다는 점을 인정해야
한다. 그래도 이기적인 인간혐오자가 아니냐는 반론은 지속된
다. 미국 문화에서 기념비적인 인물을 둘러싼 최근 논란도 이
러한 맥락에서 벌어졌다.

무심한 인간, 소로

캐스린 슐츠는 『뉴요커』에 세계 문학의 상징과도 같은 작가를
"도덕적 근시안"이라고 비판한 칼럼을 실었다.[7] 헨리 데이비
드 소로의 명성에 일격을 가한 것이다. 배가 난파되고 며칠 뒤
케이프코드 만의 코하셋 항 근처 한 해변까지 밀려온 아일랜드
이민자들의 사체를 묘사한 소로의 글로 슐츠는 포문을 열었다.
소로는 그 재난 현장을 방문해 어머니들과 그 자식들의 시체가

각각 하나의 관에 나란히 누워 매장을 기다리고 있었다고 적었다. 슐츠는 시체가 하나였더라면 오히려 더 인상적이었을 것이고 폭풍우가 지나간 후 만의 모습은 지극히 아름다웠다고 기록한 "무심한 목격자"인 소로를 비난했다. 그녀는 소로가 일말의 연민도 보이지 않았다고 개탄했다.

슐츠는 칼럼을 위해 『월든』을 다시 읽었다. 그리고 소로가 자기중심적이고 자기애적 기질을 갖고 있었다고 확신했다. 또 자기절제광이었다. 소로는 "세상을 이해하고 그 안에서 윤택한 삶을 살기 위해 자신을 제외하고는 아무도 또 아무것도 필요하지 않다고 확고"하게 믿었다. 유머도 없었고 정도에 넘치는 순수주의자였다. 금식이 그 방증이다. 게다가 다른 사람들을 지루한 개로 치부했고, 인간을 전혀 존중하지 않았고, 이기적이었고, 자신의 무관심을 미덕으로 여길 만큼 편협한 사고를 했다. 여행도 싫어했고, 절대 신문을 읽지 말라고 주장했다. 게다가 문명을 모든 것을 감염시키는 세균의 바다로 간주했다. 정리해보자면 소로는 "이브를 만나기 전, 에덴동산에서 혈혈단신 혼자 있는 태초의 순수한 인간인 아담"이 되길 소망했다. 이토록 일그러진 소로의 초상이 평온하기로 이름난 월든 호수에 파문을 일으킨 것은 두말할 나위 없다.

하지만 아직 최악의 소식이 남아 있으니, 바로 소로가 "빈곤한 정치철학"을 제시했다는 비판이다. 소로는 기관을 경계했다. 개인적 직관과 원칙을 지키는 완고한 태도만을 신뢰했다. 그는 자연에서 드러난 진실만을 믿었다. 한편으로는 정치의식을 가져야 한다고 주장했던 것을 감안하면 태도에 일관성이 없다. '자연에서 신념을 얻은 의식 있는 사람이라면 공적인 업무도 무탈히 수행할 수 있는 것일까?', '호숫가에 산다고 해서 국가 통치 기술을 진지하게 고안해낼 수 있을까?', '가령 상반된 정치적 견해를 가진 이들 사이에서 갈등이 발생하면 소로는 이를 어떻게 해결할 것인가?' 등의 질문이 생긴다.

슐츠는 『월든』을 읽는 두 가지 독법을 제안한다. 호의적인 안에서는 『월든』을 "픽션이 가미된 명상록"으로 본다. 그러니 소설처럼 읽으면 된다. 부정적인 안에서 소로는 그저 수기를 잘 정리한 작가에 불과하다. 이 관점에서 볼 때, 그는 "사회에서 자발적으로 유배되고 야만과 고독을 지속적으로 대면하는 이야기"를 통해 자신을 영웅시했다. 슐츠는 두 번째 안마저 만들어낸 이야기라는 데에 문제가 있다고 지적했다. 그녀는 소로의 가족이 사는 집이 오두막에서 도보 20분 거리에 있었고 소로는 일주일에 수차례 그 집으로 돌아왔다는 점을 상기시켰다. 빨랫거리도 가져오고 어머니가 만들어주신 쿠키를 맛보며 위안을 찾았다. 정기적으로 친구들과 함께 저녁도 먹었다. 게다가 여자형제들이 오두막으로 그를 찾아오기도 했다. 그는 프런티어 너머의 대평원에서 살아본 적이 없고 따라서 "야생의 세계"를 알지 못한다.

슐츠는 소로의 위선을 비난하며 글을 마무리했다. 『월든』을 계속해서 "소중히 감싸는" 이유는 그 책을 "선별적으로 읽기" 때문이다. 관심이 가는 부분만 취한다는 말이다. 그렇지만 사실상 이 책은 소망과 실천 사이에서 망설이는 불안한 청소년이 쓴 책에 가깝다. 소로는 개인과 사회 사이에서 적절한 균형을 결코 찾지 못했다. 게으름을 부리며 만족했고, 선조의 권위와 상식의 영향력을 인정하지 않았다. 소로는 우리에게 "타인과 더불어 사는 방법"에 대해 아무것도 알려주지 않는다. 이유는 간단하다. 그의 심리 상태가 일종의 난파선과 유사하기 때문이다. 슐츠는 "우리가 이 책을 고전으로 분류하고 저자를 도덕적 모델로 삼지만 사실상 그의 깊은 욕망과 실제 행동은 우리 모두에게서 등을 돌리는 것"이었다면서 그 모순을 비난했다.

소로는 그런 사람이 아니다

가혹한 비판이었고, 당연히 파장을 불러일으켰다. 대다수 평론가들이 소로의 "도덕적 독단성"에 동의하고 "폭군적 기질"을 인정했다.[8] 그러나 제디디아 퍼디는 『더 애틀랜틱』에서 소로가 자기모순과 적절히 타협했다는 가설을 펴며 그를 옹호했다. 랠프 월도 에머슨은 소로가 역설을 즐겼다는 점을 강조한 바 있는데, 퍼디도 이 의견에 동의했다. 소로가 아이러니스트라는 것이다. 슐츠는 소로가 자신의 논리적 모순을 풀지 못했다고 판단했다. 퍼디는 소로가 이중성을 예찬했고, 인간에게 자아를 성찰할 수 있는 능력이 있어서 "자기의 고유한 관점이 기이하게 다양하다는 점을 발견한다"라고 설명했다는 점을 언급했다. 게다가 인간적 측면과 정치적 측면에서 소로의 태도는 매우 분명했다. 아메리칸 인디언의 권익 보호를 단호하게 주장했고, 노예제를 가차 없이 비난했다. 슐츠의 비난대로라면 소로가 당대 가장 첨예하게 대립했던 두 가지 사안에 대해 "잘못된 동기로 올바른 판단을 내린 불량 시민"이었던 것일까?

퍼디는 소로가 우리에게 등을 돌리지 않았다고 단언했다. 소로는 외려 우리에 대한 생각을 멈추지 않았다. 그는 인간혐오자가 아니었다. 어딘가를 방문할 때마다 만나는 모든 사람에게 의견을 구했다. 다른 평론가는 소로가 물리적으로 좁은 지역에서 벗어나지 않은 것이 분명하지만, 독서 편력은 세계주의자였다고 평가했다. 무관심하다는 지적에 대해서는 "(소로가) 자연 현상만큼 인류적인 현상에 대해 지치지 않고 탐구했다"라면서 "콩코드 인근이나 케이프코드나 메인 주를 여행할 때면 벌목 인부, 굴 양식업자, 소작농 등을 가리지 않고 처음 만나는 사람들에게 쉴 새 없이 질문을 했다"라고 반박했다. 또 "미국 원주민을 귀한 원시인의 반열에 올려놓았고, (지금은 인정되지 않는) 엉터리 영어 발음을 근거로 들며 그들을 이국적인 존재로 만들었다. 다른 사람들과는 달리 상대를 존중하는 마음으로 그들을 찾아가서 질문하고 함께 여행했고, 긴 산책 중에 그들에 대해 배우고 또 그들로부터 배우려고 노력했다."[9]

이는 전혀 다른 모습의 소로이다. 이번에 소로는 함께 산책하는 벗이자 일상을 연구한 인류학자이자 음성학 자료 수집가가 되었다. 그는 동시대 사람들의 풍습을 관찰한 "미국의 몽테뉴"였다. 자연계에 대한 호기심도 많아, 지리학자이자 자연주의자인 알렉산더 폰 훔볼트처럼 식물과 곤충 샘플을 채집했는데, 그가 정리한 기록은 오늘날 연구원들이 지구온난화의 역사적 흐름을 보여주는 기후변화 그래프를 만드는 데에 기여했다.[10]

앞에서 등장했던 기이하게 다양한 관점이란 과연 무엇인가? 퍼디는 소로처럼 혼란스러운 시민으로 구분되는 "어긋난 사회성을 지닌 부류"를 진지하게 살펴보자고 제안했다. 그러면서 "게임판 안과 밖"in and out the game(월트 휘트먼의 표현)에 동시에 있는 소로의 방식에 초점을 맞췄다. 그는 소로를 "사회 곁에 남아 있으면서도 사회에서 벗어난 뉴잉글랜드 버전의 힌두교 수행자"로 보았다. 그렇지만 소로의 사유는 협소하지 않았다. 그저 의식을 가다듬으려고 세계 방방곡곡을 돌아다닐 필요는 없다고 확신했을 뿐이다. 차라리 지금 살고 있는 곳에 관심을 기울이기 시작하는 편이 낫고, 그곳에서도 전체 우주를 바라볼 수 있다고 생각했다.

소로에 대한 오해를 풀기 위해서는 코하셋 항의 조난에 관한 단락 전체를 인용해야 한다. 슐츠가 언급한 문장 앞에 소로는 공들여 "망자들을 기리고, 그들 한 명 한 명을 개별적 존재로서 존중하고, 마치 사진처럼 구체적이면서도 사진보다 탁월하게 묘사한 글을 통해 그들의 모습을 우리에게 전했다.""스토아주의"적인 애도의 글을 통해 소로는 조난자들의 영혼이 무사히 선적항에 도착했음을 독자들에게 전했다. 도너번 혼은 소로의 글에서 "무관심이 아닌 치유의 기운", 즉 정치적 사유의 배양토가 되는 감수성을 읽어낸다. 혼은 퍼디와 마찬가지로 소로가 불의를 지탄했다고 평가했다. 소로는 우리에게 시의성 있는 문제를 이야기한 것이다. 자기만의 방식으로 말이다. 그는 시민성보다 정의를 신봉했다. 통치의 원칙에 대해 반론을 제기하지는 않았다. 단지 "조금 더 나은 정부"를 갈망했다. 다시 말하자면 부당한 법이 존재함을 인지하고 그런 법을 개정하라고 요구했다. 법 개정이 이뤄지지 않을 때에는 법을 위배하라고 조언했다. 그러면서 저항이라는 행위를 할 때 위배는 목적이 아니라고 누차 지적했다. 그것은 정부가 스스로 공포한 불공정한 법을 무효화할 의향이 없다는 게 분명히 드러날 때 취하는 어떤 행동의 시발점이었다. 소로는 앞뒤가 맞지 않는 청소년도, 꿍꿍이를 감춘 반란자도 아니었다. 그의 목표는 불의에 대한 경각심을 일깨우는 것이었다. 소로는 따지는 게 많아서 "까다로운 친구"였지만, 퍼디의 표현을 빌리자면 "유익한 대화 상대자"였다.

소로를 둘러싼 논쟁에서 배울 점이 있다. 우선 다면적인 논쟁이 이뤄져 어떤 면에서는 문학적 인물을, 또 어떤 면에서는 심리적 특성 분석을 중심으로 다뤘다. 또한 자발적 고독의 사회적 기능을 명확하게 드러냈다. 그리고 '사회 참여'와 '초탈'의 조화, 그러니까 시민 생활에 참여하면서도 자연을 연구하는 삶의 방식을 드러냈다. 도너번 혼은 "몽테뉴와 같은 신분이 아닐뿐더러 재물도 없는데 어떻게 그와 같은 지적 자유로움을 유지하며 미국에서 살 수 있었을까? 무료 승선표나 후원자 없이 어떻게 훔볼트와 같은 열의와 통찰력으로 삼라만상을 연구할 수 있었을까?"라고 소로의 처지를 짧게 요약했다. 소로는 사회적 지위가 중요하지 않고 자기 집에서도 세상을 연구할 수 있으며, 사회적이어야 한다는 의무에 대한 외곬의 반항이 아니라 불의에 저항하면서도 자연을 누리기 위해 주어진 방법이 바로 고독이라고 대답할 것이다.

소수의 특권인가, 만인의 자유인가

소로의 견해에 모두가 한마음으로 동의하는 것은 아니다. 에머
슨도 고독과 사회에 대한 글에서 의구심을 드러냈다. 그는 어
떤 여행에서 "다른 사람과 장단을 맞출" 수 없다는 것이 유일
한 단점인 익살꾼을 만난 이야기를 들려줬다. 늘 사람들과 어
긋나고 어설픈 익살꾼은 여러 차례 외딴 곳으로 도망쳐 철저하
게 혼자가 됐다. 그는 도시를 떠나 시골로 갔고 정원에 나무를
빽빽이 심어 타인의 시선을 차단했다. "당신이 그 익살꾼에게
할 수 있는 최고의 칭찬은 집이든 거리든 어디에서 마주쳤든
그를 알아보지 못했다는 말을 건너서 듣게 하는 것"이었다. 딱
한 이 익살꾼은 플라톤의 『국가』에서 목동을 투명인간으로 만
들어준 기게스의 반지를 누군가가 자신에게 주길 바랐을 거라
고 에머슨은 적었다.

에머슨은 사라지길 바라는 사람이 이 익살꾼만이 아니라
는 점을 발견했다. 일반적으로 홀로 있고 싶은 욕구는 뿌리가
깊다. 그리고 이런 욕구는 모든 사람의 내면에서 꿈틀댄다. 협
동이 우연의 산물인 이유기도 하다. 에머슨은 연민을 예찬할
때에도 고독과 사회를 대비시켜 설명했다. "뛰어난 성품을 가
진 사람도 이따금 혼자 살 수도 있고 혼자 살아야 할 때도 있
다. 하지만 대부분의 사람들은 고립되었을 때 무너질 것이다.
(……) 사람들을 자석처럼 결속시키고 앞으로 나아가라고 독
려하는 일은 어렵지만, 연민 덕분에 우리는 힘을 내고 참을성
을 발휘한다. 화합은 사람들의 감정을 자극해 혼자 있을 때라

면 이뤄내기 힘들 일을 향한 열의를 보이게 한다."[11]

사람들은 다른 사람들과 관계를 맺을 때 활력이 솟고 용기를 내고 진취적이 된다. 민주주의는 뜻이 하나로 모일 때 최고의 강장제를 만들어내면서 스스로를 단단하게 한다. 자신감을 키우는 것이다. 이 논증을 반박하지는 못해도 반대 의견은 있었다. 에머슨은 현대 사회의 개인이 모든 민주주의 활동의 중심에 있지는 않음을 시사했다. 현대 사회의 개인은 혼자 남으면 의기소침해진다. 혼자 있는 사람은 조금씩 기운을 잃는다. 그 사람이 특출난 기질을 갖고 있지 않거나 고독이 자기 "재주"를 발휘하지 않는다면 말이다. 에머슨은 고독에 대해 엘리트주의적인 개념을 갖고 있었다. 고독이 우월한 존재의 특권이라는 의미이다. 고독을 누리려면 성격이 비범해야 한다. 사회는 여느 사람들과 같지 않은 이들을 필요로 한다. 다소 훌륭한 주변성을 가진 지식인은 공동체적 연민으로 하나 된 민중을 인도할 수 있지 않을까?

소로는 좀 더 민주적인 고독의 개념을 옹호했다. 자연은 자신을 둘러싼 환경이다. 이곳에는 출입 금지 표시판이 없다. 야외라는 점이 중요하다. 그 때문에 습기가 높고 싸늘한 날씨에도 밖에서 뛰노는 아이들처럼 "세계의 역사를 다시 쓰기 시작"할 수 있다. 바깥공기는 "아름다움을 찾아내는 안목"[12]을 개발한다. 여기에서는 아무도 배척하지 않고 모두가 자유롭다. 특정 천재만의 전유물도 아니다. 자연 속에서는 누구나 자유롭게 하고 싶은 일을 다시 시작하고 속박에서 벗어나고 아무에게도 방해받지 않으면서 자기가 간직한 꿈을 펼친다. 소로는 다른 시민들이 자신에게 "한가롭게 돈을 버는 일자리"를 주지 않을 것이라는 점을 깨닫고 숲으로 들어가 정착했다. "자기 힘으로 먹고살 길을 마련"해야 한다고 생각했다. "난 여느 때처럼 자본이 모이기를 기다리지 않고 이미 갖고 있는 소박한 자금을 사용해 바로 정착하기로 결정했다. 월든 호숫가에 자리 잡은 목적은 생활비를 줄이는 것도 아니었고 풍요롭게 사는 것도 아니었다. 가급적이면 장애물에 덜 부딪히면서 개인적인 사무를 처리하는 공간을 마련하는 것이었다."『콩코드 강과 메리맥 강에서 보낸 일주일』집필을 마무리할 생각이었을까? 그는 언제나 호수를 일을 하기 좋은 곳, 좋은 작업대이자 확실한 자리로 묘사했다. 호숫가로 가는 일은 게으름을 피우는 구실이 아니라 실행 계획을 추진하는 기회였다.[13]

한 걸음 옆으로 물러나서

『월든』8장에서 털어놓았듯 왜 소로는 거의 매일 도시로 돌아오면서도 은둔을 선언했을까? 그 이유는 간단하다. 그는 늘 "호사가들이 끊임없이 입에서 입으로 퍼뜨리거나 신문마다 앞다투어 다루는 세상 돌아가는 이야기에 귀 기울이고"싶어 하면서 "그런 이야기는 동종요법식으로 적당히 들으면 그만의 매력으로 나뭇잎이 바스락거리는 소리나 개구리의 울음소리만큼 안정감을 준다"라고 생각했기 때문이다. 잔잔하게 접하는 세상 이야기는 정보를 제공한다. 신경을 거스르지 않고 외려 기분 좋게 들리는 배경음악 같다. 시민으로서 사는 삶과 자연 속에서 보내는 삶을 연관지으면서 치료 효과를 볼 수 있다. 풍문을 지나치지 않게 그저 약간만 들을 때 영혼은 긴장을 풀고 중요한 일에 좀 더 집중한다. 두 가지 삶에서 유사한 점을 찾다 보면 사전 학습 효과도 있다. 두 삶을 비교하는 과정에서 동종요법 효과가 일어나 주위 환경을 관찰하는 능력이 강화되는 셈이다.

> 저편에는 사람들이 분주하게 살아가는 마을이 있었다. 내게는 그 사람들이 굴 앞에 앉아 있다가 이야기를 나누려고 옆의 굴로 달려가는 프레리도그*처럼 흥미롭게 보였다. 나는 종종 그곳으로 가 그들의 습성을 유심히 관찰했다. 그 마을은 내게 신문사의 거대한 편집국처럼 보였다.[14]

숲으로 내딛는 한 걸음은 영혼을 쉬게 한다. 이는 또한 과학적인 태도로, 사회와 자연을 연구하는 방법이다. 콩코드 시의 사회는 평원의 한 구석과 같다. 소로는 그 사회를 자연주의자의 눈으로 바라보았다. 그러면서 치머만이 강조했던 관찰력을 키웠다. 소로는 그 관찰력으로 월든 숲에서 사는 존재들, 그리고 콩코드 시를 이루는 인간 공동체를 바라보았다. 그는 숲에서 두 세계를 비교했다. 그리고 그 둘이 서로 호응하고 유사한 법칙으로 움직인다는 점을 발견했다. 그는 어느 한 세계를

---

* 쥐목 다람쥐과의 작은 포유류.

평가하려면 다른 쪽 세계를 살펴보라고 권유하면서 "모럴리스트는 물리학자와 같은 학습 태도가 필요하다. 그러면 자연을 연구하는 데에 익숙한 이가 지닌 큰 장점을 활용해 인간에 대한 연구에 돌입할 수 있다"[15]라고 했다.

소로는 구두 굽을 수선하거나 가족과 친구들을 만나러 도시로 갈 때 그곳 소식을 수집했다. 나라의 정세에 대해 파악했고, 때로는 다른 시민들을 비판했다. 그는 이웃들에게 의견을 물으며 그들을 가만히 내버려두지 않았다. 그는 은둔했지만 무관심하지 않았다. 모든 것을 보고 있었고, 모든 것이 확실하게 보이는 곳에 있었다. 스탠리 카벨은 그의 오두막이 가장 가까운 이웃집으로부터 1마일 떨어져 있었다는 점에 주목하면서 "또렷하게 보이기에 적당히 먼 거리"라고 했다. 카벨은 "사실상 회피는, 그 형태는 흉내낼 수 있을지언정, 은둔이 아니다. 직면이자 회귀이고, 지치지 않고 이웃들을 비판하는 것"이라는 결론을 도출했다. 도시로 돌아오는 일은 정치적 행위이다. 숲에서 보내는 시간은 논의해서 결정했거나 이뤄낸 것들에 대해 숙고하는 시간이다. 이렇게 『월든』은 "도시 구성원을 양성하는 기본 교육이자 정치 교육 개론"이 되었다. 또한 "권력이 시민에게 있다고 보고, 우리가 함께 협력하는 공동체의 구성원인 시민을 '이웃'으로서 인식하게 만들었다. 그리고 소로는 시민성을 일깨우는 교육이 고립에 관한 교육임을 입증"[16]했다.

자연을 연구하면 어떤 장점이 있는지 이렇게 밝혀졌다. 자연의 연구는 콩코드 시를 둘러싼 동식물에 대한 자료를 제공했다. 그리고 약간의 평온함도 가져왔다. 무엇보다 인간 사회를 분석할 수 있게 만들었다. 소로는 인간혐오자가 아니었다. 그가 콩코드 사회와 거리를 둔 것은 개인들이 "자신들이 만든 도구를 위한 도구"[17]로 전락하는 사태를 용납하지 못해서였다. 그는 자연에서 사회를 바라보면서 사회적인 불의의 증거를 더 잘 짚어냈다.

상대적이라 할 수 있는 고독 속에서 소로는 관점을 전복시켰다. 그는 사회가 만들어낸 악이 사회를 잠식한다고 확신했다. 사회는 더 이상 시민들에게 중요하고 사활이 걸린 일을 가르치지 못했다. (미셸 그랑제의 표현대로) 자연을 통한 "우회"가 필요하다. 옆으로 한 걸음 옮기면서 시민은 행동하고 스스로 생각하는 기쁨을 발견한다. 그렇게 자기 삶에 대한 주도권을 회복한다. 동등한 권리를 요청할 수 있는 권리도 명확하게 인지한다. 고독에는 이처럼 교육적인 기능이 있다. 정치의 기원에 대한 가설을 제시한 이들 대부분과 달리 소로는 시민이란 자기 행동을 의식하는 자라고 설명하며 고독의 힘이 다시 반영된 정의를 내놓았다. 소로는 한 발 옆으로 옮기는 행동이 가져올 사회정치적 효과를 노렸고, 마치 고독이 개인들을 장기적으로 가깝게 만들어주는 유일한 경험인 것인 양 시민 생활에 고독이 필요하다는 가설을 세웠다.

고독한 사람은 아마도 관례를 무시할 것이다. 가끔은 무례하게 보일지도 모른다. 그는 사교 관계에서 통용되는 어떠한 관습도 지키지 않는다. 하지만 그는 스스로, 독자적으로 자기가 무엇을 원하는지 배웠다. 치머만이 지적했던 바대로 고독을 선택한 사람은 이런 사람이다.

소로는 오두막에서 성숙한 사고로 자기 견해를 다듬었고, 세상사에 둔감해지기는커녕 주위 세상을 예리하게 관찰했다. 월든 호숫가(오른쪽)에 자리한 소로 오두막의 모형.

(그는) 운동선수가 상대방을 무너뜨리기 위해 품는 결의와 용기로써 편견과 오류를 공격한다. 더 많이 관찰하고 더 가깝게 살펴볼수록 우리가 보고 있는 것에 대해 더욱 확신하고 우리가 본 것에 대해 더욱 절감할 것이다. 영혼이 내면에 있는 제 위치에 오롯이 자리 잡은 다음에는 자기 주위의 사물에 강력한 영향을 미치기가 훨씬 쉬워진다. (……) 고독은 모든 것을 제자리에 놓는다. 그렇게 되면 우리는 우리가 생각할 수 있다는 점, 주위에 있는 많은 사람들에게 미움을 사고 있다는 점, 따라서 우리에게 그토록 많은 시간이 있다는 점에 기뻐한다.[18]

치머만은 시민이 홀로 있으면서 비판적 정신을 견고하게 다진다고 단언했다. 고독한 사람은 한동안 예법이 규칙인 부조리한 게임을 잊는다. 그는 더 이상 다른 사람의 비위를 맞추려고 애쓰지 않는다. 그 대신 열정적으로 현재를 관찰하고 지금을 산다. 그러나 고독이 한가로운 일은 아니다. 고독해서 한가롭다면 그 고독은 함정이고, 사회 내에서만 치료될 수 있는 상처에 붕대를 감고 있는 것에 불과하다.

결론적으로 『월든』을 읽는 세 번째 독법이 존재한다. 『월든』은 치머만이 제안한 "타인과의 교류와 자기와의 교류를 번갈아 맺는 방법"을 택해야 하는 근거를 다른 방식으로 풀어 쓴 글로도 해석할 수 있다. 소로가 월든 호숫가의 오두막과 콩코드 시를 왔다 갔다 한 생활은 이런 교류가 무엇인지 실제 사례를 통해 보여준다. 소로의 이런 생활은 사회적인 의미를 지닌 행동이 되었다. 게다가 소로는 18세기 미국의 책력에 등장하는 전통적인 은둔자와 맥을 같이한다. 전통적 유산을 무겁지 않게 구현해낸 셈이다. 그는 오두막에서 성숙한 사고로 자기 견해를 분명하게 다듬었다. 세상사에 둔감해지기는커녕 주위 세상을 예리하게 바라보았다. 아울러 정치적 논쟁에도 참여했다. 마치 여행자처럼 눈앞의 사물을 유심히 지켜보고 곧바로 직접 몸으로 부딪치고 관찰과 경험을 바탕으로 순간순간 사고를 형성했다.[19] 그에게 고독은 배울 것이 많은 가공의 세계였다.

5장

자기에게 다가가는 법

은신처

우리는 때로 잘 풀리지 않는 개인적인 상황에서 벗어나기 위해
현실과 거리를 둔다. 무슨 일이 일어난 것인지 파악하기 위해
현실에서 멀리 벗어난다. 이런 유형의 '옆으로 한 걸음'은 시간
이 걸린다. 때로는 그저 좀 더 휴식을 취하려고 노력하기도 한
다. 이때는 다시 사회로 돌아오는 일도 그리 어렵지 않다. 자발
적 고독을 선택하는 이유는 다양하다. 그래도 내 인생이나 사
회에서 무엇인가가 바뀌어야만 한다는 인식이 바탕이 된다는
점은 마찬가지이다. 어찌 되었든 홀로 있겠다는 결심에는 언제
나 위험이 따른다는 점은 변함없다. 고독에서 아무것도 기대하
지 않다가 한가로운 시간을 견디지 못하게 되거나, 지나치게
많은 것을 기대해 씁쓸한 환멸을 맛볼지도 모른다. 사라진다고
완벽해지는 사람은 없다.

디드로는 '고독'과 '사회'가 양립할 수 없다고 생각했다.
그는 에두르지 않고 "수많은 사람들과 감정을 공유함으로써

그 감정이 증폭되는 것을 느끼지 못하는 사람은 비밀스러운 결함을 갖고 있다. 뭐라고 표현하면 좋을지 모르겠지만 그의 성격에는 내 마음에 들지 않는 고독한 부분이 있다"[1]라고 단언했다. 자기 의지를 타인의 의지와 연결시키면서 열광하지 않는 사람은 인간혐오자이다. 이런 사람이 다른 사람들로부터 벗어나 혼자 동떨어져 살고 싶다는 깊은 욕망을 갖고 있다면, 그 욕망은 비난받아 마땅하다. 고독한 자는 독립적이고 싶어 한다는 큰 결점을 갖고 있다. 왜 거리를 두려고 하는가? 다른 사람들과 함께일 때 아무런 즐거움도 느끼지 못하고 만인을 의심하는 사람을 어떻게 신뢰하겠는가? 디드로는 고독을 선택한 사람의 부정적인 측면을 강조했다. 그는 고독을 선택한 사람에게 아무런 장점도 없다고 생각했다. 홀로 있기를 좋아하면서도 인간혐오자가 아닐 수 있다고 인정하지 않은 것 같다.

인간을 혐오하지 않으면서도 고독을 사랑한 이가 한 명 있었다. 몽테뉴는 사실상 고독이 우리 삶에 생각보다 좀 더 중요한 역할을 할 것이라고 여겼다. 그러면서 우리 모두가 진정한 자유를 누리며 홀로 있을 수 있는 주된 은신처가 되는 공간으로서 어떤 이유로도 방해받지 않는 뒷방을 가져야 하고, 이곳은 지극히 개인적인 공간이어서 여기에서는 친교나 낯선 이와의 대화가 아니라 마음 챙김이 예사롭게 이뤄져야 한다고 했다. 몽테뉴는 뒷방의 모습을 구체적으로 묘사하지 않았다. 그저 "세상에서 가장 중요한 일은 자기에게 다가가는 법을 아는 것"이라고 지적했다.[2] 뒷방의 의미는 적어도 세 가지 방식으로 해석할 수 있다.

우선 시골로 내려가면 오로지 일에 몰두해 이리저리 치이는 도시의 삶에서 벗어나 휴식을 취할 수 있다고 보는 것이다. 도시에서 멀리 떨어져 잎이 바스락거리는 소리를 들으면 업무의 중압감이 사라진다. 반복되어 진을 빼는 일상의 리듬도 깨진다. 이제는 바람을 즐기며 기운을 차릴 시간이다. 정형화된 일상은 우리가 스스로를 망각하게 만든다. 몽테뉴는 자기 삶의 주도권을 회복하기 위해 포도밭으로 한 걸음 옮기고 싶어 했다. 밀려드는 요청에 더 이상 휩쓸리지 않는 귀하고도 달콤한 기쁨을 맛보기를 꿈꿨다. 뒷방은 치유는 물론 예방의 효과까지 있다. 그곳은 매일매일 자신을 옥죄는 지나치게 많은 구속으로부터 의지를 지켜낸다.

몽테뉴의 경험을 참작해 해석하는 방법도 있다. 사람들은 사회에서 차지한 자리에 만족하지 못하거나 좀 더 개인적인 사유로 옆으로 한 걸음 벗어나고 싶을 때에 고독을 떠올리곤 한다. 몽테뉴는 마흔이 다가올 무렵에 정계에서 은퇴했고, 법관직도 넘겼다. 말에서 떨어져 죽을 뻔한 데다가 친구 에티엔 드라 보에티, 아버지, 동생을 차례로 잃었고(그리고 이후 자식들마저 대부분 다 잃었다), 또 대법정에서 욕심내던 자리에 가지 못했기 때문이다. 1570년 초반에 그는 보르도에 있는 저택으로 떠났다.[3] 지상에서 누릴 수 있는 즐거움을 포기하지는 않았다. 단지 경력 면에서 꽉 막힌 듯한 상황에 직면하자 개인적으로도 공허감이 밀려들어 괴로운 이 시기를 이겨내기 위해 홀로 있으려고 했다. 또 고독으로 얻게 되는 것들, 가령 결정의 주체가 되는 행복, 자기에게 기울이는 관심, 자신감을 회복시키는 내적인 지지 기반 등을 구하려고 했다. 하지만 몽테뉴는 나무 그늘 아래에서 몇 시간 동안 휴식을 취한다고 지혜가 얻어지지 않는다는 점을 알고 있었다. 뒷방은 조용하게 영혼의 평정을 되찾게 만들어주는 미봉책이나 잔꾀가 아니다. 뒷방은 좀 더 본질적으로 인간 조건을 보여주는 이미지이다. 뒷방은 교훈을 주는 곳이다. 그 무엇도 오랫동안 지속되지 않는다는 점을 환기시킨다. 존재에 대한 우리의 경솔한 확신을 무너뜨리고, 덧없는 행복에 감사하라고 채근한다.

가게와 뒷방을 오가기

뒷방의 이미지에는 공간적 의미가 있다. 뒷방은 원래 가게에 나란히 붙어 있는 공간을 지칭하는 단어이다. 가게는 사회와 다름없다. "세상 사람들이 빈번히 드나드는" 곳이다. 사람들은 물건과 식료품을 사려고 그곳에 들른다. 그곳에서 도시의 최근 소식에 관해 논의한다. 가게와 뒷방을 구분짓는 것은 단지 문뿐이다. 몽테뉴는 할 수 있는 한 자주 그 문을 닫으라고 제안했다. 잡담 소리는 언제나 지나치게 크다. 그 소리가 덜 들리게, 그리고 아예 안 들리게 만들려면 뒷방으로 가기만 하면 된다. 이 병렬적 공간에서는 누구나 자기 자신과 대화를 시작한다. 마음 챙김은 "예사롭게" 이뤄질 수 있다. 더 나아가 일상이 되기도 쉬운데, 뒷방이 사회라는 가게에 바로 이웃해 있기 때문이다. 몽테뉴는 어떠한 친교나 대화도 단절하라고 권유하지 않았다. 그는 자신의 저택에서 몇몇 친구와 토론 벌이기를 좋아

몽테뉴는 공직에서 물러난 후 보르도의 저택에서 은거했다. 그는 여기서 사색하고, 책을 쓰고, 무엇보다 자기 자신에게 다가가려고 했다. 보르도 저택의 타워.

했다. 그가 생각하는 고독은 타인의 존재를 무조건 '제거'하는 것이 아니었다. 삶에서 타인의 존재가 차지하는 비중을 적절히 조절하고, 무엇보다 그 존재가 자신에게 미치는 영향력을 줄이려는 의도적인 노력이었다. 그것이 뒷방의 기능이었다. 허구이든 실제이든 이 방은 무향실無響室과 다름없다. 사방의 벽은 방해가 되는 어떤 파동도 반사시키지 않는다. 밖에서 들어오는 소리는 반사한다. "자기에게 다가가기" 위해서는 주기적으로 가게에서 벗어나 뒷방에 자리 잡는 것이 바람직하다.

몽테뉴는 뒷방에서 바라는 모든 것을 이야기했다.

타인을 위해 충분히 살았으니 적어도 얼마 남지 않은 시간은 자기를 위해 살자. 내가 중심이 되어 내 마음이 내키는 대로 생각하고 계획하자. 은둔은 쉽지 않은 일이다. 은둔이라는 것이 많은 시도를 하지 않고서도 우리를 상당히 방해하기 때문이다. 신이 우리가 슬며시 도피하도록 허용하셨으니 준비를 하자. 짐을 챙기고, 일행들에게 일찍 이별의 말을 전하자. 우리를 구속하고 우리 자신으로부터 멀어지게 하는 거친 손아귀에서 벗어나자. 이토록 강력한 의무에서 벗어나 이제는 이 것저것을 사랑하면서도 자기 이외에는 아무것도 감싸안지 말아야 한다. 다시 말해 자기가 아닌 다른 것은 우리 소유라고 하더라도 자기와 결속시키거나 접합시키지 않아야 하는데, 그래야 그것을 분리할 때 자기에게 상처를 입히지 않거나 자기를 구성하는 조각과 같이 떼어내지 않을 수 있다.

몽테뉴는 인간혐오자가 아니었다. 독자들에게 자유로워지는 것의 이점을 설득하려고 단어를 선별했다. 사회와의 연을 끊으라고 독려하지 않았다. 다만 모든 의무에서 벗어나지 않고서는 자유로워질 수 없다는 점을 알고 있었다. 그래서 때로 지나치게 죄어 상처를 입히는 인연의 끈을 느슨하게 풀라고 제안했다. 느슨하게 푼다는 것은 끊는 게 아니다. 타인에 의해 좌지우지되는 구속의 끈은 느슨해지기만 하면 영혼에 상처를 입히지 않는다. 뒷방에서 영혼은 온전해질 수 있다. 영혼은 자기에 대해서 생각하고 더 이상 사회를 "감싸 안아야" 한다는 강압에서 벗어난다.

"이별의 말"을 전한다고 작별을 고하는 게 아니다. 이곳을 떠나는 사람은 다른 곳에 가서 머무른다. 방을 바꾸고 자신에게 뒷방을 마련해준다. 외부의 영향력은 뒷방으로 전해지지 않아야 한다. 더 이상 업무에 매몰되지 않아야 한다. 다사다망하면 자기에게 다가가는 데 방해가 된다. 뒷방으로 가는 일은 매번 모험을 떠나는 것이다. 어떤 결과를 낳을지 전혀 장담할 수 없다. 아무래도 상관없다. 뒷방에서 우리는 적어도 다른 사람들이 아닌 자기를 돌보니까. 그러면 이제 가게에는 영원히 관심을 끊어야 하는가? 몽테뉴는 그렇게 말하지 않았다. 뒷방에서 자기에게 관심을 기울여보고 나면 다시 눈을 떴을 때 저편에서 벌어지는 일을 찬찬히 살피게 된다. 핵심은 뒷방이 "초월"한 공간, 다시 말해 자유로운 구역으로 남는 것이다. 뒷방에 있을 때는 그곳에 충실하고 열정은 접어두고 더 이상 관심의 중심에 있지 않다는 점을 받아들이고 명성을 좇는 모든 욕심을 내려놓아야 한다. 그러니까 "자신의 굴 입구에서 흔적을 지우는 동물처럼 행동해야 한다. 세상 사람들이 당신에 대해 이야기하길 기대하기보다는 당신이 당신 자신에게 말을 걸어야 한다"는 뜻이다.

뒷방에서 지내는 것은 끝까지 버텨내기 어려운 일이다. 뒷방에서 편안하게 있으려면 그곳에서 구하려는 지혜를 활용할 줄 아는 편이 유리하다. "내면으로 들어가려면 먼저 내면에서 당신을 맞을 준비를 하라. 당신이 자제하는 법을 알지 못한다면 스스로를 신뢰하는 일은 어불성설이다. 일행들과 있을 때와 마찬가지로 고독 속에서도 무너질 수 있다."[4] 마지막 문장은 울림이 크다. 몽테뉴는 스스로 고독을 선택한 수많은 사람의 딜레마, 자기에게 다가가기 위해 고독을 추구하려면 고독을 견디기 위해 이미 자기에게 다가가 있을 필요가 있다는 점을 설명했다. 누구라도 "무너질" 수 있는 것은 이 때문이다. 몽테뉴는 알고 있었다. 그는 성격 자체가 굳건하지 않으면 아무리 상대적인 고독이라도 버티기 힘들다는 사실을 잘 알고 있었다. 고독도 뿌리가 깊은 고통은 치유하지 못한다. 영혼이 아플 때에 치료법은 다른 사람들과 함께 있는 것이다. 뒷방은 고통을 가중시킬 뿐이니, 홀로 고립되지 않는 편이 낫다.

"굴"도 일종의 뒷방이다. 굴의 이미지는 명성이 때로 자기에게 다가가지 못하게 방해한다는 점을 보여준다. 명성의 추구는 벗어날 필요가 있는 "거친 손아귀"에 발을 들이는 것이다.

하지만 우리는 뒷방으로 가듯 굴로 그저 잠시 사라질 뿐이다. 고독한 사람이 발자국을 지우는 것은 증발해버리기 위해서가 아니라, 누군가가 따라오지 않게 하기 위해서이다. 그는 자기 자신을 대면하고, 부담스러워진 타인과의 관계를 가볍게 하고, 다른 누군가의 말에 복종해야 하는 의무감 없이 자신이 내키는 것에 몰입한다. 그는 다시 뒷방에서 나와 함께 하는 게임으로 돌아올 수 있는 권리도 있다. 뒷방에서 그는 가게와의 관계를 재정립한다. 이런 자유를 경험하는 것이 바로 "자기에게 다가 가는 법"이다.

자기 집에서 여행자로 사는 법

몽테뉴는 독자들에게 가게와 뒷방에 번갈아가며 있으라고 권했다. 루소도 이 조언을 잊지 않았다. 『고독한 산책자의 몽상』을 집필할 때쯤에 그는 상류 사회의 겉치레에 질력이 나 있었다. 홀로 있으면서 "잔잔한 평정"을 되찾고 싶었다. 마흔 살의 나이에 오랫동안 고심해온 계획을 이루기 위해 멀리 떠났다.

> 일체의 올가미와 부질없는 희망에서 해방된 나는 무관 심과, 늘 하고 싶고 언제라도 질리지 않는 정신적 휴식 에 완전히 몰입했다. 사교계와 그곳의 허례허식을 등 졌고, 화려한 치장도 그만두었다. 검과 시계, 흰색 스타 킹, 금 장신구, 머리장식도 걸치지 않고, 간단한 가발을 쓰고 투박한 소재의 옷을 입었다. 그중에도 내가 버린

이 모든 것들에 값을 매기던 탐욕과 선망을 마음속에 지워버린 것이 가장 뿌듯하다.[5]

루소는 사교계의 허영과 셀 수 없는 허상을 버렸다. 악보 필경사가 되어 내면의 "거대한 혁명"을 겪었다. 이때부터 그는 세상을 완전히 포기하고 고독에 대한 강렬한 끌림을 느끼고 다른 삶의 방식에 관심을 갖게 됐다. 그는 절박해지자 자신의 고통을 스스로에게 유리하게 활용했다.[6] "인생의 성숙기"에서 자신에게 남은 기운을 전적으로 개인적인 철학("자기를 위한 철학")을 실천하는 데 쓰고 싶었다. 그는 자신과는 달리 타인을 위한 철학을 갖고 있는 다른 사람들을 비난했다. 루소는 적기를 놓치지 말아야 한다고 목소리를 높이며 "외적이고 물질적으로는 물론 지적이고 도덕적으로 나를 혁신하는 시기이다. 이번에야말로 의견과 원칙을 정립하고, 남은 생애 동안에는 숙고를 거듭한 끝에 모름지기 이러해야 한다고 생각한 대로 살자, (……) 살면서 처음으로 그럴 용기가 났다(……)"라고 덧붙였다.

궁정 사람들은 용기가 없었다. 그들은 절대로 자신들을 살피지 않았다. 자기를 벗어나 늘 타인의 영향권 아래에서 살았다. 그들의 인생에 타격을 주는 변화는 외부에서 왔고, 그런 변화는 위선을 바탕으로 한 사교계의 게임에서 시작됐다. 루소는 이런 게임의 덫에서 벗어나 다시 행복을 찾으려고 했다. 그는 자신의 사고가 자연스럽게 이어지는 상황을 즐기며 새로운 삶을 시작했다. 그는 만족스러웠고 영혼은 평온해졌다. 그는 자존감, 즉 자신에게 줄 수 있는 최고로 견고한 정신적 평정을 되

찾았다. 그는 더 이상 무의미한 연극으로 인해 마음이 어지러
워지거나 동요하도록 방치하지 않았다.[7]

몽테뉴와 루소는 은둔을 예찬했다. 그렇지만 홀로 있는다
고 자기를 더 잘 알게 되는가? 자기에게 다가가는 법이 자신이
되는 것, 자기 의도를 명확하게 파악하고, 내면의 어둠을 모두
걷어내는 것을 의미하는가? 소로는 숲을 선택하며 다소 색다
른 모험을 시작했다. 그가 "내면의 자기에게 시선을 돌리면 발
견하리라/ 아직 밝혀지지 않은 지역 수천 개가/ 당신의 영혼에
있음을. 그곳을 탐험하고 두루 여행하고 이어서/ 당신 자신이
라는 마음속 우주의 전문가가 되리라"[8]라고 노래한 영국 시인
윌리엄 해빙턴의 시를 인용한 것도 우연은 아니다.

자기라는 우주를 파악하는 계획이 모든 것을 투명하게 드
러내려는 시도는 아니다. 그렇지만 이 계획은 진솔하게 살려면
먼저 자기에게 다가가야 한다고 못을 박는다. 소로는 "타인의
삶으로부터 배울 수 있는 것만이 아니라 자기 삶에 대한 소박
하고 진솔한 이야기, 다시 말해 먼 고장에 머물면서 친척들에
게 보냈을 만한 이야기"를 쓰려는 작가의 마음으로 『월든』을
썼다며 "진솔하게 살았다면 (……) 그것은 먼 나라에서나 가능
했을 것이기 때문"[9]이라고 했다. 스탠리 카벨은 소로가 "가장
내밀한 곳이 가장 멀리 떨어진 곳"이라고 암시한 이 구문의 중
요성을 강조했다. 카벨은 이 구문이 "진솔하게 산다는 말의 뜻
에 자기로부터 따로 떨어져 살 수 있고 자기 존재의 대서양과
태평양을 항해할 수 있는 자질을 처음으로 추가한 것"이라며
"콩코드는 소로에게 지구 저 끝보다 낯선 곳이었고 그 자신도

콩코드에 그만큼 낯선 존재"였다고 설명했다. 그러면서 "삶에 대해 제대로 배우기 위한 첫걸음은 삶의 기이한 특성과 자신으로부터 벗어난 자기 모습을 발견하고, 우리가 꼭 필요하다고 공언하는 것이 결국 그렇게 필요하지 않다는 점을 깨닫는 것"이라고 결론지었다.[10]

진솔하게 살기 위해 자기로부터 벗어나야 한다면 어떻게 자기에게 다가갈 것인가? 몽테뉴의 사상에서 영향을 받은 소로는 우리에게 다른 사람과 함께하는 삶에서 분리되는 것만으로는 충분하지 않고, 자기 자신과도 분리되는 데 성공해야 함을 일깨워줬다. 소로 자신은 어쩌면 몽테뉴보다도 더 강도 높게 그런 노력을 기울였다. 자기에게 다가가려면 이전의 자기를 벗어버려야 하기 때문이다. 낡은 습관을 버려야만 자기 자신을 되찾을 수 있다. 오롯이 자기 삶을 살기 위해서는 환경과 이웃을 바꾸고, 먼 곳으로 오랫동안 떠난 것처럼 행동하는 것이 좋다.

> 진정한 삶을 사는 일은 먼 나라로 여행을 떠나 점차 새로운 풍경과 새로운 사람들로 둘러싸이는 것이다. 나는 과거의 환경에 머물러서는 앞으로 나아간다고 해도 엄밀한 의미에서 새롭고 더 나은 삶을 살 수 없음을 알고 있다.[11]

소로는 세계 여행을 하지 않았다. 가장 가까운 숲을 향해 옆으로 한 걸음 옮겼다. 하지만 그 결과는 같았다. 그는 습관을 버리고 내면의 공간을 향해 돌아섰다. 그곳에서 시간을 보내고 그 안으로 사라졌다. 한층 진솔해졌고, 이런 경험을 버텨낼 참을성이 없는 사람들을 지탄했다. 그는 에두르지 않고 지적했다.

방황하는 동포들에게 한마디 하고 싶다. 공연을 보겠다고 새로운 극장을 찾지 마라. 당신의 내면에서 발견할 수 있는 시선보다 더 당신의 넋을 빼놓거나 당신을 놀라게 할 수 있는 것은 없다는 점을 기억하라. 한 남자가 기린을 사냥할 기회를 잡으려고 남아프리카로 달려간다고 해보자. 하지만 그가 찾는 것은 사냥감이 아니지 않는가! 그 사람이 기린을 잡을 수 있다고 한들 얼마나 오랫동안 사냥할 수 있겠는가? 남쪽의 바다를 탐험하겠다고 호사를 부리며 많은 돈을 쓰고 떠난 모험이 무슨 의미인가? 도덕적인 세계에 대륙과 대양이 존재하고, 모든 인간은 그곳으로 향하는 물줄기이지만 아직까지 그 누구도 그곳을 탐사해본 적이 없음을 인정하는 것이 아니겠는가? 선원들과 아이들 500명이 하나가 되어 노를 젓는 정부의 군함을 타고 추위와 폭풍우와 식인종에 맞서 수천 마일을 항해하는 편이 고독 속에서 존재의 심연, 내면의 대서양과 태평양을 탐험하기보다 훨씬 쉽다.[12]

탐험가는 파스칼이 말하는 기분 전환을 하는 남자와 같다. 탐험가는 가만히 있지를 못하고 의자에도 오랫동안 앉아있지를 못한다. 인생의 마지막을 대면하기가 두려워 파도가 높은 바다로 나아가는 편을 선택한다. 기린을 잡으러 떠나지만 기린이 아니라 다른 사냥감이라도 상관없다. 무엇이 됐든 별로 중요하지 않다. 그는 자기 운명에 대해 고심할 때면 가슴을 죄어오는 불안감으로부터 도피한다. 도망치면서 마음을 달래는 것이다. 이 탐험가에게는 '뒷방'이 없다. 그는 '가게'의 끊임없는 움직임 속에서 산다. 어쨌든 모험을 떠난 사람들이라면 혼자 있는 일은 드물다. 탐험은 함께 하는 모험이다. 소로에게 월든 호숫가에서 머무는 일이 세계의 어딘가를 돌아보는 탐험보다 유익한 경험이었다는 점은 의심할 나위가 없다(특히 이 탐험이 원만하게 굴러가지도 않았고 국가에 엄청난 재정 지출을 야기했다면 말이다).

도피하겠다는 욕망은 헛되다. 그런 욕망은 사회의 뿌리 깊은 악을 전혀 해결하지 못한다. 소로가 『월든』을 쓰게 된 동기를 다시 떠올려보자.

> 나는 중국이나 사우스조지아 사우스샌드위치 제도의 주민들이 아닌, 이 글을 읽고 있고 뉴잉글랜드에 살고 있는 당신에 대해 이야기를 하고 싶다. 당신의 상황, 특히 당신이 이 세상이나 마을에서 살고 있는 처지가 어떠한지, 지금처럼 비참할 수밖에 없는지, 개선시킬 여지는 없는지를 이야기해보려고 한다.[13]

소로는 오두막에서 자신이 속한 사회를 바라봤다. 그의 동포들이 눈을 감은 채 "경작지를 일구는 농노"로 살고 있음을 확인했다. "불우한 그들"은 더 이상 아무것에도 놀라지 않았다. 그들은 일상생활이라는 덫에 갇혀 있었다. 자신들을 둘러싼 세상을 경험하지 못했다. 소로는 그들의 "몰상식한 삶"에 분노했다.[14]

여행을 떠나는 특권을 누리는 자들도 이런 상황에서 완전히 벗어나지 못했다. 그들이 더 부유하긴 했지만 몰상식하기는 매한가지였다. 그들은 여행할 때 주위를 살피지 않았다. 호기심도 없었고 세심하게 관심을 기울이지도 않았다. 내면을 연구하지도 않았다. 그들은 물리적으로는 이동했지만 내면에서는 아무것도 바뀌지 않았다. 그들 눈에는 모든 게 정상이고 재밌게 보였다. 그들은 세상을 여기저기 누볐다. 지상에서 낙원을 꿈꿨다. 그렇지만 낙원과 같은 곳은 존재하지 않는다. 만약 그런 곳이 존재한다 한들 머나먼 나라는 아닐 것이다.

소로는 타지에 대한 열망을 비난했다. 이 열망 때문에 자신이 있는 나라를 새로운 눈으로 보지 못하게 된다고 했다. 이 열망은 본질적으로 사회적 불평등을 인정하고 있다. 지나치게 도피를 생각하다 보면 자기 공간에서는 아무것도 바꾸려고 하지 않는다. 그래서 소로는 관점을 뒤집어보라고 권했다.

그러니 산에 대한 관심을 접어두고 당신의 집에서 여행자처럼 살아야 한다! 날마다 우리 눈앞에 모습을 드러내는 이 모든 것들이 부질없는 짓을 하는 것은 아닐 것이다. 산책길에 주운 마른 나뭇잎이 바로 내가 먼 길을 돌아다니며 찾고자 했던 그 무엇이 아니었던가? 그러니 지금 사는 곳이 아닌 다른 곳에서 자기만의 이상적인 나라를 발견할 것이라고 생각하는 건 멍청한 짓이다![15]

광적인 여행자들은 떠날 생각밖에 하지 않는다. 그들은 맹목적이다. 주위에 있는 아름다움을 알아채지 못한다. 자신들의 정원을 가꾸지 않고 방치한다. 아마 지나치게 익숙해져서일지도 모른다. 따라서 "자기 집에서 여행자로서 사는" 법을 배우는 일이 시급하다. 소로는 다른 사람들에게 스스로를 지금 살고 있는 고장에 처음 방문한 이방인으로 여기고, 아직 여행하지 않은 여행자의 마음가짐을 가져보라고 권했다. 평소에 당연하다고 여기던 것을 이상하다고 바라보고 고국에 머물러 있으면서도 다른 곳에 온 것처럼 낯설게 바라보라고 종용했다. 그들은 내면의 방대한 공간을 자주 드나들면서 자기들이 처한 상황에 눈을 뜰 것이다. 『월든』에 "나는 콩코드를 많이 여행했다"라고 적으면서 소로는 바로 이 말을 하고 싶었다.

더군다나 소로가 살던 시절에 여행은 당연히 즐거운 일이 아니었다. 모든 여행은 "신발 굽이 닳는 것으로 시작해서 발을 아프게 한다. 곧이어 체력도 소진되고 마음까지 괴롭게 된다. 나는 여행을 많이 한 사람들이 이어가는 여행 이후의 삶이 더 감동적이라는 점을 발견했다. 진심이 담기고 진정성이 있는 여행은 시간 죽이기 놀이가 아니라, 오히려 죽음이나 인생이라는 모험의 어느 지점처럼 진지한 것이고 기나긴 수련을 거쳐서만 뛰어들 수 있는 것이다." 소로는 여기서 여행자란 "여행을 다

리로 사는 삶이자 결국에는 자기의 죽음을 의미"한다고 여기
는 사람으로 묘사했다.[16]

여행과 모험의 진짜 의미

쉬운 여행은 없다. 준비하지 않으면 뼈도 못 추릴 수 있다. 가령
아마추어리즘이나 탐험대 구성원들 사이에서 발생한 갈등은
종종 그 탐험이 어떻게 흘러갈 것인지를 결정짓는 역할을 한
다. 그런 일들은 장애물을 직면했을 때 이를 뛰어넘을 만한 대
책을 찾지 못하게 만든다. 게다가 재난으로 이어진 여행에서
살아남은 사람들은 다시 정상적인 삶으로 돌아가는 데에 어려
움을 겪는다. 자신들이 보고 경험한 것에 대한 기억을 감당하
기 쉽지 않기 때문이다.

진정한 여행은 어려운 일이 닥치더라도 이를 즐기게끔 유
도한다. 소로는 탐험가가 내면의 영토를 거닐면 배우는 것도
있고 여행의 진정성도 높일 수 있을 것이라고 했다. 이곳은 분
명 미개척 지역이고, 심지어 외부 세상의 그 어떤 지역보다 더
광활할지도 모른다. 내면으로 떠난 첫 번째 탐험은 용기를 내
어 완수하게 될 여행을 위한 기나긴 수련과 진배없다. 자기 내
면의 내밀하고 광막한 공간을 자유롭게 거닐어보지 않은 자라
면 이름에 걸맞은 모험가가 될 수 없다. 『월든』은 여행에서 오
는 히스테리를 탐탁지 않게 여기던 정주자의 이야기이다.

이런 성찰을 거치면 그 이전과는 조금이라도 달라지기 마
련이다. 위대한 여행자였던 클로드 레비-스트로스도 스포츠

적 성취에 대한 집착을 비난해 마지않았다. 『슬픈 열대』1장의 유명한 첫 문장("나는 여행이란 것을 싫어하며, 또 탐험가들도 싫어한다. 그리고 지금 나는 내가 했던 탐험에 대한 이야기를 시작할 참이다")도 모자라, 그는 탐험가들의 모험담을 들으려고 온 청중 무리까지 지탄했다. 레비-스트로스는 수 킬로미터를 돌아다녔다는 이유로 시시하고 진부한 일이 새로운 발견으로 변모하는 모습에 경악했다. 반대로 "진정한 여행의 시대"를 언급하며 장 드 레리, 앙드레 테베, 루이-앙투안 드 부갱빌이 자신보다 수 세기 전에 리오를 다녀갔던 여행을 예로 들었다. 그러면서 눈앞에 펼쳐지는 장관의 아름다움을 포착하는 데 어려움을 겪는 "구식 여행자"와 문명의 종말을 막지 못하는 자신의 무능력에 분노하는 "신식 여행자"라는 두 가지 신분 사이에서 이도 저도 못하는 모험가의 딜레마를 어떻게 풀어야 할지 자문했다.

수년이 지나 레비-스트로스는 "세월이 흘러" 처음에 관찰했던 사실을 가리고 있던 안개가 걷혔다고 했다. 대부분 의도하지 않은 상태에서 이뤄진 기억의 물밑 작업 덕분에 그는 자기 경험을 이야기로 정리할 수 있었다. 그는 모험가란 매우 겸허한 마음으로 어느 정도 암흑과 같은 답답함을 참아내면서 아주 오랜 시간을 보내고 나서야 과거의 여행에 대해 이야기할 수 있다고 결론을 내렸다. "20년에 달하는 망각의 시간"은 그로 하여금 "과거의 경험을 마주하게" 했을지 모르는데, 그 경험은 "당시 여행지에서 자신이 그 의미를 깨닫지 못했고 친밀감도 형성하지 못했던 탓에 긴 시간 동안 탐구의 대상"[17]이 되었다.

클로드 레비-스트로스는 브라질의 오지를 여행한 동기에 대해 말하면서, 여행은 '기억 속 불모지를 탐험하는 일'인가 자문하며 '자신의 고독'과 연결지었다.

여행의 진실은 주행기에 기록된 이동 거리에서 드러나지 않는다. 여행 당시에는 미처 깨닫지 못했지만 기억 속에 남아 있는 개인적인 경험을 회고하면서 밝혀진다. 이 진실의 시제는 전미래(미래의 어느 시점보다 앞선 시점을 지칭하거나 일어날 가능성을 표현하는 시제)이다. 모든 탐험가는 여행의 진정성이 나중에서야 드러난다는 점을 알고 있다. 이 시간 동안에 더디고 보이지 않는 내면의 작업이 이뤄지고 그 과정에서 가끔씩 소소하게 새로운 발견을 하기도 한다. 레비-스트로스는 다른 친구들이 대학교수나 장관이 되어 명예와 부를 쌓는 상황에서 자기가 속한 사회 집단에서 벗어나 사람들이 거의 찾지 않는 브라질의 마투그로수 주를 5년 동안 돌아보러 가게 한 동인이 무엇인지 스스로에게 물었다. 고민 끝에 그는 "그러니 여행이란 내 주위가 아닌 기억 속 불모지를 탐험하는 일인가?"[18]라며 자신의 고독이 내면의 우주를 탐사하는 일이었다고 결론지었다.

그저 추억의 방에 불을 켰다고 해서 여행자가 진솔해지는 것은 아니다. 소로는 암흑의 시련을 이겨내야 한다고 주장했다. 숲속에서 길을 잃고 자력으로 길을 찾아야만 하는 산책자와 자신을 비교했다. 이는 아침에 눈을 뜨는 것과 비슷하다. 눈을 뜨고 처음 얼마간은 길을 잃은 듯한 기분이 든다. 사방이 어디인지 다시 익혀야 한다. "다시 말하자면 우리가 길을 잃었을 때, 세상에서 갈 곳을 잃었을 때에만 우리 자신을 발견하기 시작하고, 우리가 있는 곳은 물론이고 그곳과 우리를 결부시키는 관계의 무한한 규모를 이해할 수 있다."[19] 산책자는 방향 감각을 상실할까 봐 계속 걱정만 하지 않는다. 지도가 수중에 없어도 나무의 형태를 가까이에서 관찰하기 시작한다. 산책로의 모습을 주의 깊게 살피고 숲의 사소한 모든 변화를 기억한다. 그는 이전 산책을 떠올린다. 길을 잃었지만 다시 어디로 가야 할지 찾아내고 만다. 길을 잃음으로써 주위 환경을 확실하게 인식하게 됐다. 그는 숲에 대해 의심을 품지 않았고, 그 속에서 삶, 동물과 식물 사이의 관계 전부를 발견했다. 그는 두려웠을지도 모른다. 그렇지만 자기를 숲과 긴밀하게 결부시키는 경험을 했다. 한 번 일어났던 일은 더 이상 일어나지 않을 것이다. 그는 더 이상 이곳에서 길을 잃지 않으리라.

모든 자발적 고독에는 혼란스러운 시기가 존재한다. 정신적인 영역은 얼마나 넓은지 자기 내면을 오랫동안 찬찬히 둘러보고, 때로는 길을 잃기도 해야지만 사물의 형태를 파악하게 된다. 조금씩 윤곽이 드러나는 형태에 눈이 점차 적응한다. 이제야 습관과 꿈이라는 베일 아래에 있는 현실이 무엇으로 만들어졌는지 정확하게 식별된다. 우리가 살고 있는 나라가 전반적으로 낯설게 다가온다.

도망간 노예를 처벌하는 법의 폐지를 바라던 노예 출신 존 브라운의 체포에 의분을 느낀 소로는 이렇게 적었다.

우리는 시간과 공간 측면에서 멀리 떨어진 낯선 나라, 다른 시대, 다른 인종을 동경한다. 그렇지만 이번 사건처럼 의미 있는 일이 우리 사이에서 벌어지기라도 하면 우리와 이웃 사이에도 그만큼의 거리와 이질성이 있다는 사실을 발견하곤 한다. 그들은 우리의 오스트리아이자 중국이자 태평양 제도이다. 사람들이 밀집한 우리 사회는 한순간에 인적이 드물고 장애물도 없고 매력이 가득한 곳, 경치가 환상적인 도시가 된다. 우리는 왜 친절한 대화와 피상적인 관계의 선을 절대 넘지 않고 그들을 대했는지 깨닫는다. 중국 어느 마을의 타타르족 유랑민들과 우리 사이의 거리만큼 그들과도 떨어져 있다는 점을 인지한다. 사유하는 사람은 시장의 군중 속에서 은둔자가 된다. 그들과 우리 사이에 건너갈 수 없는 바다와 황량한 스텝(온대 초원지대)이 끝없이 펼쳐진다. 개인과 국가를 가르고 절대 넘나들지 못하게 하는 진짜 경계를 만드는 것은 강과 산이 아니라, 헌법과 지성과 신념의 차이이다.[20]

소로는 이렇게 유의미한 사건 하나만으로도 상식의 감옥에 금을 내기에 충분하다는 점을 우리에게 깨닫게 했다. 불안하고 낯선 공기가 확산됐다. 예의를 갖추거나 임기응변을 동원해도 사회적인 지표가 전도되고 있음을 감추지 못했다. 반드시 필요하고 정당화되고 일관성 있게 보였던 사교 생활이 갑자기 기괴하고 비정상적이고 허망한 일로 드러났다. 역사적인 의의를 띤 몇몇 사건으로 나라에 대한 "생동감 넘치는 스냅 사진"[21]을 찍게 됐다. 이 사건들은 국가 내부의 균열을 적나라하게 보여주고 숨겨왔던 거리를 드러냈다. 또 머나먼 엘도라도를 아무것도 아닌 것으로 만들고, 함께 공유하던 환상의 베일을 걷어냈다. 관계의 진실이 명백해졌다. 이웃들 다수가 증오를 부추기는 법을 지지했기 때문에 그들은 우리에게 낯선 존재가 되고 우리는 정당하게 그들을 경계했다.

이 단락에서 소로는 명확하게 여행자의 용어를 사용했다. 그는 이 용어를 비웃었다. 소로는 이국적인 것에 대한 동경을 자극하는 국가나 지역의 명칭을 가져다가 이웃 사람들과 동포들에게 붙였다. 사회적 예법이나 태도에서 인위적인 측면을 벗겨내는 것이 목적이었다. 사람들은 서로 가깝다고 생각했었지만, 서로 적당한 거리를 두고 있어야 잘 지낼 수 있음을 깨달았다. 이런 상황에서 더 이상 군중들에게 익숙한 삶의 방식을 받아들이지 않는 사람은 스스로를 "은둔자"로 여긴다. 소로는 일부러 이 단어를 사용했다. 은둔자는 불의와 시민들 사이에서 전반적으로 퍼져 있는 무관심에 분개한다.

소로는 전혀 다른 맥락에서 또 다른 낯설게 하기를 경험했다. 오두막에서 나와 구두를 고치러 구둣방에 들어선 어느 날, 그는 체포됐다. 세금 납부를 거부했다는 죄목으로 투옥됐다. 그는 감방을 밝히던 촛불을 끄고 이렇게 말했다.

이곳에서 밤을 보내는 일은 마치 내가 찾아가겠다고 한 번도 생각하지 않은 먼 나라를 여행하는 것과 같다. 지금까지 종소리도, 마을에서 밤에 나는 소리도 들어본 적이 없는 것 같은 기분이다. 이곳에서는 철조망 안에 있는 창문을 열어놓고 잠자리에 들어서인지 이런 소리가 더욱 또렷하게 들린다. 마치 중세 시대 내 고향의 모습을, 라인 강으로 변한 콩코드를 보는 것 같다.

기사들과 성의 모습이 내 눈앞을 지나간다. 거리에서 옛날 중세 시민들의 목소리가 들리는 듯하다. 나는 담이 붙은 여인숙의 부엌에서 나는 소리, 오가는 대화 내용을 의지와 무관하게 고스란히 보고 듣고 있는 관객이자 청중이다. 내게는 처음이자 접하기 드문 경험이다. 고향을 보다 가까운 관점에서 보게 됐다. 나는 말 그대로 이곳의 중심에 있다. 지금까지 한 번도 이곳 국가 기관을 본 적이 없었다. 이 시골 마을에 있는 여기는 분명 특수한 기관이다. 이곳 주민들의 성격을 이해하기 시작했다.[22]

그날 밤, 콩코드 교도소는 창문이 활짝 열린 '뒷방'이었다. 또한 '가게'와 공적 공간을 경험하는 날이었다. 소로는 거리와 구멍가게에서 오가는 대화를 어렴풋이 들었다. 옆에 있는 누추한 구내식당에서 분주하게 움직이는 요리사들의 수다를 들으면서 최근 시사 문제를 접했다. 그는 자의로 투옥된 것이 아니었다. 그저 노예제를 유지하는 데 사용되는 세금을 납부하지 못하겠다고 한 것뿐이다. 그러나 그것은 그가 숲으로 한 걸음 옮긴 일, 저항하겠다는 의지가 발휘된 결과였다. 독특한 경험이었다. 그는 처음으로 제도권에 속한 기관을 직접 체험했다. 그리고 그곳에서 엄청난 것을 얻었다. 상상력을 마음껏 펼쳤다. 독일의 풍광을 그리면서 머릿속에서 그곳을 여행하기 시작했다. 그는 민족지 학자처럼 "원주민"과 "여행자"라는 두 가지 역할을 수행했다. 체포됐지만 여전히 오두막에 머무르는 셈이었다. 거리를 두고 바라봤기에 고향의 특성이 유독 명확하게 드러났는지도 모른다. 소로는 수감 생활을 처벌로 받아들이지 않고 낯설게 보는 기회로 삼아 자신이 살고 있는 세상을 새롭게 인식했다.[23]

자발적 고독 속에서 사람들은 자기의 낯설게 하기 능력을 자유롭게 펼치고 기존에 살던 곳을 여행자로서 체험하며 진솔해지고, 어떤 관습도 당연하게 여기지 않는다. 진솔한 삶은 더 이상 기존의 자신이 아닌 다른 사람이 되라고 요구한다. 소로에게 진솔함이란 휴식을 통해 안정적인 정체성을 찾기 위한 조건이 아니었다. 그랬다면 그는 이기적이라는 비난에 답할 수 없었을 것이다. 그리고 공공의 선 따위는 안중에도 없이 자기확신만을 고집하기 위해 숲으로 몸을 피한 이기주의자에 불과했을 것이다. 이기주의자는 자기 자신만이 목적이다. 그는 낯설게 볼 수 없다. 반면 고독을 선택한 자는 기꺼이 길을 잃고 친숙했던 나라를 다른 관점에서 바라보려 한다. 전혀 색다른 관점이 형성되고, 사고도 자극된다. "산의 동쪽 사면에 쭉 살면서 서쪽만 바라보던 사람이 고개를 돌려 시선을 동쪽으로 향한 것처럼 중요한 사건이다."[24] 진정한 여행자는 동일한 사물을 다양한 관점에서 새로운 시선으로 바라본다.

6장

느리게 자연을 읽는다는 것

현재 이 순간의 복음

자연은 고독과 어울린다. 의지는 자연의 리듬과 하나가 되고, 나무와 함께 숨 쉰다. 미국의 사상은 숲에 매료됐다. 숲에서 개인은 모습을 바꾼다. 그 사람은 유년기로 거슬러 올라가며 새로운 삶을 시작한다. 에머슨은 자연에서 사람이 "인생의 어느 시기를 살고 있든 뱀이 허물을 벗듯 예전의 모습을 버리고 언제나 어린이로 남아 있다. 숲에는 영원한 젊음이 존재한다"[1]라고 적었다. 유년기는 대초원과 그 끝을 둘러싼 숲의 시절이다. 어린이는 수풀이 높이 자란 밭에서 자유롭게 뛰논다. 신비로움과 물리적인 감각의 시기이다. 에머슨은 역사적으로 문명이 숲을 파괴하면서, 숲속 빈터를 확대하면서 발전해왔다는 점을 알고 있었다. 도시는 개척지에서 탄생했다. 숲이 남아 있는 한 문명인은 자신이 그곳에서 경험한 것의 일부를 내면에 간직하고 있다. 숲을 산책할 때는 시간을 거슬러 오른다. 시민성이 확대되기 이전의 시간으로 돌아간다.

자연이 언제나 친절하지는 않다. 소로가 카타딘 산(소로는 인디언 말로 '가장 높은 땅'을 의미하는 '크타든' 산이라고 불렀다)을 오를 때 함께 갔던 일행이 시야에 들어오지 않던 시점이 있었다. 그는 완전히 혼자였고 무서웠다. 산은 "지구의 완성되지 않은 끄트머리"로 보였다. 그러다가 구름 기둥에 묻힌 곳에 도달했다. 불안정한 바위들이 뒤죽박죽 있는 모습이 시인들이 노래하는 신화 속 장소를 연상시켰다. 자신이 신의 나라에 입성한 아이스킬로스처럼 느껴졌다. 그 지역은 "인간의 정원"이 아니었다. 그곳은 "아직 망가지지 않은 지구"였다. 소로는 "세상이 생긴 초기"에 사람들이 살았을 법한 모습으로 사는 인디언들을 생각했다. 그렇지만 인디언들과 소로는 모두 "분명 현재인 이 시기를 동시대인으로서" 살아가고 있음이 분명했다.[2]

소로는 자연이 무구하다는 인상을 받았다. 카누를 타고 메인 숲을 여행하는 동안 시간이 교차하는 경험을 했다면서 "옛날 주 대부분의 내륙부나 배후지를 며칠만 여행하면 노르만족, 존 캐벗, 바솔로뮤 고스널드, 존 스미스, 월터 롤리가 발견한 아메리카 대륙의 모습이 어떠했을지 명확히 이해하게 된다"라고 했다. 그는 신대륙의 "기슭"에 상륙한 자신의 모습을 상상했다. 숲을 이루게 한 강의 수원까지 거슬러 올라가려고 인디언들과 동행했다. 앞서 언급한 유럽의 탐험가들이 접근했던 장소까지 나아갔다. 그렇지만 유럽 개척자들이 이미 누군가가 살고 있던 나라에 도착했고, 그 지역에 현재 사는 사람들이 그 지역을 조금씩 바꿔가고 있다는 점을 모르지 않았다. 야영지 모닥불 주위에서 함께 이야기를 나누는 아베나키족* 사람들이 그

점을 매일 확인시켜줬다.

명백한 사실을 인정해야 한다. 숲의 미래는 장담할 수 없다. 야생 숲의 비율은 줄어드는 반면 길들여진 숲은 나날이 늘어나고 있다. 소로는 롤모델인 알렉산더 폰 훔볼트의 말을 인용하면서 "문명인은 토지를 대규모로 돌이킬 수 없이 개간할 뿐만 아니라 어떤 측면에서는 숲을 길들이고 심지어 만들어낸다. 어떤 의미에서는 인간이 숲에 있다는 사실만으로도 나무의 속성을 변화시키는데, 그런 생명체는 인간이 유일하다"라고 적었다. 인간은 자연에 영향력을 행사한다. 자연의 원시적 특성은 꺾이지 않으려고 분투하지만 고스란히 유지되는 곳은 늪지대뿐이다. 늪지대에서만 가문비나무가 자라나고 이끼와 부러진 나무가 사라지지 않고 남아 있다.

식물의 이러한 저항은 소로를 충분히 위로하지 못했다. "메인 주도 곧 매사추세츠 주처럼 될 것 같았다. 메인 주 토지의 상당 부분을 우리가 사는 곳과 마찬가지로 갈아엎어서 고유의 특색이 사라졌고, 그곳 마을의 나무 수도 전반적으로 우리 마을과 비슷하거나 더 적다. (……) 이제 필요한 나무를 수입하거나 나무 조각 여러 개를 모아 붙여서 써야 할 것이다. 그런데다가 자유에 대한 관념 또한 그만큼 보잘것없기" 때문이다.

---

*   Abenaki 또는 Abnaki. 북아메리카 대륙 북동부에 알곤킨족에 속하는 미국 원주민이자 퍼스트 네이션(북극 아래 지역에 사는 캐나다 원주민)이다. 평화를 사랑하는 부족으로 유럽인들이 처음 아메리카 대륙에 도착했을 때 이들을 환대했고, 기독교 교리를 받아들여 토속적 주술 활동과 결합했다. 현재는 캐나다 퀘벡과 미국 메인 주 내 보호구역 등에서 거주한다.

나무의 수는 줄었다. 잎의 양도 줄었다. 소로는 토지를 비옥하게 유지하자고 적극 권장했다. 또 다른 사람들에게 수염을 그냥 기르자고까지 권유했다. 숲에 사는 분위기를 내고 자유로운 "숲의 사람"으로서 처신할 시간이자, 일자리를 잃은 도시의 가진 것 없는 군중을 불러 "자연에서 직접 생필품을 구한 고독한 개척자"를 본받자고 할 시간이었다.[3]

고독을 선택한 자가 자연을 사랑하는 사람이라면 그에게 걷기는 최고의 운동이다. 한 다리를 다른 다리 앞으로 내딛으면서 그는 섬세한 산책자로 변신한다. 그는 새로운 산책로에서 보이는 모든 것, 이전에는 가려져 있던 관목 덤불, 땅에서 드러난 개미집, 한 번도 들어보지 못했던 새소리 등에 관심을 기울인다. 걷는 사람은 다른 사람들을 더 이상 생각하지 않는 연습도 하게 된다. 소로는 "잠시나마 다른 사람의 잡담을 듣지 않을 수 있을까? 그런 상황에서 자기만의 고유한 사고에 만족하며 이를 즐길 수는 없을까?"[4]라며 매일 오후 네 시간씩 독특한 경험이 주는 "최고의 흥밋거리"를 발견하러 숲으로 갔다. 몽테뉴의 말을 빌리자면 사람은 걸으면서 자기 자신에게서 벗어난다고 한다. 걷는 사람은 험담을 잊고 자연이 그려낸 그림 같은 풍경에 담긴 사소한 부분에 집중하고 자기의 생각을 정리한다. 숲은 소로의 뒷방이었다.

이런 내면의 고독을 한순간에 누리게 된 사람은 없다. 엄청나게 끈기 있게 노력해야 하는 일이다. 루소는 이미 이 점을 인정했다. 그도 시끄러운 세상사에서 벗어나는 데 어려움을 겪었다. 그는 "부질없는 생각이 동요하는 상태"를 떨쳐내지 못했다. 이 "귀찮은 군중"이 숲속까지 그를 따라왔다.[5] 이 망령을 쫓기 위해서 루소는 산책의 방향을 고수해야 했다. 걸으면서 마음이 즐겁기를 바랐다. 길 위에서 "눈에서, 풍모에서, 악센트에서, 걸음걸이에서 읽히고 그것을 알아보는 사람에게 전해지는" 기쁨을 찾았다. 동시에 자신까지 불안하게 하는 "못마땅한 얼굴들"을 피했다. 그런 표정은 다른 사람들에게 박해받던 기억을 떠올리게 할 징조였기에 그들을 기피했다. 루소는 몽테뉴에게 동조하며 넌지시 "나는 홀로 있을 때에만 내 자신의 주인이 된다. 그렇지 않을 때에는 나를 둘러싼 모든 이들의 장난감이다. (……) 내가 고독을 좋아한다니 놀라운가? 타인들의 얼굴에서는 적의만이 보이지만, 자연은 언제나 내게 미소 짓는다"[6]라고 고백했다.

소로는 루소의 우려에 공감하고 "내가 숲 밖에 있는 무엇인가를 생각한다면 무엇 하러 숲속에 있겠는가?"[7]라고 자문했다. 숲에서는 숲만을 생각할 수 있어야 한다. 자연은 이처럼 절대적인 안도감을 준다. 그러니 이것을 누려야 마땅하다. 소로는 자연에 외모를 변화시키는 힘이 있다고 했다. 자연은 턱관절의 긴장을 풀어주고 얼굴 주름을 펴주고 윤곽을 또렷하게 만든다. 숲에서 몇 시간을 보내고 나면 더 이상 분에 겨워 이를 가는 사람은 아무도 없다. 우리는 "숲과 평원과 옥수수가 자라는 밤을 신뢰해야" 한다. 소로가 애착을 느끼는 습지도 잊으면 안 된다. 물질이 자유롭게 분해되게 만드는 물 고인 웅덩이보다 영혼에 필요한 것은 없다. 도시의 가꿔진 정원은 아름답지만 생기가 없다. 그곳에는 숲을 훤히 알고 있다고 자부하는 산책자를 놀랠 색감이 빠져 있다. 요컨대 걷는 사람은 늪지의 불한 당이자 이탄지에 도둑질 흔적을 감추는 서리꾼이다. 그 사람이 가장 아끼는 책의 제목은 "현재 이 순간의 복음"일 것이다. 또 농장에서 홰를 치는 수탉의 철학을 찬양할 것이다. 과거를 곱 씹으며 인생을 낭비할 필요가 전혀 없다. 소로는 오두막에 살 때 "숲의 시민"이다. 그러면서도 콩코드 마을에 다시 돌아왔을 때에는 변함없이 "진정한 애국자"이다.[8]

습지 둘레에 무성한 수풀을 관찰하는 일은 소로의 마음을 사로잡았다. 소로는 자신을 산책자 집단의 일원으로 생각했다. 그 구성원으로서 "야생에 세상을 보호하는 길이 있다"라고 단 언했다. 널리 알려진 이 문장을 소로가 고독에 부여한 수많은 정의와 결부시켜 생각하면 그 의미가 더 살아난다. 그는 사유 의 목적을 명시함으로써 자기 발언을 보완하려고 했다. "단정 하게 다듬어진 자유와 문화와 대조적인 자연, 절대적인 자유, 야생의 삶에 대해 한마디 하고 싶다. 인간을 사회 구성원이라 기보다는 자연의 주민 또는 자연의 일부로서 여기기 위해서이 다."[9] '사회 구성원이라기보다는 자연의 주민'이라는 표현은 양가적인 의미를 담고 있으니 '단정하게'라는 부사와 연관지 어 해석해야 한다.

산책자가 도시에서의 고민을 잊지 못하면 사회 구성원으 로 남을 수밖에 없다. 자연의 주민이 되지 못한다. 이 섬세한 구 분은 자발적 고독의 핵심적인 정신 구조이다. 양쪽을 대립시키 는 것과는 다르다. 소로는 정치의 실질적 범위를 드러내려고 이런 구분을 지었다. 가령 언덕 위에 서서 본다면 정치는 "좁은 밭"에 불과하다는 점을 깨달을 것이다. 정치는 접할 수 있는 경험의 일부만을 결정짓는다. "단정하게 다듬어진" 문화의 영토는 자연의 영토에 비해 그렇게 크지 않다. 그 영토에는 정부의 업무, 기관, 법 제도가 포함됐고 시민으로서 지켜야 할 매너와 규칙이 녹아 있다. 그곳에 문명이라는 이름을 붙일 수 있을 것이다.

타인의 거울 안에서 너무 오래 살았다

"단정하게 다듬어진" 문화의 기준은 상식이다. 모든 사람들이 문화를 구성하는 규범에 고민의 여지없이 반사적으로 동의한다. 그러나 시민 사회를 이루는 통상적인 규칙만을 신뢰하지 말라고 요구하는 "비상식"도 존재한다. 비상식은 소로가 바라던 내면의 자기중심성 탈피를 이뤄내는 도구이다. 또 "지식과 세상에 대한 인식과 표상을 유익한 방향으로 변화"[10]시킨다. 비상식은 사회의 부족한 부분을 비판할 수 있는 힘을 자연에서 구하라고 한다. 이런 비상식은 때로 소수의 전유물이다. 소로는 비판적 정신을 갈고닦기 위해서 모두가 거리를 둘 수 있어야 한다고 말하곤 했다.

상식은 인간이 풍속을 교화하고 서로를 서로와 비슷하게 만들어 조화로운 무관심 속에 살도록 한다. 또 독창적인 사고와 다른 음을 내는 목소리를 무시한다. 비상식은 인간에게 오히려 샛길을 택해 멀리에서 큰길을 바라보라고 제안한다. 옆으로 한 걸음을 정당화한다. 옆으로 한 걸음은 얼핏 일탈과 비슷해 보인다. 하지만 "사람이 무리에서 떨어져 이런 기분(애정과 경외심)으로 자기 길을 걸을 때면 다른 평범한 여행자들의 눈에는 그저 울타리에 난 구멍쯤으로 여겨질 갈림길을 만나게 된다. 그가 밭을 가로지르며 걷는 고독한 길이 큰길로 밝혀질 수도 있다."[11]

고독은 유익한 우회로이다. 홀로 있던 사람은 다시 사회로 돌아온다. 좀 더 통찰력을 갖게 된 시민은 더 이상 자신의 사회적 숙명을 피하지 않을 것이다. 지구상에 "1년 내내 아무도 찾지 않고 따라서 모든 면에서 시가 연기와 닮은 정치가 없는 곳"[12]이 존재하는 만큼 옆으로 한 걸음은 더욱 정당화된다. 연기처럼 점차 소멸해가는 이미지는 예법을 중시하는 사회와 그 사회의 공허함이 지닌 권위를 실추시키고 부당한 법을 공포하는 정부에 이의를 제기하게 만든다. 이런 이미지를 통해 정치가 그 자체로 충분하지 않다는 것을 깨닫게 된다. 정치는 전체 자연의 일부이다. "보다 넓찍한 밭"인 자연은 정치를 아우른다. 따라서 자연을 향유하려면 이따금 정치를 떠나야만 한다는 점을 납득할 수 있다. '사회 구성원이라기보다는 자연의 주민'이라는 표현은 이런 규모의 위계에서 비롯됐다. 이 위계에서 개인의 의지는 자신의 필요에 따라 우선순위를 다르게 매긴다.

정치에는 자연처럼 절대적인 안도감을 줄 수 있는 단일성이 없다. 그렇다고 개인적인 이해가 뒤얽힌 잡동사니에 불과한 것도 아니다. 사실상 정치는 그 중간에 있다. 정당하기도 하고 부당하기도 하다. 그것이 정치가 "단정하게 다듬어진" 이유이다. 그렇지만 "단정하게 다듬어진" 상태에서 사람들은 불의를 그대로 받아들인다. 시민들은 자의적이고 비인간적인 법에 맞서 싸우지 않는다. 규모의 차이와 더불어 또 다른 차이점이 있다. 소로가 볼 때, 정치는 어떤 만족감도 주지 못한다. 시민이 오로지 사회 구성원에 불과할 때에는 우울하다. 그런데 정치를 벗어난 삶도 존재한다. 이 삶은 스스로를 시험에 들게 하면서 자연 속에서 빛을 발한다. 2년 남짓한 기간에 소로는 사람들과의 교제를 줄이고 나무를 벗삼아 살았다. 한 가지 오해하지 말아야 할 점이 있다. 자연에 거주하는 이도 여전히 사회 구성원이라는 사실이다. 숲의 시민도 여전히 도시의 시민이다. 그는 거의 매일 도시로 되돌아왔다.

소로는 점점 더 많은 사람들이 도시를 향해 가고 있는데 이 사람들은 침울하다는 점을 지적했다. 이는 영혼의 건강을 위해 반드시 필요한 노력을 반감시키는 흐름이다.

자연 속에 살면서 감각이 깨어 있는 이에게는 그토록 어두운 우울증이 있을 수 없다. (……) 소박하고 용감한 사람을 천박한 슬픔에 억지로 밀어 넣을 수 있는 것은 없다. 사계절에 대해 우정을 느끼고 즐기는 한, 그 어떤 것도 삶을 버거운 짐으로 만들 수 없으리라 확신한다.[13]

계절의 흐름에 따라 산다는 것은 자기 스스로 삶의 목표를 세운다는 의미이다. 자기 길을 걷는 자연과 보폭을 맞춘다는 의미이기도 하다. 자연과 더불어 살면서 자발적으로 정치로부터 멀어진 시민은 자기 내면과 외부 세계가 조응하는 것을 발견한다. 자연의 품으로 더 들어갈수록 자연이 자기 안에 있음을 더 뚜렷하게 느낀다. 그는 기운을 되찾는 중인 회복기의 환자와 같은 방법으로 고독에 대한 욕구를 충족시킨다.

> 나는 고독이 필요하다. 지평선을 이루는 산의 형태를
> 보려고, 그러니까 나보다 거대한 무언가를 발견하고
> 정신적인 공감을 이루려고, 석양이 물드는 이 언덕으
> 로 왔다. (……) 끝없는 충동과 희망에 몸을 맡긴 채 더
> 많은 힘과 더 굳은 결심으로 고독을 추구하는 반면 사
> 회를 찾을 때는 매번 무력하게 움직인다.[14]

자연은 인간을 강하게 만들고 마음의 짐을 덜어준다. 사회는 번번이 인간을 나약하게 만든다. 소로는 사회가 영혼의 고통을 가중시킨다는 말이 하고 싶었다. 자연 속에서는 치열한 자존심 싸움이 벌어지지 않는다. 일반적으로 사람들은 자연에서 정신적인 긴장을 풀고 활기를 되찾는다. 또 스스로 생각하기 시작한다. 사회에서는 부질없는 일들이 쉴 새 없이 이어지면서 게임에서 진 이들을 씁쓸하게 한다. 이 사람들은 타인의 거울 안에서 지나치게 오래 살았다. 고유한 견해를 박탈당한 셈이다. 자연에서는 그곳에 살고 있는 생명들이 노래하는 언어를 듣고 겨울이면 얼어붙은 너른 공간에서 배핀 만의 해빙을 떠올리며 즐길 수 있다. 사회에서는 가식적인 우애의 잔이 서로 부딪치는데, 이 우애는 아주 작은 실수로도 사교계 사람들

의 권위를 추락시킨다.

'비상식'을 발휘하라

소로는 자연에서 "지지점"을 찾았다. 그 지지점은 그가 정착해 살기로 한 곳 근처에 있는 호수의 단단한 바닥이었다. 문제는 어느 곳에 가든지, 특히 숲에 가서도 자신의 감정 상태를 그대로 유지하는 사람들이 있다는 점이다. "사실상 아픈 사람에게는 자연도 아프게 보이고, 몸이 건강한 사람에게는 자연이 건강의 원천이 된다."[15] 이 지점에서 소로가 치머만의 저서를 꼼꼼하게 읽었음이 드러난다. 우리가 느끼는 불안감은 생리학적으로 드러난다. 우리가 괴로워한다는 사실이 몸에 표시가 난다. 산책자는 걸어가는 와중에 불안과 고통을 떨쳐버리지 못해 인상을 찌푸리고 있는 사람들을 마주칠 수 있다.

자연과 건강에 관한 견해는 두 가지 사실을 입증한다. 하나는 도망치듯 고독으로 몸을 피한 사람은 고독의 어떠한 장점도 누릴 수 없다는 점이다. 나무둥치에 기대어 걱정거리가 해결되길 바라봐야 부질없는 노릇이다. 감정을 추스르려면 다른 누군가와 이야기를 나누는 편이 훨씬 도움이 된다. 다른 하나는 자연이 평온해질 수 있는 기회를 늘려주기는 하지만 그 기회 자체를 보장하지는 않는다는 점이다. 자연은 이상적인 공간이 아니다. 자연을 찾는 것만으로 이상적인 생활이 가능했다면, 소로는 절대로 자연을 떠나지 말라고 권했을 것이다. 그가 1847년 9월 6일에 월든 호수를 떠난 것을 감안하면 그렇지 않음을 알 수 있다.

감정 상태는 변화무쌍하다. 소로는 아마도 두려움을 떨쳐 버리기 위해 자신이 "인간 간의 우정에 지나칠 정도로 냉담하다"라면서 마치 자연에 깊이 공감하면서 동시에 인간에게도 그럴 수는 없다는 법이라도 존재해 한쪽과 가까워지게 만드는 품성이 다른 쪽에서 멀어지게 만드는 것처럼 설명했다. 그럼에도 그는 결국 "자연을 진실하게 바라보려면 인간적인 눈으로 봐야 한다. 달리 말하자면 자연에 펼쳐지는 광경을 인간의 감정과 결부시켜야 한다. 마치 자기 고향을 바라볼 때 자연스레 어떤 감정이 피어오르는 것처럼 말이다. 자연은 자연을 사랑하는 사람에게 더욱 중요한 의미를 지닌다. 자연을 사랑하는 사람은 단연 인간의 벗이다. 내게 친구가 없다면 자연이 내게 무엇을 해줄 수 있겠는가? 그렇다면 자연은 정신적인 측면에서 더 이상 그 의미를 갖지 못한다"[16]라고 단언했다.

두 문장이 서로 상충되는 것처럼 보이지만 오히려 상호 보완하고 있다. 고독한 자가 위선적인 사람들에게서 멀어져 자연으로 돌아갔다고 해서 바로 그 순간부터 다시 그 사람들을 순수하게 사랑하기 시작할 수는 없다. 그렇지만 그가 다른 생명체를 접하고, 나무를 쓰다듬으며 조금씩 평정을 되찾기만 해도 자신이 여전히 인간을 사랑하고 있다는 점을 확인할 수 있다. 자연은 공감을 불러일으킨다. 자연을 존중하는 사람은 다른 사람들도 존중하기 마련이다. 이는 감정을 관장하는 기제가 동일하기 때문인데, 이 기제는 바로 우정을 담당한다. 자연에서 그리고 사회에서 형성된 우정은 시민으로서의 삶을 인간이 다시 추구할 수 있는 목적의 반열에 올려놓는다.

　요컨대 자연과 사회의 관계는 우리가 삶의 방식을 바꿀 때 더 잘 이해될 수 있다. 소로는 자기를 탈바꿈시키기 위해서 숲으로 떠났다. 사회를 개선시키려고 변신을 꾀한 것이다. 그래서 "내가 사람들 사이에서 물러나면서 가난해졌다고 여기겠지만, 나는 고독 속에서 고치를 지었고, 번데기처럼 있다가 머지않아 좀 더 성숙한 사회를 만들기 위해 좀 더 완벽한 인간으로 거듭날 것이다"[17]라고 적었다. 사회 개선을 위해 변신이 필요하다는 그의 지적은 모든 시민들에게 적용된다. 옆으로 한 걸음 물러나면 완벽을 향해 나아가는 생물체를 흉내내게 된다. 새로운 형태를 얻으려고 거리를 두는 것이다. 이런 과정을 밟기 위해 특별한 재능이 있어야 하는 것은 아니다. 누구나 이런 방법으로 의식을 가다듬을 수 있다. 개인은 스스로를 완전하게 키워나가면서 모든 사람이 완벽해지는 데에 일조한다. 좀 더 성숙한 사회는 단정하게 다듬어진 사회가 아니라, 보다 정의로운 사회여야 할 것이다.

　그러니 소로가 자연과 사회라는 개념을 대비시킨 듯이 보이는 단락을 융통성 있게 읽어야 바람직하다. 가령 이런 단락이다.

　　나는 자연을 얼마간 사랑한다. 자연은 인간이 아니지만, 인간과 연을 끊을 수 있게 해주기 때문이다. 인간들의 기관은 자연을 통제하지도, 자연으로 침투하지도 못한다. 자연에서는 다른 종류의 법이 지배한다. 자연

의 품에서 나는 완벽한 행복을 맛볼 수 있다. 만약 이
세상이 전적으로 인간으로만 이루어졌더라면 나는 뜻
을 펼치지도 못하고 모든 희망을 접었을 것이다. 내게
인간은 제약이고, 자연은 자유이다. 인간은 내게 다른
세상을 바라게 만든다. 그리고 자연은 이 세상에 만족
하게 한다.[18]

마지막 세 문장이 중요하다. 소로는 정치적인 행동의 조
건을 규정했다. 단정하게 다듬어진 문화에서 개인은 불완전하
다. 이 개인은 단지 사회 구성원일 뿐이다. 이런 사람은 사회 구
성원인 동시에 자연의 주민으로 거듭난 이가 알고 있는 지식과
즐거움을 모른다. 이 사람은 악법으로 인해 괴로워하면서도 감
히 그 법을 바로잡으라고 요구하지 못한다. 수많은 제약들이
그를 좌절시키기 때문이다. 이 사람도 정치적 이상향을 그려보
고 다른 세상을 꿈꿀 수 있을 것이다. 하지만 그와 달리 우리는
이야기를 지어낼 필요가 없다. 우리에겐 "자연에 대한 연구"
와 "인간에 대한 연구"를 조합하는 더 나은 방법이 있어서다.
현재 시민 사회에서 주어진 모든 의무를 거부하기란 불가능하
다. 그러니 역으로 올바른 관점을 지녀야 한다. 숲이나 다른 곳
을 향해 옆으로 한 걸음 옮긴 시민은 단정하게 다듬어진 문화
에 안주하는 이보다 통합적인 시각으로 만물을 보게 된다. 이
런 시각에서 가장 심각한 불의부터 고쳐나간다면 이 시민은 자
신이 살고 있는 세상에서 좀 더 만족감을 느낄 수 있다.

비상식을 발휘하면 희망을 되찾게 된다. 소로는 숲의 시

민이 도시의 시민보다 완전함을 암시했다. 아마도 숲의 시민은 자족할 것이다. 애벌레도 변태하려고 누군가의 도움을 필요로 하지 않는다. 그래도 애벌레가 자기가 태어난 곳을 떠나지 않는다면 새로운 삶을 시작할 수 없다. 개인적인 차원에서 혁신은 변태의 과정을 끝까지 통과해야만 효과가 드러난다. 애벌레가 나비가 되어야 한다는 뜻이다. 낡은 허물을 벗어던져야만 새로운 존재로 거듭나 가족과 친구들의 곁으로 가게 된다. 시민 사회로 되돌아가는 것이다. 그렇게 되돌아가는 이는 만족스럽다. 그는 다시 "사람들에게 질리는 일"[19]이 생기지 않도록 조심하는 법을 깨달았을 것이다.

그러므로 자연으로 한 걸음 물러나는 것은 자연이 사회가 아니기에 정당화된다. 그리고 자연으로 한 걸음 물러난 덕분에 다시 사회, 그러니까 사람들 사이로 돌아가게 되었다고 설명할 수 있다. 이처럼 정치는 정책 차원으로 한정되지 않는다. 샹포르는 상류 사회가 무척 협소한 세상이라고 지적한 바 있다. 소로는 정치가 좀 더 광범위한 분야를 포괄하는 전체의 하위 집단이라고 분명하게 말했다. 이 점을 염두에 두어야 정치가 이해된다. 그렇지 않으면 "우리가 살고 있는 이 낯선 세상이 실용적이기보다는 경이롭고, 유용하기보다는 아름다운 곳이어서, 지금보다 더 많은 감탄의 대상이 되어야 하고 난개발되기보다는 존중되어야 한다"[20]라는 점을 망각하게 된다.

소리의 풍경

알도 레오폴드의 저서 『모래 군의 열두 달』을 읽으면 그도 소로의 견해에 동의했음을 알 수 있다. 미국 생태학자인 그는 소로를 지지했고, 자발적 고독의 옹호자였다. 자연으로 한 걸음 옮기는 일과 그곳의 동물들을 만나는 일은 그에게도 무척 소중한 일이었다. 그런 점에서 그는 "야생의 생명체가 없이 지낼 수 있는 사람들"과 구별됐다. 그는 자신이 텔레비전을 보는 것보다 기러기를 볼 가능성을 단연코 선호하는 소수 집단에 속한다고 여겼다.[21] 그는 자기 책 전반부에 "(우리) 가족은 주말이면 사회에서 벗어나 외진 곳으로 가서 '오두막'을 꼼꼼히 살피고 수리했다"라고 적었다. 레오폴드와 그의 가족들은 "언제나 더 많이 더 낫게"를 추구하는 세태를 피해 이 오두막으로 왔다. 그들은 삽과 도끼를 들고 다른 곳에서 잃어버린 것을 다시 만들어 세우려고 노력했다. 레오폴드는 자신의 일탈을 이성적으로 표출하는 반항아였다. 그는 발걸음을 끊은 사람들이 어떻게 하면 다시 발길을 돌릴 수 있는지 설명하려고 했다. 그는 "세상은 야생의 상태로 돌아감으로써 구원될 수 있다"라는 소로의 말을 언급했다. 레오폴드가 자연으로의 회귀에 대해 논하는 부분을 보면 그가 무슨 말을 하려는지 잘 알 수 있다.

레오폴드는 자연으로의 회귀를 예찬했다. 그런데 이 개념이 외려 문제가 되었다. 철길이 개발되면서 "개인이 누릴 수 있는 평화와 고독과 동식물과 아름다움의 몫"은 줄어들었기 때문이다. 예전에는 고독과 자연이 가까운 곳에 있었다. 요즘에는 단체관광업이 크게 발달해서 고독과 자연을 접하려면 자동차를 타고 나가야 한다. 원주민이 두드리는 징과 유사한 탐탐소리와 숲의 고요함 대신에 클랙슨 소리와 공공 화장실과 캠핑장 소음이 들려온다. 자연을 사랑한다는 사람들이 많이 몰려오지만 그들의 목표는 단 하나, 자연의 전리품을 획득해가는 것이다. 그들은 버섯 바구니를 들고 산책길에 나선다. 곰 사진을 찍고, 산에 올라가 돌무더기에 지폐를 끼워 넣는다. 이 모든 것이 자연에 다녀갔다는 확인서인 셈이다. 그리고 그런 흔적들로 정복자로서의 능력을 입증한다.[22]

다행스럽게도 자연 그대로의 모습을 간직한 곳을 자주 찾아간다고 해서 "자연의 순수한 공기"가 오염되거나 "낯선 곳에서 누리는 기분 전환"의 정도가 반감되는 것은 아니다.[23] 레오폴드는 관광객이 도시의 답답한 분위기에서 벗어나 즐거운 여가 시간을 보내고 싶어 한다는 점을 십분 이해했다. 그러면서도 휴식 시간을 어떻게 보낼지 계획하는 일이 관리의 문제가 되어가고 있는 현실에 반기를 들었다. 그런데 자연에 대한 인간의 물리적, 감각적, 지적, 도덕적 인식과 이로 인해 유발되는 감정을 지키려는 노력도 점점 강도 높게 관리되고 있다. 처음에는 자연환경을 보전하려는 순수한 의도에서 시작되었지만 오히려 독이 되어 돌아오고 있다. 성역화된 자연을 바라보기만 하는 사람이 늘어날수록 "소중히 다뤄야" 할 고독이 설 자리도 줄어들 것이다. 그리고 자연 속에서 고독을 찾기가 어려워질수록 자연은 소란스러워지고 그러다가 결국 훼손되고 말 것이다.

때묻지 않은 지역에서 홀로 있을 수 있는 시간이 줄어들면

환경운동의 바이블인 『모래 군의 열두 달』을 쓴 알도 레오폴드는 자연이 '전리품'이 되어가는 경향에 반대했다. 자연 속에서 고독을 구하기가 어려워진 것이다. © Starker Leopold, Aldo Leopold Foundation

음악적 짜임새를 인지하는 능력도 변화한다. 버니 크라우스는
이를 입증하는 작업을 진행했다. 그는 생태음향학자로서 수십
년 전부터 지구에서 사람의 발길이 닿지 않은 구석구석을 돌아
다니면서 자연의 소리를 녹음했다. 그 결과, 이런 결론에 도달
했다.

> 잘 보전된 전경이 얼마나 큰 감동을 불러일으키는가
> 하는 점과는 무관하게 인간이 개입해 자연환경을 관리
> 하는 것은 자연으로 돌아가는 최선의 방법이 아니다.
> 사람의 손길이 닿지 않은 자연은 스스로를 관리하지
> 않는다. 그런 자연에 의도적으로 길을 내 신호 표지를
> 설치하고, 상세한 지도를 제작하고, 기념품 가게를 열
> 어 머그컵과 티셔츠, 말코손바닥사슴과 회색곰의 알려
> 지지 않은 습성을 설명해주는 가이드북을 판매해서는
> 안 된다. 작가인 잭 터너가 말했듯이, 우리는 어떤 방향
> 으로 일주일을 걸어도 길이나 울타리가 나오지 않는
> 곳, 이를테면 국립북극권야생보호구역 같은 원시 상태
> 의 자연에 있어야 한다. 그래야지 촉수를 세우고 다양
> 한 형태로 존재하는 동식물의 세계와 일대일로 직면하
> 게 되고, 또 홀로 있음으로써 형성된 의식이 우리를 다
> 시 살아나게 한다.[24]

원시 자연이 숨 쉬는 곳은 무향실, 그러니까 철저하게 무
음인 공간이 아니다. 완벽한 침묵은 견딜 수 없다. 게다가 존재

잔잔한 리듬의 소리, 반복적인 소리는 안정감을 준다. 사람들은 정적보다 섬세하고 미묘한 평온함과 고요함을 느낄 수 있는, 측정 가능한 소리 풍경과 완벽한 정적 사이에서 지각할 수 있는 중간 지대인 시공간을 열망한다고 한다. 세인트 빈센트 해변에서 소리를 채집하는 버니 크라우스.

하지도 않는다. 어디에서나 늘 어느 정도의 소리는 나고 있고, 이는 사람이 찾을 일이 없는 곳에서도 마찬가지이다. 소리가 없으면 생명체는 방향 감각을 상실할 것이다. 무거운 침묵은 불편하고, 아무것도 없다는 것에 대한 원초적 불안감을 불러일으킨다. 반면에 잔잔한 리듬의 소리, 더 나아가 반복적인 소리는 안정감을 준다. 이런 소리를 듣는 사람들은 각자가 자신에게 맞는 멜로디 라인을 찾아낸다. 예를 들어 태아가 엄마의 자궁에서 듣는 소리는 지붕 위로 떨어지는 빗소리를 닮았는데, 이때 엄마의 자궁은 조용하면서도 풍성하고 조화로운 소리가 가득한 환경이다. 이것이 바로 정신적인 평화의 열쇠이다.

고요함은 (무거운 정적과) 전혀 다른 것으로 건강한 생명체가 물리적, 정신적으로 활력을 느끼기 위해서 반드시 필요한 요소이다. 음악가에서 전 세계적으로 손꼽히는 생태녹음가로 전향해 BBC를 위해 자연의 소리를 녹음하는 크리스 왓슨은 자기 경험을 바탕으로 사람들이 정적보다 훨씬 섬세하고 미묘한 평온함과 고요함을 느낄 수 있는 공간과 시간을 간절히 열망한다고 했다. 이러한 시공간은 측정 가능한 소리 풍경과 완벽한 정적 사이에서 지각할 수 있는 중간 지대이자, 소리의 전이가 일어나는 추이대로 감정을 관장하는 뇌 영역에 영향을 주고 절대적인 평화를 느끼게 한다.[25]

기술이 야생의 공간을 지각하는 능력에 영향을 미친 것은 어제오늘 일이 아니다. 소로도 메인 숲을 산책하고 적은 일기에 아무리 순수한 자연을 접할 수 있는 장소에서도 반사적으로 자연의 소리를 인공적인 소리와 연관짓게 된다는 기록을 남겼다. 앨러개시 연못을 향해 가는 길에서 그는 이렇게 적었다.

> 아무리 길들여지지 않은 곳에 가서도 나는 그곳과 사람들이 사는 곳 사이의 연관성을 계속 찾게 된다. 규칙적으로 들려오는 단조로운 소리를 무심히 듣고 있으면 인간들의 산업 활동으로 나는 소리와 비슷하게 들린다. 물이 떨어지는 소리가 들리면 댐이나 목재소가 떠오르고, 강 건너에서 숲을 지나는 바람 소리를 퀘벡 기차가 지나가는 소리로 착각한 적도 수차례나 된다.[26]

그래서 소로는 밤에 나가보는 것이 낫겠다고 생각했다. 밤이 잡생각을 하지 않고 잡음이 섞이지 않은 소리를 듣기에 안성맞춤이라고 여긴 것이다. 그때 아비새의 울음소리가 울려 퍼졌다. 그 소리는 새소리라기보다 "인간이 두성으로 뽑아내는 아주 날카로운 비명 소리"[27] 같았다. 야생의 세계를 보전하려면 그 세계를 지각할 수 있는 능력을 보존해야 한다.

레오폴드는 『모래 군의 열두 달』에서 4월부터 7월까지 매일 새벽 3시 30분에 일어났다고 했다. 그러고는 커피 한 잔과 수첩을 들고 오두막의 문턱에 서서 여명이 밝아오길 기다리며 자연이 깨어나는 소리를 들은 다음에 개를 데리고 자기가 담당한 땅을 살펴보러 나갔다. 참새가 "테너의 맑은 목소리"로 포문을 열면 뒤이어 유럽울새와 찌르레기, 유리멧새, 상모솔새가 차례로 나뭇가지나 밧줄 위에 앉아 자기 권리를 행사하려는 듯 목청을 뽐냈다. 이는 "노래자랑으로 확대되고, 콩새, 흉내지빠귀, 휘파람새, 바다직박구리, 비레오새, 붉은허리발풍금새, 홍관조 등 새라는 새는 모두 동시에 지저귄다. 노랫소리가 들려오기 시작한 순서와 시간별로 성대한 악단를 이룬 새들의 이름을 적어 내려가지만 점점 머뭇거리고 망설이다가 어느 순간에 멈추게 된다. 어떤 새가 먼저 울었는지 귀가 더는 구별해내지 못하기 때문"[28]이다.

뉴멕시코 삼림 여러 곳을 담당한 숲 관리인인 레오폴드는 새벽이면 즐거웠다. 새들의 교향곡은 경이로웠고 새벽 3시 50분경이면 절정에 달했다. 그도 크라우스의 "분할 모델"과 "소리 풍경" 견해에 동의했을 것이다. 크라우스는 평생에 걸쳐 관찰해보니 동물들이 "서로 어우러지는 소리를 낸다"라면서 "오래되고 안정적인 서식지", 특히 잘 보전된 열대 지역과 아열대 지역에서 그런 경향이 두드러진다고 했다. 또 "'생물음'에 일관성이 있을 때, 생물학자들의 표현을 빌리자면 '동적 평형을 이루는 범주 내'에 있을 때, 녹음된 파일의 소나그램을 분석하면 각각의 소리가 명확하게 구분된다. 반면에 생물군계가 훼손됐을 때에는 소나그램에서 강도와 다양성이 떨어지고 소리를 나타내는 대역폭도 뚜렷하게 구별되지 않는다. 생물군계가 외부 요인으로 크게 피해를 입은 곳이나 위기에 처한 곳, 혹은 손상된 곳에서 '생물음'은 조직적인 구조를 보여주지 못한다"라고 설명했다. 크라우스는 삼림이 심하게 파괴된 곳에서 '생물음'은 그 강도가 눈에 띄게 줄어들었다고 강조했다. 1990년대, 브라질의 리우 도세 주립공원을 재방문한 그는 "대규모 오케스트라가 삼중주단으로 축소된 것 같다"[29]라며 씁쓸해했다. 삼중주단에서 더 규모가 축소된다면 그것은 자연이 사라진다는 신호일 것이다.

전체를 보는 관찰력

그렇다면 기술 발전과 잘 보전된 자연환경의 이점을 결합하는 방법을 강구해야 한다. 레오폴드는 자연이 내는 복합적인 소리가 사라지고 있다고는 하지 않았다. 그는 자신이 주말을 보내는 농장에 있는 식물군의 "시각적 구성"이 주중에 일하는 캠퍼스 외곽에 비해 한층 다양하다면서, 우리가 "이런 변화에 눈을 감고 모른 척하는가, 아니면 진보 그리고 자연, 이 둘을 화해시키기는 불가능한 것인지 자문하든가"[30] 하는 양자택일의 기로에 서 있다고 했다. 이런 상황에서 "자연으로 돌아가기라는 흐름에 편승한 사업에서 진정으로 창의적인 유일한 분야"는 "지각 능력 향상"이라는 점이 중요하다. 지각 능력을 향상시키려면 맞서 싸워야 할 사람들이 있다.

> 바로 절대로 성장하지 않는 전리품 사냥꾼이다. 그런 사람에게서 자연을 홀로 대할 수 있는 능력, 지각 능력, 현명한 관리 능력은 아직 발육되지 않았거나 아예 손상됐을지도 모른다. 그는 자기 집 뒤뜰을 관찰하는 법

도 모르면서 자동차를 타고 대륙을 누비는 개미이다. (……) 상상력이 결핍된 사람에게 지도 위에 아무것도 없는 공간은 관심 가질 필요가 없는 불모지로 보이지만, 다른 사람들에게 이 공간은 제일 소중한 부분이다〔앞으로도 알래스카에 갈 일이 전혀 없을 것 같다고 지도 위에 표시된 알래스카는 무가치한 곳인가? 북극 평원, 유콘 준주에서 방목해 키운 거위, 코디액 섬의 불곰, 맥킨리 산(현 디날리 산) 너머의 면양 방목지를 보기 위해 새로 도로를 내야 하는가?〕. (……) 교통수단의 확산에 지각의 확장이 수반되지 않으면 질적으로 파산할 위험이 있다. 진보란 이미 경이로운 풍경에 도로를 내는 것이 아니라, 아직 성숙하지 못한 인간들의 뇌에 감수성을 키워 주는 일이다.[31]

이 지점에서 소로의 주장이 다시 떠오른다. "당신의 집에서도 여행자처럼 살아야 한다", 그러니까 우리 눈앞에서 벌어지는 일을 바라보아야 할 필요가 있고, 지금 당장 그렇게 해야 한다. 달리 말하자면 계속해서 자연을 신뢰해야 한다. 전리품 사냥꾼에게는 상상력이 결핍돼 있다. 손대는 족족 부서뜨리고, 머릿속에는 정복욕뿐이다. 업적 달성에 집착하면서 주제넘게 자연을 함부로 대한다. 그렇지만 그 사냥꾼은 자기가 저지른 행동이 불러올 결과를 통제하고 있다고 자부하면서 자멸을 앞당기고 있음은 짐작하지 못한다.

레오폴드는 이런 괴물 대신에 '학자'라는 인물상을 내세운다. 여기서 말하는 학자는 대학 학위를 여러 개 보유한 사람이 아니다. "지적 겸손"을 갖춘 그는 토지를 착복하는 데에 혈안이 된 바쁜 현대 사회에서 "근시안적 생각"을 가진 현대인과 대조적인 인물이다. 그리고 학자는 "공동체의 범위를 땅과 물과 동식물, 아니 이 모두를 포괄하는 토지까지 확장"하자고 제안한다. 학자는 의식 있는 사람이다. 또 "호모 사피엔스의 역할을 토지 공동체의 정복자에서 이 공동체에 속한 하나의 구성원이자 시민으로 바꾸는 토지 윤리"를 실천할 당사자이다. 토지 윤리는 "다른 구성원들에 대한 존중과 공동체 자체에 대한 존중이 바탕"이 된다. 이 윤리를 통해 인간은 특별하지 않은 존재가 된다.[32]

정복자는 홀로 있기를 거부한다. 단 1분도 홀로 있지 않는다. 학자는 주위의 세상을 자세히 관찰하는 고독한 사람이다. 그는 다른 종의 행태를 우리의 행동과 비교한다. 어떤 동물에게 발생한 문제를 바탕으로 유추해 인간이 처한 상황을 분석하는 것이다. 민족지학 비교연구의 수단인 유추를 통해 인간과 다른 생명체의 습성을 견줘 자세히 살필 수 있다. 이는 전체를 구성하는 부분 간 관계는 물론이고 전체 자체를 이해하는 방법이다. 학자는 새나 사슴의 행동을 연구함으로써 전체의 균형을 좌우하는 종 간 상호 작용을 밝힐 수 있다. 이런 방식으로 장구한 자연의 역사 내에 인류의 역사를 다시 기록한다.

배리 로페즈도 부분으로 전체를 유추하는 이 방식의 중요성을 강조했다. 세상의 "원생 상태"라는 표현이 때로 부적절하게 보이기도 하지만 생물 다양성이라는 측면에서는 적확하다.

"원생 상태의 토지에는 우리가 희미하게 인식하거나, 때로는 전혀 인지하지 못하는 복잡한 생물학적 관계가 보존"되어 있기 때문이다. 원생 상태의 자연은 "동식물의 회복력"에 결정적인 역할을 한다. 작가인 로페즈는 산책자이자 자연의 주민으로서 겪은 의미 있는 경험을 들려줬다. 어느 날, 그는 어린아이들과 숲을 산책하고 있었다. 아이들에게 숲속에 사는 동식물을 설명해주기 위해서였다. 그는 아이들이 자신의 설명에 열정적으로 반응하는 모습을 보고 "전체의 작은 단편을 바탕으로 알게 된 지식을 확대 적용해 추론해보는 일은 가장 고무적인 경험"이라는 점을 간파했다. 그리고 곧 "거의 모든 사람들이 사물의 이름을 어느 정도나 익힐 수 있는지 아이들은 알고 있다. 하지만 이 아이들의 호기심을 자극하는 것은 사물의 이름이 아니다. 수많은 관계의 진실을 파악하려면 생명이 있어야 한다는 점을 이 아이들은 깨달았다. 그리고 사물 그 자체가 아니라 이 관계가 결국 인간의 상상력을 길러준다"[33]라는 결론을 도출했다.

종 간 관계는 자연에 남은 일반적인 기억과 마찬가지로 토지의 "신성한 도서관"에 기록된다. 레오폴드는 『모래 군의 열두 달』에서 벼락에 맞아 쓰러진 오래된 참나무를 베는 장면을 묘사했다. 그는 나무를 다 베고 남은 굵은 둥치에 드러난 나이테를 지긋이 바라보았다. "가로로 베어진 나무 안에 한 세기", 그러니까 이민자들이 미국 서부와 북극을 향해 떠난 모험이 오롯이 담겨 있었다. 톱이 지나간 자리에서 "현실을 담은 톱밥"이 떨어져 나왔다. 그의 눈앞에 가뭄기, 금융위기 시절, 남북전쟁 등이 스쳐 지나갔다. 톱밥 무더기가 만들어졌다. 이것이 진정한 "역사 기록 문헌"이 아니겠는가.

이는 마음을 움직이는 사례이다. 레오폴드는 일종의 문헌 학자가 된 셈이다. 다른 사람들에게도 자연으로 가서 "역사의 생태학적 해석"을 해보라고 권했다. 그는 모든 생물 서식지에서 역사를 응축한 무엇인가를 생성해낸다는 가설을 세웠다. 미미한 흔적에서도 토지를 "읽기"가 가능하다는 것이다. 전리품 사냥을 당장 그만두고 자연에 남겨진 역사적 자취에 서둘러 관심을 기울여야 하는 이유이다.[34]

레오폴드에게 우리가 직면한 현재의 문제는 태도와 실천의 문제이다. 그러니 우리는 아직 '학자'가 아니라는 점을 인정하자. 지각 능력을 충분히 개발하지 않은 탓에 자연을 위험으로 몰아넣었다. 또 지나치게 분주해서 생명체 사이의 관계를 살펴볼 시간을 내지 않았다. 관찰력을 키우지 않으니 미래를 잘못 생각할지도 모른다. "느리게 읽기를 가르치는 자"가 되어야 함에도 자연에 대해 문맹으로 남아 있는 것이다.[35]

7장

고독하게 연대하며

양심적 거부냐, 시민 불복종이냐

자발적 고독의 상태에서 우리는 자연을 신뢰하고 연구한다. 그리고 이 연구를 통해 자신에게 다가간다. 약간의 거리를 둠으로써 인간사의 특징인 다사다망과 야단법석에서 벗어나 삶을 이끌어간다. 몽테뉴는 임기 2년의 보르도 시장 직을 재임까지 포함해 도합 4년간 맡았다. 그리고 『수상록』에서 시장 직 경험의 장단점을 이렇게 술회했다. "사람들은 자기 자신을 내준다. 그 사람들의 능력은 자신들이 아니라 그들이 섬기는 이들을 위한 것이고, 그들을 빌린 이들은 그들 안에 존재하지만 이들이 그들 자신은 아니다."

몽테뉴는 궁정에 만연한 헐뜯기 풍조를 목도했다. 그는 음해가 바람직하지 않은 집착을 불러옴을 알고 있었다. 다행히도 시의원들 전부가 이 게임에 몰두하지는 않았다. 대다수가 공공의 선을 위해 노력하고 있었다. 몽테뉴는 그들이 스스로를 희생하고 있다는 점을 잘 알고 있었다. 그 자신도 맡은 바 책무를 다하면서 올바르게 통치하려고 노력했다. 또 자리에서 물러나면서 야망을 갖지 않겠다는 야무진 꿈을 품었다. 자신의 진실한 모습을 있는 그대로 간직하고 싶었다. 공익을 추구하되 헌신하지 않아야 분별력 있는 판단을 할 수 있다는 점을 깨달았다. 그의 견해는 "타인을 조력하되 자기는 자신에게만 내줘야 한다"였다. 그렇지만 "정당한 경우"라면 이따금씩 정치 무대로 되돌아와야 한다고 지적했다.[1]

1859년 12월 2일, 노예제 폐지를 주장하던 존 브라운이 하퍼스 페리를 급습한 죄로 사형을 당했다. 소로는 브라운을 불멸의 순교자 반열에 올려놓았다.[2] 소로는 그 당시에 공공장소에서 연설하거나 신랄한 비난을 담은 글을 통해 노예제에 공공연히 반대했고 그 사실은 익히 알려져 있었다. 그는 감옥에서 밤을 보내고 나서 "시민 정부에 대한 저항"을 다룬 글을 썼는데, 이 글의 논거를 빌려 존 브라운을 옹호했다. 소로는 에이머스 브론슨 올컷을 비롯한 다른 사람들처럼 멕시코 전쟁을 벌이고 있는 미국 정부에 인두세를 납부하지 못하겠다고 해 1846년 7월 말에 체포됐었다.

소로는 존 브라운을 지지하는 글에서 부당한 행위에 법이라는 탈을 덧씌우는 정부는 무엇이 정의이고 불의인지 판가름할 능력이 없는 것이라고 강력하고 단호하게 비난했다. 그리고 의원들이 어떻게 도망간 노예를 처벌하는 법의 합헌성을 계속해서 논할 수 있는지 물었다. 부당한 법을 지키라고 하는 법제자는 정의의 근본이 되는 권리를 업신여기는 것이다. 시민은 이런 법제자의 태도에 맞서 권리를 인식하고 "무엇이 정의로운가에 따라 언제라도 행동에 나서야" 한다. 이 원칙을 따르지 않는 시민은 "불의의 주동자"가 되고, 인간이 아닌 "단순한 그림자"이자 "인류의 희미한 흔적"에 불과하다.[3]

소로의 분노에는 정치적인 의미가 담겨 있는가, 아니면 그저 도덕적인 것에 지나지 않는가? 이런 분노가 숲으로 은신하는 것과 어떤 연관성이 있는가?

한나 아렌트는 시민 불복종에 관한 에세이에서 시민 불복종과 양심적 거부라는 개념을 구분했다. 전자가 "집단의 구성원들이 모였을 때에만 모습을 드러내고 존재할 수 있는" 반면에, 후자는 "고립된 개인의 행동"이다. 아렌트는 소로가 양심적 거부자이고 "개인의 도덕적 양심과 이 양심이 부여한 의무의 영역에 속해 있으면서도 시민의 양심과 법 사이의 관계에 대한 문제는 제쳐놓고 있다"라고 판단했다. 그런데 이 문제를 대하는 그녀의 생각은 좀 달랐다.

양심은 비정치적이다. 악습이 존재하는 세상과 이런 악습이 세상의 미래에 미칠 수 있는 영향에 대해 관심을 갖는 일은 양심의 우선순위에 있지 않다. 양심은 (토머스) 제퍼슨처럼 "신은 정의롭고 신의 정의심이 계속해서 잠자고 있을 수는 없다는 생각이 들 때면 조국이 걱정돼 몸서리친다"라는 말을 우리에게 되풀이해주지도 않는다. 양심은 양심을 지닌 당사자와 그의 고결함만을 걱정하기 때문이다. 그래서 양심은 좀 더 단호한 면모를 보이며 "우리 민족이 국가로서 존재하지 못하게 된다 하더라도 노예제를 폐지하고 멕시코와의 전쟁을 끝내야 한다"라고 외칠 여지가 남아 있다. 소로가 그랬듯이 말이다.[4]

이 문단에서 아렌트는 중대한 난제 두 가지를 지적했다. 하나는 양심적 거부를 결심하는 계기가 전적으로 홀로 있으면서 양심에 비춰 보는 행위일 것이라는 점이고, 다른 하나는 도덕적 양심이 본질적으로 강직함과 깊이 연관되어 있어서 외려 정치적으로 무책임해질 수 있다는 점이다. 소로는 분노를 토하면서도 "고결한 인간"에만 관심을 쏟았을 것이다.

투표에 대해 생각해보자. 소로는 투표가 "여인들이 즐기는 게임이나 백개먼 주사위 게임과 유사한 일종의 게임, 약간의 도덕적인 색채를 덧입혀 윤리적 사안의 정의와 불의를 가르는 게임이고, 게임에는 필연적으로 도박성이 수반된다. 이 게임에서 투표하는 사람들의 성품은 중요하지 않다. (······) 정의를 위해서 투표한다고 하더라도 정의를 위해 하는 일은 아무것도 없다. 정의가 확산되길 바란다는 열망을 희미하게 표출한 것에 지나지 않는다"[5]라고 했다. 일반적으로 이해득실을 따져 어디에 투표할지 결정하기에 그 결과가 어떻게 될지는 예측할 수 없다. 이따금 정의롭고자 하는 욕망이 투표에 투영되기도 한다. 하지만 두 가지 난관에 부딪힌다. 우선, 정의가 실현되기에는 투표에 투영된 욕망이 지나치게 미미해서 투표를 함으로써 불의를 해결하는 것은 불가능하다. 게다가 정의심은 성품으로만 강화되는데, 이 성품은 투표를 통해 길러지거나 성숙해지지 않는다. 성품은 분노한 사람이 "모든 일을 할 수 없다고 해서 부당한 어떤 일을 해야 하는 것은 아니다"[6]라는 말에 귀 기울이도록 돕는다. 양심으로는 절대 해결할 수 없을 모든 불의에 견줘서 양심이 올곧은지 가늠하려는 시도는 환상이다. 그렇지만 반대로 양심이 부당한 어떤 일을 식별해내는 것은 필요한데, 개인이 정의를 추구하려는 강한 욕망으로 그 일에 대항하기 위해서다.

도망자를 처벌하는 법(그리고 이를 통해 구축된 노예제)은 양심이 거부하는 "부당한 어떤 일"에 해당한다. 한 개인은 이 법과 연관된 모든 일이 부당함을 알아챘기 때문에 정부에 항거한다. 분노의 대상이 정해지면 양심은 더 이상 자가당착에 빠져서는 안 된다. 강력한 정의심을 다지는 유일한 방법은 양심에 거리끼는 일에 심적으로 연루되지 않는 것이다. 소로는 정의롭지 않은 일에 연루되지 않는다는 원칙을 지키는 일이 결국 "선에서 악"을 분리하는 것이라고 했다. 불의를 낳는 정치 조직의 말을 곧이곧대로 받아들이면서 정의를 신뢰한다고 하는 사람의 양심은 자가당착에 빠진 데다가 악의적이다. 혼자서라도 "주위 사람들보다 정의로운" 존재라고 확신하는 "다수"를 이룬다면 그 사람의 양심은 신성하고 올곧다.[7]

올곧은 마음과 정의

양심의 이러한 돈키호테적인 측면은 당사자의 주관적인 태도에서 비롯된 것이 아니다. 주관주의를 운운하는 것은 편협한 시각에서 비롯된다. 이런 시각을 가진 사람들은 "누군가가 자신들보다 고차원적인 동기에서 행동할 수 있다는 점을 상상하지 못한다. 그리고 그렇게 행동하는 사람이 몰상식하다고 비난한다. 그들은 스스로가 지금 상태에서 변화하지 않는 한, 그 사람처럼 행동할 수 없다는 점을 알고 있기 때문"[8]이다. 그런데 사람들이 정의를 인식하게 되면 틀림없이 원래대로 남아 있지 말고 변해야 하고 습관도 바꿔야 할 필요성을 절감하는데, 그 과정에서 사람들은 앞서 살펴봤듯 집에서도 여행자처럼 살게 된다. 정의를 실현하기 위해서는 성품을 바꿔야 한다. 모든 사람이 올곧은 성품이 정의심을 키운다는 사실을 받아들인다면 더 이상 몰상식한 사람은 없을 것이다.

올곧다는 표현이 자신만의 이익을 꾀하는 의식적인 노력을 반영하는 것이라고 생각할 수도 있을 것이다. 주관주의라는 비난의 빈자리에 이기주의가 들어선 셈이다. 이는 다시 양심이 보편적 의미에서의 정의에만 신경을 쓰는 것인가 하는 궁금증으로 이어진다. 하지만 소로는 정의의 사회적 의미도 고려했다. 그는 노예제 폐지가 어떠한 양심의 갈등도 야기하지 않는 문제이자 반드시 해결해야 하는 과제라고 생각했다. 사람이라면 정의심과 타협하지 않아야 한다. 가령, 정부가 벌이는 전쟁에 참전하기를 거부하는 군인을 지지하면서도 도망자 처벌법에 분개하지 않는 사람의 정의심은 무척 약한 것이다. 게다가 소로는 정의 실현이 각자 자신의 맡은 바를 수행해야 하는 사회적인 행동이라고 여겼다. 그 누구도 혼자 정의를 구현할 수 없다. 정의 구현이라는 목표는 협력을 전제로 하고, 협력하기 위해 모인 전체를 구성하는 각 부분은 동일한 목적에 도달하기 위해 함께 행동해야 한다. 소로는 실질적인 협력이 이루어질 때 협력한 사람들의 성품을 높이 평가하면서 이 성품에 "신념"[9]이라 이름을 붙였다.

사람은 자유로울수록 다른 사람과 더 잘 협력한다. 하지만 자유로울 때는 드물고 협력은 대체로 "부분적"으로만 이루어진다. 소로는 그래서 "불만이 가득한 사람들 (……), 운명과 시대가 가혹하다고 헛되이 불평만 늘어놓고 그런 상황을 개선해보려는 아무런 노력도 하지 않는 사람들"에게 말을 걸었던 것이다. 소로는 이런 사람들이 "금이나 은으로 된 족쇄를 스스로 만들어 차고 일상 속에서 본래의 올곧은 마음을 상실한다"라고 했다. 여기서 올곧은 마음이라는 표현은 농부로 하여금 "타인들과 인간 대 인간의 관계를 맺지" 못하게 방해하고 "신념을 바탕으로 한" 삶을 살지 못하게 만드는 노동 환경을 비판하기 위해 사용됐다.[10]

이런 상황에서 땅을 일구는 농부는 예속된 삶에서 벗어날 수 없다. 다른 사람들과 어울리며 원만하게 살아갈 수 없게 된다. 이런 비판은 노예제에 반대하는 목소리와 일맥상통한다. 노예제 폐지 주장은 올곧은 마음과 따로 떼어 생각할 수 없다. 모든 시민이 그 자체로 자유로운 개인이 될 때 노예제 폐지와 같은 대의는 더 많은 공감대를 얻을 것이다. 양심에 따라 올곧은 마음을 갖기로 한다면 시민의 이면에 감춰져 있는 인간적인 면모가 다시 살아난다. 양심은 보편적인 의미에서의 정의를 따른다. 그러면서도 정의의 사회적인 의미에도 힘을 실어준다.

"정의를 이해하고 실현하면 상황이 개선되고 관계가 돈독해지기"[11] 때문이다.

올곧은 마음이라는 게 내적인 영역에 속하기는 하지만 엄밀하게 의식의 내면에 국한된 문제는 아니다. 당위가 만인의 이익에 부합하는지 가늠하고 이를 위해 협력이 가능한지 판단하는 기준이기도 하다. 소로가 미국의 명운이 사람들의 성품에 달려 있다고 한 말은 이런 함의를 담고 있다. 투표에 대한 그의 생각을 좀 더 살펴보자.

국가의 운명은 당신이 어떻게 투표하는가에 의해 좌우되지 않는다. 이 게임에서는 가장 사악한 인간도 가장 고귀한 인간만큼 실력을 발휘할 수 있다. 또 1년에 한 번씩 선거함에 넣는 투표용지의 종류에 의해 달라지지도 않는다. 당신이 매일 아침에 방에서 일어나 거리로 나갈 때까지 어떤 유형의 인간인가에 의해 국가의 앞날이 결정된다.[12]

여기에서도 투표를 게임에 비유했다. 소로는 투표라는 행위가 선출된 사람은 물론 투표한 사람의 도덕성도 보장하지 못한다고 재차 언급했다. 우리는 투표를 할 때 정의로움보다는 (다른 후보자와 비교했을 때 어떤 후보자의) 효용가치를 따진다. 투표를 계속 하는 것이 나을지 아닐지 판단할 게 아니라, 사람들이 더 이상 자기모순에 빠지지 않도록 가르쳐서 의식을 각성시키는 일이 시급하다. 이는 매우 중요한 일이다. 시민이 정부의 부당한 행태를 규탄하고 이런 정부에 대해 지지를 철회하는 것이 자국을 위한 행동이기 때문이다. 양심이 시키는 행동이 꼭 소극적이지만은 않다. 적극적인 면도 있다. 사람들이 양심에 따라 도망자 처벌법에 분노하게 됐을 때, 양심은 정치 체제와 관련된 부당한 어떤 일을 해결하려고 나선 셈이다.

하지만 분노만으로는 충분하지 않다. 소로는 헌법 정신에 준거해 정의로운 법은 미국인들에게 그들이 미국인이라고 말하는 것에서 그치지 않는다고 지적한다. 어떤 법이 시민들을 인간의 범주에 머물게만 한다면 그 법은 별다른 가치가 없다.[13] 단순한 분노를 넘어 의분이 일어나는 일도 있기 때문이다. 의분한 시민은 인류적 차원에서 사안을 바라보고 분노로써 보호해야 하는 대상의 범위를 확장시킨다. 그러면서 모든 사람들에게 무엇을 목도했는지 묻는다. 이 시민은 노예 한 명에게 가해진 학대가 인류 전체와 관련된 문제라고 단언한다. 그리고 한 사람을 위한 일은 곧 만인을 위한 일이라고 주장한다. 남의 일을 내 일처럼 여기는 마음은 우리 모두에게 있다. 어제에도 있었고, 지금도 있으며 앞으로도 있을 것이다. 그렇기 때문에 인간은 다른 사람들의 일에도 정의심을 발휘한다. 의분으로까지 격양된 분노의 대상은 함께 힘을 합쳐 해결해야 할 문제가 된다. 의분을 낳은 제삼자, 가령 존 브라운은 만인에게 하나의 목적이 되는 것이다. 정의를 추구하겠다는 마음이 들면 분명 그 마음을 올곧게 유지하고 싶어진다. 그러면서 국가의 운명이 왜 인류의 미래와 불가분의 관계에 있는지 바로 깨닫게 된다.

오두막의 정치학

아렌트가 양심적 거부와 시민 불복종을 구분한 이유는 무엇일까? 적어도 두 가지를 들 수 있다. 소로가 시민 불복종을 저항하는 개인의 양심과 연관시킨 반면, 아렌트는 시민 불복종에서 인간성을 제거했다. 그러면서 시민 불복종을 "자발적인 단합"과 비교하고 미국 기관을 움직이는 법 정신에 이 개념이 얼마나 부합하는지를 파악하려고 했다. 또 아렌트는 소로가 홀로 지내겠다고 선언하는 바람에 도덕적 양심에 집중하는 함정에 빠졌다고 여겼다. 하지만 그녀는 홀로 있음이 자연에서의 삶과 사회에서의 삶을 타협하기 위한 방편이라는 점은 전혀 파악하지 못했다.

오두막이 도덕적이기만 한 것은 아니다. 정치적이기도 하다. 소로는 피통치자들은 물론 통치자들에게도 사회와 거리를 두라고 권했다. 그러면서 "정치인들과 법제자들은 기관 안에 완전히 매몰되어 있어 절대로 기관의 진면목을 명확하게 보지 못한다. 사회를 진전시키겠다고 말하면서도 그 사회를 외부에서 관찰하지 못하는 셈"[14]이라고 꼬집었다. 정치인들이 옆으로 한 걸음씩 옮겨 기존의 틀에서 벗어난다면 자신들에게 책임을 물어야 하는 권력 남용의 현실을 파악할 수단을 갖게 될 것이라는 점은 분명하다. 시민은 자연에 다가가야만 이런 "관찰 지점"을 갖게 된다. 그러므로 저항 정신과 이성은 숲(또는 다른 자연환경)에서 길러진다는 점을 추론할 수 있다. 사회 구성원들이 규칙적으로 홀로 있는 시간을 갖는 사람들로 이뤄진 대의정체는 아마도 "가장 고결한 사고 능력과 마음 그 자체"[15]를 구현해내기 시작할 것이다.

사회는 한 번에 모든 면모를 드러내지 않기 때문에 거리를 두는 자세가 더욱 필요하다.

덜 오만한 관점에서 본다면 우리의 헌법은 그 모든 단점에도 불구하고 매우 훌륭하다. 우리의 법과 사법체계도 꽤 훌륭하다. 국가 자체와 미국 정부는 여러 측면에서 놀라우리만큼 감탄스럽고 많은 사람들이 그리던 이상적인 모습과 유사하면서도 흔치 않은 사례라서 우리는 이 나라의 국민임에 감사해야 한다. 그렇지만 좀더 오만한 관점에서 본다면 헌법과 국가와 정부는 내가 앞서 기술한 그대로이다. 여기서 더 오만하게, 가능한 한 최대로 오만하게 본다면 누가 이것들의 성격을 논할 수 있을 것이며, 혹은 이것들을 바라보거나 이들에 대해 조금이라도 생각해볼 가치가 있다고 말할 수 있을 것인가?[16]

소로는 비판적 사고가 관찰을 통해 길러진다고 재차 강조했다. 약간 멀어지면 새로운 관점에서 바라볼 수 있다. 시민은 이러한 방법으로 정치 조직이 어떤 때에는 정당해 보이고 또 어떤 때에는 부당해 보이는지 분별할 수 있는 도구를 갖게 된다. 프리드리히 니체도 거리가 통찰을 준다며 "네가 알고 싶고 가늠해보고 싶은 것과 얼마 동안이라도 이별하라. 도시에서 있는 탑이 집보다 얼마나 높은지 확인하려면 도시를 떠나야 한다"[17]라고 했다. 소로는 높은 곳에서 바라볼수록 부당하고 불공정한 문제를 잘 식별할 수 있다고 덧붙였다. 그렇다고 지나치게 높이 올라가서는 이런 문제가 더 이상 눈에 들어오지 않고, 그러다 보면 점차 무관심해진다. 문제의 한복판도, 그렇다고 완전히 벗어나서도 아닌 그 중간 어디쯤에 관찰 지점이 있다.

지나치게 높은 곳에서 바라본다는 것은 직접 경험하기를 피한다는 것이다. 니체는 "우리가 무언가를 경험한 이상, 두 눈을 감고 그 경험에 몰입해야 한다. 다시 말해, 피상적인 경험을 하는 관찰자가 되지 말자는 뜻이다. 그러다가는 그 경험을 제대로 소화할 수 없을 것이다. 지혜를 얻는 대신에 소화불량에만 걸리고 말 것"[18]이라고 주의를 줬다. 높이 올라갈 때도 지나치게 높이 올라가지 말아야 한다. 관찰 지점은 균형점이어야 한다. 그곳에서 시민은 자기 인생을 지배하던 거짓된 진리를 무너뜨리고, 행동할 때 무엇부터 먼저 고려해야 하는지 파악할 수 있다. 법을 준수해야 할 때와 불복종해야 할 때를 알게 되는 것이다.

아렌트의 말처럼 양심이 마음 깊은 곳에서 거부하는 데에 그친다면 그것을 "반정부적" 양심이라고 부를 수 있을 것이다. 상황을 개선시키고자 노력했던 소로는 그렇게 생각하지 않았다. 그는 "정부가 당장 사라져야 한다"가 아니라, "지금 당장 더 나은 정부가 되라"고 요구했다. 정의로운 정부에 불복종할 필요는 없다. 문제는 이런 정부가 아직 존재하지 않는다는 점이다. 이게 얼마나 중요한 문제인지 소로는 정치인들에게 정의로울 수 있는 정부의 근간을 세우는 일을 돕겠다고 제안했을 정도다. 그러면서 우선 사람들의 말에 귀 기울이라고 했다. 그는 정부가 시민들로 하여금 "경각심을 갖고 정부의 잘못을 지적하고, 물어보지 않아도 먼저 건의하도록 독려하라"고 했다.[19]

자기만의 세상에 웅크린 채 주장하는 개인의 생각을 소로가 실천한 옆으로 한 걸음에 대한 예찬과 결부시키는 일은 부적절하다. 오두막에서 양심은 고독과 함께 어울린다. 양심이 불의에 항거한 순간부터 이 양심은 도시의 게임에 발을 디딘 것이다. 양심은 필요하다면 불의를 만들어낸 정치 형태를 바꾸기를 꿈꾼다. 거리를 둠으로써 소수와 다수가 맺은 기존 관계를 전복시킬 능력을 갖추게 된다. 소로는 미미한 시작의 힘을 믿었고, 한 명에서 시작해 10명, 100명, 1000명으로 늘어난 사람들의 행동이, 비록 그들이 도망자 처벌법에 반대했다는 연유로 투옥될지라도, 변화를 가져오리라 믿었다.

소수가 다수에게 순응할 때, 그 소수는 무력하다. 더 이상 소수라고 부르는 것도 의미가 없다. 하지만 소수가 전심전력으로 다수를 막을 때, 그 소수는 거스를 수 없는 존재가 된다. 정의로운 자들을 모두 가둘 것이냐, 아니면 전쟁과 노예제를 포기할 것이냐 하는 양자택일의 문제가 있을 때, 정부는 어떤 선택을 할지 저울질하지 않을 것이다.[20]

옆으로 한 걸음을 옮긴 시민은 다수의 의견을 추종하지 않는다. 이렇게 옆으로 한 걸음씩 옮긴 사람들이 늘어나면 소수가 다수로, 다수가 소수로 전복될지 모른다. 그렇게 된다면 노예제 폐지가 투표로 결정될 것이다. 노예제를 옹호하는 정부는 와해되고, 국가는 정치적 색을 바꾸게 될 것이다. 이 나라는 더 이상 멕시코에서 전쟁을 벌이지 않을 것이다. 또 분노와 의분을 표하는 시민들이 존중받는 나라로 거듭날 것이다.

소로가 정부가 사라지길 바랐다는 말을 자주 듣거나 읽는다. 사실 그는 정의로운 정부에 순종하고 부당한 정부에 저항하라고 제안했다. 게다가 "각자가 자신이 존중할 만한 정부의 형태를 밝혔더라면 우리는 아마도 이미 그런 정부를 향해 한 걸음 더 다가갔을 것"이라고 덧붙이기도 했다. 우리는 "법으로 통제되어야 하는 대상이기 이전에 인간이어야 하기 때문에 자기 양심을 법제자의 손에 맡겨서는" 안 된다. 그리고 "법 준수보다 권리 수호가 먼저이다. 내게 받아들일 권리가 있는 단 하나의 의무는 언제라도 내가 정의롭다고 생각하는 바대로 행동하는 것"이다.[21]

고독한 사람에서 연대하는 자로

시민이 아무런 구애 없이 세상사를 주의 깊게 살필 수 있는 능력은 옆으로 한 걸음 옮겼을 때 길러진다. 이런 능력이 정치적 대표성과 배치되는 게 아니다. 여전히 정의가 판단 기준이기 때문이다. 실현 가능한 정의에 대한 의식적인 관심이 양심적 거부와 시민 불복종을 양립할 수 있게 만들기라도 한 것처럼 이 일은 물 흐르듯 이뤄진다. 시민들의 목적은 단순히 불의에 저항하는 게 아니다. 더불어 불의와 겨뤄 승리하길 바란다.[22] 아렌트의 표현을 빌리자면, 분노는 양심적 거부를, 의분은 불복종을 가능하게 한다. 분노에서 의분으로 넘어가는 과정은 멈추지 않고 연속적으로 이뤄진다.

　부당한 법에 대한 시민들의 불복종을 이끌어내기 위해 양심적 거부를 하는 사람들이 늘어나는 것만으로는 충분치 않다는 지적을 소로에게 할 수 있을 것이다. 마음이 올곧은 사람들이 늘어난다고 해서 반드시 정치적인 행동이 촉발되는 것은 아니다. 아렌트는 양심이 세상(또는 국가)의 개선을 어느 정도로 우선순위에 놓느냐에 따라 정치적 의식이 형성된다고 강조했다. 하지만 그녀도 "양심적 거부를 선언한 자들이 공공연하게 목소리를 내기로 결심"[23]했을 때, 개인들의 의지가 공익적인 의미를 획득한다고 생각했다. 분명 양심은 결과적으로 모든 개인들로 하여금 독립에 대한 갈망을 충족시키도록 한다. 또 도덕적 생각과 행동이 하나가 되게 한다. 더 나아가 정의로운 법을 위해 거리로 나가라고 시민들을 부추긴다. 노예제의 경우처럼 정부가 시민의 권리를 무시할수록, 소로는 (아렌트의 표현을 빌리자면) 올곧은 마음과 "평화로운 혁명"을, 또는 "고결한 인간"과 "바람직한 시민"을 연관지어 생각했다.

　소로가 세상을 떠난 뒤에 수년이 흘렀지만 존 듀이와 같은 사람들은 여전히 정치와 윤리를 분리해서 생각하지 않았다. 1940년에 발표된 강연록을 보면 듀이는 동시대 사람들에게 의무를 이행하는 것에만 머무르지 말라고 했다. 민주주의는 시민들에게 더 많은 것을 요구한다. 민주주의는 제도가 아니라, "삶의 방식"이다. 좀 더 본격적으로 살펴보자.

더 이상 민주주의를 외부의 무언가로 여기지 않으려면 이론적으로나 현실에서나 민주주의가 무엇인지 정확하게 이해해야 한다. 민주주의는 "개인적인" 삶의 방식이고, 그 개인의 성격을 형성하는 어떤 태도와 그 개인이 살아가면서 맺는 모든 관계의 목적과 욕망을 결정짓는 어떤 태도를 꾸준히 유지하며 드러내고 있음을 의미한다. 우리의 기질과 습관이 어떤 제도에 적합할 것인가를 고민하는 대신에, 널리 받아들여지는 개인의 태도가 표현되고 투영되었을 뿐만 아니라 실질적으로 확장된 것으로서의 제도를 고안하는 법을 배워야 한다.

듀이는 전체주의의 확산을 저지하고 싶었다. 민주주의 국가에 사는 사람들은 의견이 다른 사람들을 배척하는 동질적 성향을 가진 집단이 되지 말아야 한다고 생각했다. 그러려면 서둘러 해결해야 할 일이 있었다.

개인이 자기만의 태도를 형성해야만 민주주의의 강력한 적들과 성공적으로 대치할 수 있다. 다시 말하자면 (군사적이든 비군사적이든) 외적인 수단으로 민주주의를 수호할 수 있다는 오해, 그러니까 사람들의 몸에 짙

게 배어 그들의 인격에서 중요한 부분을 차지하기에
이른 태도의 도움은 필요하지 않다는 편견을 뛰어넘어
야 한다.[24]

듀이는 도덕적 양심에 바탕을 둔 정치적 전통을 이어갔
다. 그는 올곧은 마음에 호소했다. 숲으로 들어가 명상을 할 필
요까지는 느끼지 못했지만 개인이 이뤄낸 내면의 혁신에서 비
롯된 지성을 신뢰했다.

듀이가 "친근한 협력"과 대로변 보도에서 이뤄지는 토론
을 높이 평가했다는 이유로 그를 순진하게 여길 수도 있다. 그
렇지만 그는 민주주의의 핵심을 짚었다. 기실 민주주의는 "거
리에서 만난 이웃들과 즉흥적으로, 검열되지 않은 그날 신문에
서 읽은 내용에 대해 의견을 교환할 수 있는 가능성, 또 거실에
서 친구들과 자유롭게 이야기를 나눌 수 있는 가능성"으로 보
장된다. "개인이 주변 여건, 특히 주위 사람들과 일으키는 자
유로운 상호 작용은 있는 그대로의 사물에 대한 지식을 늘려
서 욕구와 욕망을 예민하게 파악해 이를 충족"시키는데, 바로
이런 상호 작용으로써 민주주의는 강화된다. 거리에서 나누는
대화는 쉬지 않고 변화하는 사회적 지식을 만들어낸다. 그리
고 이 지식은 아무런 제한 없이 모두에게 개방되어 있다. 듀이
는 일상적인 토론의 기준이 되는 상식에서 이런 지식을 파생시
켰다. 이렇게 함께 사는 곳에서 민주주의는 "개인 외부의 제도
적인 무엇"으로 귀결되지 않는다. 이곳에서 민주주의는 개인
적인 삶의 방식이 된다. 그러면서 "도덕적 이상이자 도덕적 현

실"이 된다.[25]

민주주의에 대한 인식과 내면의 의식은 서로가 서로를 함양시킨다. 시민은 제도에 순종하는 데에 그치지 않는다. 그렇다고 영원히 반항만 하는 것도 아니다. 듀이는 사람들에게 더이상 해법이 밖에서 찾아올 거라고 기대하지 말라고 요청했다. 또 민주주의는 동사 변화 법칙을 익히듯이 배울 수 있는 게 아님을 받아들이게 했다. 민주주의는 내면에 담아두는 것이 아니라 밖으로 표출되는 것이다. 시민들의 내면에서 일어난 혁신이 표출된 것이다. 그런 점에서 민주주의는 집단적 사고를 막는 진정한 방벽이다. 듀이는 전체주의라는 역사적인 적에 맞서기 위해서 자유가 얼마나 중요한지 일깨워줬다. 그는 올곧은 사람들의 단결에 희망을 걸었다.

이렇게 생각하면 정치적인 인식이 숲속에 자리한 오두막과 서로 비슷해 보일 수 있다. 무엇이 정의롭고 무엇이 부당한지에 대한 지식은 사회의 악덕에서 멀리 떨어뜨려 세워진 성역에 보관되어 있지 않다. 또 한 개인의 전유물도 아니다. 이 지식은 거리에서 확산되고 유지된다. 분노와 의분, 그리고 역사적 긴박감을 담은 다른 전반적인 감정을 통해 정의에 대한 지식은 더욱 풍성해진다. 이 지식은 공공장소에서 공유되고, 누구나 여기에 대해 논할 수 있다. 언제라도 이뤄질 수 있는 이런 지식의 교류가 함께하는 삶을 꾸려가기 위한 조건이다. 민주적인 성격은 한 사람의 외적인 인생과 내적인 삶을 잇는 지적고리를 따라 형성된다. 뒤로 물러날 수 있는 권리는 사회 참여를 실천하는 권리로 모습을 바꾼다. 시민들은 함께 모여서 자명한 악습을 청산시킴으로써 세상을 더 나은 곳으로 만들려고 시도한다. 이 과정에서 고독한 사람들은 연대하는 자들로 거듭 난다.[26]

8장

의지로서의 세상

무법자가 숲으로 간 까닭

자발적 고독 속에서 저항 정신이 꿈틀거린다. 이 저항 정신은
정의를 위해 반드시 필요하다. 로빈 후드는 옆으로 한 걸음 옮
겼을 때 싹튼 사회에 대한 분노를 표상한다. 로빈 후드를 남다
른 존재로 만드는 것은 도덕적 양심 그리고 이중적인 태도에
대한 거부감이다. 그는 무법자로서 영국 민요에 나오는 "법의
적이라기보다는 법의 부패에 맞서는 적들에 속한다. (……) 그
들은 터무니없고 부당한 법으로부터 벗어난 곳에 서서 당위적
정의를 위해 싸우는 진정한 투사이고, 제도적인 법 체계란 밝
게 빛나는 이상적인 정의의 희미한 그림자에 지나지 않음을 밝
혀낸다." 제도권 밖에 있는 로빈 후드는 자신과 마찬가지로 고
독한 몇몇 투사들의 의지를 하나로 모았다. 함께 저항하는 친
구들이 생긴 것이다. 그는 고독한 자이자, 연대하는 자였다. 나
타났다가 사라지기를 반복했다. 사람들이 자신을 두려워하게
하려고 몸을 감췄고, 도시에서 사람들이 그에 대해 이야기하게

하려고 숲으로 사라졌다. 반항하는 자신을 더 잘 드러내려고 숨은 것이다. 그러다가 예상치 못한 순간에 다시 등장해 왕실 신하들의 재산을 털었다. 그는 변장도 했다. 그의 변장은 "소위 법을 수호하리라 여겨지는 이들이 법에 덧입힌 왜곡된 모습"을 의미한다.[1]

　로빈 후드라는 이름 중에 '후드'는 무법자의 얼굴을 가리는(hide) 쓰개, 두건을 뜻한다. 마찬가지로 숲도 "관습에 따르는 현실이 신뢰를 잃고, 오류와 혼동이 판치는 연극에서 가면을 쓰기도 하고 벗기도 하는 곳"이 된다. 로빈 후드는 수송대를 습격하면서 자의적인 법의 가면을 벗겼다. 제도권에서 벗어나 숲에 살면서 오히려 그 제도권에 직접적으로 영향을 미쳤다. 숲으로 간 목적은 사회에서 벗어나 자연 속에서 편안하게 여생을 보내는 것이 아니었다. 그는 정치적인 이유로 자발적 고독을 선택했다. "법의 정신은커녕 법조문 그대로에 충실할 권리조차 행사하지 못하는 상황"을 만천하에 밝히고 싶어 했고, "사회에서 불의가 횡행하는데도 대의는 숲으로 도망쳐야 하는 아이러니한 세태로 인해 로빈 후드는 전설"이 됐다. 이때 무법자는 사상가가 아니라 연극배우이다. 그의 특징은 냉소주의가 아니라 약간의 부조리인데, 부조리가 "자신이 추구하는 바와 다른 모습을 보이는 데서 비롯"된다고 했을 때 크게 틀린 말도 아니다.[2] 로빈 후드는 외양을 바꿈으로써 입장을 뒤집어보게 했다. 자기 자신을 감춤으로써 맞지 않는 옷을 입은 것이 바로 법임을 알리려고 했다. 그는 체제를 뒤흔들었고, 체제의 모순을 까발려 그 본모습을 드러냈다.

정의가 실현되자 로빈 후드는 왕과 화해했다. 로빈 후드와 그 일당은 의기양양하게 숲에서 나왔다. 그들은 가면을 벗어던졌다. 그들은 올바른 마음과 의도로 제정되어 시행된 법만이 국가 운영의 근간이 될 수 있다는 원칙을 세우고 마침내 도덕적 정당성을 겨루는 결투에서 승리했다. 따지고 보면 무법자가 다른 시민보다 민주적인 법의 정신에 훨씬 충실하다. 그는 이런 상황을 슬며시 비꼬는 가공의 영웅이었다. 투쟁은 그를 주변인으로 만들었지만, 승리를 거둠으로써 중심부로 되돌아갔다. 그는 제도권 밖에 있었지만 시민 사회의 핵심 일원으로 되돌아왔다. 그를 규탄하던 이들도 이제는 그를 반겼다. 로버트 해리슨은 이렇게 결론을 내렸다.

이때 법의 그늘은 고대의 비극적인 신화에서와는 달리 다른 법을 말하는 게 아니다. (……) 숲의 무법자가 띤 사명은 전혀 다른 것이었다. 그는 자신이 사는 곳에서 법의 모순과 단점, 요컨대 법이 바라는 바를 실현하기에는 무능력한 상태라는 사실을 까발리며 법 체계에 도전했다. 그의 사명은 행동하는 비평가였다. 법이 추구하는 이상적 정의의 수호자로서 투쟁을 계속하기 위해 숲으로 떠났지만 결국 행복한 결말을 맺게 되면서 그 투쟁은 정당성을 부여받았고, 그는 체제로 다시 편입됐다. 세상을 바르게 보는 지혜는 있지만 고된 삶을 살다가 연극에서 볼 듯한 용맹한 행동을 실천한 자라는 평가를 받았다. 과거의 행동에 대한 죄를 묻지 않겠

다는 결정이 나자 무법자는 구원의 빛을 받으며 숲을
떠났다.[3]

무법자는 법 제도에 영향을 미치기 위해 숲으로 떠났다.
그는 법이 정의롭길 바랐다. 법 자체가 아니라 그 법을 악용하
는 사람들을 의심했다. 소로도 그와 마찬가지로 호숫가에 살면
서 정부가 사라지길 바란 게 아니다. 소로는 정부 대표들이 일
관성 있게 행동하고 개인의 자유를 존중하면서 정의를 실현하
도록 반드시 해야 할 일들을 추진하게 하기 위해 불공정한 법
을 비난했다. 이 대표들은 지탄받지 않으려면 법이 규정하는
바를 지키기만 하면 됐다.

나는 반항한다, 고로 존재한다

바츨라프 하벨이 반체제 인사를 정의한 방식은 소로의 마음에
도 들었을 것 같다. 하벨은 반체제 인사가 "기질적으로 돈키호
테와 같은 유형"으로 상식에 과감히 맞서는 고독한 자라고 했
다. 덧붙여 당대의 반체제 인사들을 언급하며 이렇게 적었다.

정치적인 행동을 시작하는 가장 내밀한 출발점은 도덕
적이고 존재론적인 영역이다. 반체제 인사들이 하는
모든 일은 우선 자기 자신을 위한 것이다. 그러다가 가
슴속에서 무언가가 끓어오르고 나면 그들은 그때부터
더 이상 '거짓된 삶'을 살 수 없어진다. 자신과 긴밀하

게 연결된 존재론적 동기가 있어야만 정치적인 사고를 하게 된다. 다시 말해, (희미하고 불확실하고 그 근거를 규명할 수 없지만) 자기 행동이 크게 봤을 때 어딘가에 쓸모가 있으리라는 희망, (……) 다소 비현실적이긴 하지만 큰 목소리로 진실을 외치고 인간에 대한 인류애적인 우려를 표명하는 행동에는 어떤 힘이 내재되어 있다는 희망, 말이 여기저기 확산되면서 사회의 '숨겨진 양심'에 흔적을 남길 수 있다는 희망이 생겨나야 한다.[4]

반체제 인사는 체제의 강제권이 미치는 범위 안에 있기에 행동하기 위해 도피할 수 없다. 또 대부분의 경우에 숲이나 다른 곳으로 한 걸음 옮겨서 정신을 가다듬을 수 있는 자유도 없다.[5] 그래서 그는 자기의 내면으로 물러난다. 자기 힘으로 스스로를 보호하는 것이다. 그렇게 내면의 고독을 만들어낸다. 그가 매일 용기를 낼 수 있는 힘은 올곧은 마음이다. 그는 신념을 버리지 않고 위선을 용납하지 않는다. 또 진실을 우롱하는 모습을 묵과하지 않고, 이 원칙을 고집스럽게 밀고 나간다. 목표를 설정하면 에둘러 가려고 하지 않는다. 내면의 나침반이 없었더라면 그는 이성을 잃었을 것이다. 더 이상 진실도, 누군가의 말도, 닥친 일이 무엇인지 분석하는 능력도 신뢰하지 않았을 것이다. 그렇지만 그에게 유리한 점이 하나 있으니, 바로 개인적 딜레마다. 도덕적인 시험은 그의 인내심을 키워준다. 그러나 기만의 손아귀에서 어떻게 벗어날 것인가 하는 딜레마를 해결하기 위해 반체제 인사는 모두와 의견이 달라도 내가 옳을 수도 있다고 확신한다. 그러면서 일종의 이성적인 "광인"이 되는 것이다. 소로도 이미 "어떤 개인이 옳고 정부가 틀릴 수도 있지 않겠는가?"라고 자문한 바 있다.[6]

소로의 질문에 대한 답은 '그렇다'이다. 그렇지만 이 경우에 정치적 권위를 거부한 자는 다른 무언가에 동의한 셈이다. 그렇지 않으면 그는 자신을 짓누르는 고독을 견뎌낼 수 없을 것이다. 항의의 이면에서 우리가 인정하는 것은 무엇이고, 거부하면서 용납하게 되는 것은 무엇인가?

알베르 카뮈는 고독을 선택한 자들의 항거에 형이상학적 의미를 부여했다.

있는 그대로의 세상을 거부한 자가 그 세상에서 벗어나려고는 하지 않는다는 점에 모순이 있다. 사실상 사람들은 세상에 집착하며, 대부분이 세상을 떠나고 싶어 하지 않는다. 언제나 세상을 잊으려고 하기는커녕 오히려 충분히 자기 것으로 만들지 못했다며 괴로워한다. 이 세상의 이상한 시민이여, 모국에서 유배당한 자들이여.[7]

카뮈는 세상이 부조리하다고 했다. 우리는 세상에 만족하지 못하지만 세상으로부터 벗어나고 싶어 하지 않는다. 세상을 통제하려는 계획을 품은 상태에서 세상에 반항한다. 그렇기 때문에 우리가 자아로부터의 그리고 세상으로부터의 거리에서 괴로움을 느끼고, 세상의 이런 이상함을 마주한 두려움을 뛰어넘기 위해 시간을 보내는 것이다.

모든 시민은 반항할 수 있는 잠재력을 갖고 있다. 그 힘은 본능적으로 드러난다. 데카르트의 코기토에 빗대자면 "반항이라는 명백한 이치는 개인을 고독으로부터 끌어낸다. 반항은 모든 인간들을 아우르며 최초의 가치를 정립시키는 공통적 토대이다. 나는 반항한다, 고로 존재한다." 고독을 선택한 자는 반항을 하면서 연대를 형성한다. 그는 모든 사람들에게 자신과 함께하자고, 인생에 하나의 방향을 적용해 운명을 만들어나가자고, "통일에 대한 형이상학적 요구"에 따르자고 권한다.[8] 사람들이 모여든 순간, 고독한 자는 보편적인 부조리로 인해 자기 존재를 하나로 통일할 수 없으며 어떠한 초월적 진실도 자신의 고통을 덜어주지 못할 것이라는 점을 깨닫는다. 어떤 이들은 문학의 힘을 빌린다. 이데올로기의 길로 자기를 몰아넣는 이들도 있다. 이데올로기는 그들에게 통일감을 주지만, 그들은 그 안에서 산재된 모습만 확인하게 될 뿐이다.

카뮈는 세계가 점점 이상해지고 있다고 했다. 심지어 부조리는 "집단적 페스트"이고 모든 시민들이 "세상의 이상한 시민"이 될 만큼 "누구나 감행해야 하는 모험"이었다. 이 시민들은 스스로의 행동에 질서를 부여하려고 하겠지만 불가능한 일이다. 그들은 자기들의 의지와는 무관하게 성취하지 못한 것을 애석해한다. 카뮈의 글에서 자연은 "존재의 이유"를 제공하는데, 정치는 그 이유를 받아들이지 않는다. 자연은 시민들이 "조화로운 항거"를 실천하는 바탕이 되고, 저항 정신과 공명에 대한 갈증을 결합시키도록 돕는다. "평생 인간의 본성과 세상의 아름다움을 찬미하는 일을 그만두지 않고서도 불의를 거부할 수 있을 것이냐고 묻는다면, 그렇다고 답하겠다."⁹

반항하는 자는 자연에서 사회에 대해 "'예'라고 말하는 동시에 '아니요'라고 말할" 수 있는 힘을 손에 넣는다. 카뮈는 옆으로 한 걸음 옮겨보라고 요구했다. 그러면서 홀로 있을 수 있는 곳이 점점 사라지고 있음을 한탄했다.

더 이상 사막은 존재하지 않는다. 섬도 존재하지 않는다. 그렇지만 어느 때보다 절실하게 사막과 섬이 필요하다. 세상을 이해하기 위해서는 때로 방향을 바꿔볼 필요가 있다. 인간에게 봉사하기 위해서는 이따금 그들과 거리를 둘 필요가 있다. 하지만 힘을 얻기 위해 필요한 고독을, 정신을 한곳으로 모으고 용기를 내기 위해 필요한 깊은 호흡을 어디서 찾을 것인가?¹⁰

시민은 넓은 공간에 있을 때 사색에 잠긴다. 발밑으로 이어지는 절벽과 계절의 변화와 바람이 빚어내는 풍성한 소리가 그를 차분하게 만든다. 자연은 통일에 대한 그의 갈망을 충족시킨다. 자연은 그가 다시 대담한 마음을 먹도록 독려하고 이상한 세상에 맞서 항거할 힘을 불어넣는다. 저항 정신은 광막한 불모지에서 길러진다. 이 정신은 "고독한 자들 수백만 명의 힘으로 야기되고 활기를 부여받고 유지된다. 그들의 행동과 그 소산은 매일 역사의 가장 조잡한 겉모습과 경계선을 거부함으로써 진실을 덧없이 반짝이게 한다. 각자가 모두를 위해 자신의 고통과 기쁨 위에 세웠지만 언제나 위협받는 그 진실을 말이다."[11]

고독한 이들이 수백만 명씩 모이면 그들은 의기투합해 역사의 거짓말을 부정한다. 작은 시작은 옆으로 한 걸음에서 싹튼다. 카벨은 그런 관점에서 소로가 월든 호숫가 변에 자리 잡고 "문화에 대한 지지를 거부하면서 문화의 경각심을 일깨우려고 했다. 그러니까 소위 사회, 내 생각에 소로는 물론 그 누구도 속하지 못하는 사회로 만드는 절망적인 침묵의 '음모'에 대한 동의를 철회하면서 문화에 경고를 하려고 했다"라고 평가했다. 소로와 카뮈는 차분하게 집중해서 자기 자신을 대면하려는 의도에서만 숲이나 사막을 선택한 것이 아니다. 그들은 사회가 냉정함을 되찾기를, 의식이 "불안으로 인한 각성을 영속적인 자각"으로 대체하기를 바랐다.[12] 그들은 쓸모없는 관습의 대리석판에 새겨진 상식을 비난했다. 그들이 떠난 이유는 깨어 있는 상태로 도시로 되돌아와 사람들에게 정계에서 무슨 일이 일어나는지 관찰해야 한다는 점을 납득시키기 위해서였다.

자연의 질서에 동의하면서도 정치적 불의를 거부하는 의지를 어떻게 규정할 것인가 하는 문제만 남았다. 이 의지는 어떻게 구성되어 있는가? 목적에 부합하는 의지라고도 할 수 있다. 이 의지는 세상을 "향유"하는 것뿐만 아니라 "사용"하려고 한다.

세상을 향유하고 사용하기

우선 아우구스티누스의 '향유'frui와 '사용'uti이라는 분류를 좀 더 살펴보자. 성 아우구스티누스는 '향유'와 '사용'을 기술적으로 구분했다. 이런 구분에는 여러 의미가 담겨 있다. 우선 이렇게 구분하면 "창조된 것"을 신과 결부시킬 수 있다. 창조된 것을 "향유"한다는 것은 옳지 않은 삶을 영유하는 것이다. 이와 달리 "영속적인 것"을 위해서는 사물을 "사용"한다. 성 아우구스티누스는 "우리는 의지가 쉬고 있는 '알려진 것'을 의지 고유의 쾌락을 느끼면서 향유하지만, 우리가 향유하게 될 다른 목적과 결부된 것들은 사용한다"(『삼위일체론』, X, 13)라고 했다. 의지는 창조된 것을 받아들이느냐 거부하느냐 하는 문제에 국한되지 않는다. 의지는 또한 자신이 바라고 도달하고 싶고 향유하고 싶은 대상을 지향한다. 이처럼 "무엇을 사용하는 것은 다른 것을 '그것과 결부'시키면서 관계를 맺는 것"이다.

다음으로 사용이라는 개념의 실용론적 해석을 넘어서야 한다. 이자벨 코흐는 성 아우구스티누스의 사유를 명확하게 풀어내면서 "사용은 (……) 역시 마찬가지로 의지를 행사하는 것이다. 사용도 목적의 설정과 추구로 이뤄지며, 이 목적은 사용을 통해 그 목적에 도달했을 때 의도에 안식을 제공한다"라고 설명했다. 요컨대, 사용이 무엇인지 이해하는 것이 중요하다는 말이다.

사용은 (그러니까) 이미 향유를 내포하고 있다. 향유는 그 자체로 추구되는 무엇인가를 대상으로 삼고, 특정한 의지는 그 의지가 직접적으로 목표한 것 이상의 다른 어떤 것도 바라지 않기 때문이다. 특정한 목적이 겨누는 것이 단순한 수단으로 폄하될 수 없다고 한다면 그것은 목적 자체에 이미 전체의 구조가 담겨 있기 때문인데, 목적의 발단이 된 의지는 그 목적 이외의 다른 어떤 것도 추구하지 않고 자기가 추구하는 목적에 도달하면 그 안에서 안식을 누린다.[13]

성 아우구스티누스는 자신의 이야기를 전달하기 위해 "발은 멈췄다가 다시 움직인다"라는 걷기의 사례(『삼위일체론』, XI, 10)를 활용했다. 간단하게 말하자면 걷는 사람은 앞으로 나아간다. 걷는 사람은 매 움직임이 그 이전과 그 이후의 움직임만큼 중요하다는 점을 알고 있다. 의지의 대상도 이런 걸음걸이와 마찬가지로 구성된다. 이 점에 있어서 성 아우구스티누스는 걷는 사람이 경험하는 쾌락이 그의 "안식처"로 간주되어서는 안 된다고 지적했다. 그렇지 않으면 걷는 사람은 한 걸음을 옮길 때마다 멈춰 서게 될 것이다. 이때의 쾌락은 여행자가 잠시 머무르는 휴게소나 하룻밤 묵어가는 숙소처럼 경험해야 할 것이다. 걷는 사람은 순례자이다. 그는 외국에서 여행하고 머문다. 그는 이곳 세상으로 유배된 사람이다. 임시로 이곳에 살면서 거처를 두고 있지만 그는 천국을 향하고 있다. 그러니 "이 세상에서 집에 온 듯한 안락함은 전혀 느끼지 못하지만 그래도 이 세상에 살면서 그저 스쳐갈 뿐이라는 것이 '세상의 사용'usus mundi에 담긴 의미"[14]가 된다.

소로의 세상은 성 아우구스티누스의 세상과 달랐다. 하지만 향유와 사용의 기술적 구분은 홀로 있으려는 의지가 갖는 보편적 지위를 밝혀냈다. 옆으로 한 걸음 옮기면 의지는 일시적인 향유처럼 첫 번째 목적에 도달하고 나서 한숨 돌리게 된다. 홀로 있는 사람은 고독을 이용한다. 그리고 새로운 목적을 필요로 하기 시작한다. 그래서 그는 사회로 돌아오고, 의지의 여러 목적을 뒤섞는다. 고독은 수단이 아니라 그 자체로 하나의 목적이다. 그리고 이 목적은 반드시 다른 목적, 여기서는 사회를 불러온다. 이렇게 함으로써 고독을 선택한 자가 목표로 한 목적 전체를 통해 '세상의 사용'이 이뤄지게 된다.

소로는 자기 오두막에서 대초원에 버금가는 고독을 향유했다. 그는 "(자신에게) 속한 작은 세계"[15]를 만들었다. 작가인 에드워드 애비는 소로가 '세계'라는 단어로 정확하게 무엇을 의미했는지를 짚었다. 그는 소로가 "콩코드의 월든 호숫가와 그 주위를 하나의 세계로 만들었다. 그는 그곳을 밤낮으로 거닐고 탐험하며 자기 세계를 이해하는 법을 배웠다. 그런 방식으로 세상을 이해해본 사람은 거의 없다"[16]라고 지적했다. 소로는 그랜드캐니언을 한 번도 보지 못했다. 알래스카에 가본 적도 없었다. 스태튼 섬에 머무른 적은 있지만 그곳에서의 기억은 별로 없었다. '작은 세계'라는 개념을 명확하게 정의하려면, 오두막과 콩코드 시 중심가를 오가는 것만으로 소로는 자연과 사회를 동시에 사용하고 향유했다고 설명하면 될 것이다. 옆으로 한 걸음 옮기면서 그는 의지가 겨냥한 여러 목적이 잘 어우러지도록 엮어낸 셈이다.

이렇게 설명하지 않으면 숲으로 은신한 일에 담긴 깊은 속내를 파악하지 못할 것이다. 소로는 다른 사람들에게 그들의 정원을 세심하게 관찰하고, 긴 방황 끝에 미지의 대륙을 발견한 여행자처럼 지금 있는 곳에서 살라고 요구했다. 또한 익숙한 세상에서 몸에 밴 그들의 오랜 습관을 버리고 그 세상을 새로운 세계로 여기라고 제안했다. 그러면서 이렇게 이야기했다.

> (우리는) 헛되이 저 멀리 있는 고독을 꿈꾼다. 그런 것은 없다. 우리의 정신과 오장육부 이면의 이탄지와 우리 내면에 간직된 자연의 원시적인 생명력이 이런 꿈을 꾸게 한다. 래브라도의 사막에서 콩코드의 어느 구석보다 한결 심오한 고독, 지금 내가 경험하고 있는 고독을 만나게 되지는 않을 것이다. 약간의 고결함과 그것보다 조금 더 큰 미덕만 품고 있다면 지구상의 어느 곳이나 감동적이고 새롭고 야생적인 곳으로 만들 수 있을 것이다.[17]

이 구절은 야생의 세계에 대한 찬사일 뿐만 아니라, 사회에 야생적 측면을 되돌려놓겠다는 기도이자, 사회에 자연을 다시 끌어들이겠다는 초대이다.

소로는 숲 뒤로 외국에서 수입된 화물을 실은 열차가 매일 지나가는 모습을 보면서 "내년 여름이면 수많은 뉴잉글랜드 사람들의 엷은 황갈색 머리칼을 덮어줄 종려나무 잎을 볼 때마다 세계의 시민"[18]이라고 느낀다고 적었다. '세계의 시민'이라는 용어는 반어적으로 사용됐다. 소로는 세계적인 기관을 세우려고 했던 것이 아니다. 여행은 그를 자극하지 못했다. 그의 심중에서 세계의 시민은 관찰자를 의미했다. 그는 자연 속 동식물을 감상했다. 바람을 맞고 높이 자란 풀을 접하면서 새롭게 태어났다. 오두막에서 세상을 바라보는 시선을 재단련했다. 도시로 왔다 갔다 한 덕분에 자신이 속한 사회를 재발견했다. 진부한 것을 색다른 것으로, 괴상한 것을 평범해 보이는 것으로 바꿨다. 자연에서 거주하기 시작하면서 그는 다시 시민 사회의 일원이 됐다. 세상을 사용하는 이런 방법이야말로『월든』이 현대 여행자들에게 바이블이 된 이유를 잘 설명해준다.

9장

오두막 학파

외로운 나그네의 쉼터

누군들 숲에 오두막을 짓고 싶다는 꿈을 꿔보지 않았을까? 이 꿈은 유년기의 전유물이 아니다. 평생 동안 간직하는 꿈이다. 작게 타오르는 장작불처럼 이 꿈은 곧 사라질 듯 보인다. 그러다가 주변 상황에 따라서 다시 타오른다. 일상사에 전념해야 할 때에는 꿈을 잊는다. 그러다가 일이 점점 지나치게 버거워지기 시작하면 다시 이 꿈을 생각한다. 이 꿈은 계속해서 떠오르며 낮에는 머릿속을 가득 채우고 밤에는 마음까지 사로잡는다. 이 꿈이 인간의 마음속에 깊이 숨어 있는 구조를 의미하는 것일까? 아니면 덧없는 보호막의 이미지를 제공함으로써 도피욕을 보상하는 것일까? 꿈은 "한 사람을 다른 사람들과 떼어놓아 그를 외롭게 만드는 공간이 있다면 어떤 공간이겠는가?"[1] 하는 물음에 간단한 대답을 내놓을 뿐이라고 해두자.

소로는 사회적인 관계의 가치를 만남의 횟수로 판단할 수 없다고 확신했다. 매번 같은 불만거리만을 다룬다면 토론은 의미가 없다. 사교 활동에는 홀로 보내는 휴지기와 뒷방에서 보내는 기간이 필요하다. 중간중간의 휴식기에 사람은 자기에게 다가간다. 자기만의 특성을 계발한다. 영혼의 힘을 키우고 자기를 관찰하는 법을 배운다. 자유롭게 움직이는 만큼 자유롭게 집중한다. 요컨대 좀 더 성찰한 방식으로 살게 된다. 그러면서 기꺼운 마음으로 타인에게 다가간다. 이렇게가 아니더라도 사람들이 모이기는 하겠지만 결집하는 일은 드물 것이다.[2]

　　우리는 오두막에서 자기에게 다가가면서도 자기 자신보다 훨씬 거대한 어떤 전체에 속한 기분을 느끼고 싶어 한다. 그럴 가능성이 있는 거주지는 그렇게 많지 않다. 그래서 현대 사회의 "나무 위 오두막"(프랑스의 알랭 로랑스가 지은 오두막, 영국 기업 트리하우스 컴퍼니, 스웨덴의 트리호텔)이 성공을 거둔 것이다. 오두막은 언제나 나무로 짓는다. 나무의 구불구불하거나 곧고 바른 선이 오두막에 잘 어울린다. 오두막은 자연에 동화되는 모습이고 주위의 그 무엇도 바꾸지 않는다. 땅에서 몇 미터 위에 있어 눈에 잘 띄지 않는 이 오두막은 높은 곳에 위치한 은신처를 닮았다. 소로의 투박한 오두막보다 훨씬 공들인 안락함도 느껴진다. 하지만 홀로 있으면서 명상하고 자기에게 온전히 집중하고 일을 하고 글을 쓰고 자연에 관심을 기울이고 약간의 내면적 고독을 찾는다는 근본 정신은 동일하다. 이 오두막에서는 우거진 나뭇잎 옆에서 잠든다. 대자연을 누릴 수 있다. 자기 영혼의 깊이를 가늠해볼 수 있는 기회이다. 그리고 나서 각자 세상으로 되돌아간다. 오늘날 나무 위 오두막은 며칠 밤을 묵어가는 방문객들이 활력을 회복할 수 있는 평온한 벌집이자 자연의 방이다.

문학에는 이것보다 덜 편안한 오두막이 많이 등장한다. 사람들 사이의 관계에서 만연한 계략에 신물이 나고 방탕한 생활에 지나치게 빠져 있던 케루악은 『외로운 나그네』에서 산으로 도망쳤던 이야기를 털어놓았다. 당시 그는 홀로 있고 싶다는 생각만 들었다. "이런 식의 시끌벅적함이 다 지나가고 나니 문득 홀로 있고 싶다는 갈망, (소위 '생활'이라는) '사고'와 '쾌락'의 쳇바퀴를 멈추고 싶은 욕망이 찾아왔다. 풀 위에 길게 누워 하늘의 구름을 바라보고 싶다는 마음밖에 들지 않았다."[3] 구름이 흘러가는 모습을 가만히 들여다보고 싶은 마음이 드는 게 바로 홀로 있고 싶다는 방증이다. 이런 감정의 변화로 「산 정상에 홀로 서서」라는 단편이 시작된다. 케루악은 홀로 있으면서 얼마간의 지혜를 구하고 싶었다. 나그네 작가인 그는 지친 상태였다. 더 이상 "모든 시대의 타임스퀘어"에서 헤매며 다니고 싶지 않았다. 그래서 숲 관리인 자리를 구해 미국 서부와 북극 지역의 중심에 있는 베이커 산 국립공원으로 떠났다.

케루악은 시애틀을 향한 긴 여정을 시작했다. 장엄한 자연을 배경으로 계속 걸음을 옮겼다. 자연의 풍광은 그를 압도했다. 높은 산봉우리가 모여 희고 웅장한 스카이라인을 만들었다. 깎아지른 듯한 돌 절벽에서는 고대의 숨결이 전해졌다. 투명한 강물로 인해 상쾌하게 기분 전환할 수 있었다. 그는 축축한 진흙과 소나무 껍질의 향기도 만끽했다. 로스 댐에 도착해서는 노새를 타고 외진 곳으로 들어갔다. 이 마지막 여행에서 그는 노새몰이꾼에게 "현대 사회를 살고 있는 사람들은 거의

알지 못하는 삶, 아무도 없는 곳에서 홀로 밤낮으로, 정확하게
는 63일 낮과 63일 밤 동안, 완벽하고 편안한 고독을 누리는 시
간을 흐뭇하게 기대하고 있다"라고 했다. 노새몰이꾼은 그를
모로 바라보았다. 약간은 비웃기도 했다. 노새몰이꾼은 그곳에
서 일어나는 자잘한 걱정거리, 모기, 눈폭풍이 무섭게 몰아친
다음 날에도 말짱하게 따가운 햇살을 비추는 변화무쌍한 날씨,
물이 떨어질까 신경 써야 하고 몸을 데울 불을 피우려면 필요
한 땔감도 비축해야 하는 상황을 알고 있었다.[4] 그는 도시에서
온 점잖은 이 남자, 케루악이 곧 애초 계획을 포기하고 금방 산
에서 내려올 것이라고 확신했다.

고지대 목장을 지나는 산길 양옆으로 나뭇가지가 잔뜩 흩
어져 있었다. 산을 타는 일은 쉽지 않았다. 그들은 가까스로
"세상의 중심에 홀로 서 있는, 뾰족한 지붕에 형체를 알아볼 수
없는" 작은 오두막에 도착했다. 케루악은 가슴을 죄어오는 불
안감을 억눌렀다. 그는 큰 목소리로 "내가 이번 여름을 보낼 곳
이 여기인가? 이렇게 여름을 보내는 것인가?"라고 허공을 향해
질문을 던졌다. 사방이 뚫린 내부의 상태는 더 한심했다. 다음
날, 혼자 남겨진 그는 서둘러 급한 불부터 꺼야 했다. 오두막을
청소하고 어둠이 내려앉기 시작하면 잠자리에 들었다. 그리고
깊은 밤에 깨어나 밖으로 나갔다. "사방을 둘러싼 거대한 산의
실루엣 위로 북반구의 별빛이 빚어내는 일렁임이 구름 뒤에서
새어나오는 모습을 보고 움찔 놀랐다"면서 "도시에서 온 사람
에게는 약간 두려운 밤풍경이었다. 등 뒤에 예티*가 있는 것은
아닐까 하는 생각에 겁을 먹고 어둠 속에서 조마조마해진 나는

잭 케루악이 숲 관리인으로 63일을 보낸 산의 풍광과 산 정상의 관리소. © Ethan Todras-Whitehill for The New York Times

침대로 달려가 침낭에 머리를 묻었다"라고 적었다. 그는 따뜻한 곳에 돌아오니 마치 금지된 일탈을 경험하고 돌아 달려 나오는 어린아이처럼 어슴푸레 해방된 기분을 느꼈다. 그러고는 두려움과 담대함이 뒤섞인 감정에 사로잡힌 채 어둑한 산 한가운데에서 다시 잠에 빠졌다.

다음 날 아침에 신임 숲 관리인인 케루악이 눈을 뜨자 믿기 어려운 광경이 펼쳐졌다. 푸른 하늘은 청명하고 광활하고 높았다. 눈부신 햇살은 간밤의 공포를 잊게 해주었다. 그는 점차 그곳에 적응하면서 일상을 꾸려나갔다. 나무와 돌에 말을 걸기 시작했다. 많은 책을 읽었고 기분은 더할 나위 없이 좋았다. "인생을 제대로 살아보려면 한 번쯤은 오롯이 고독을 경험해봐야 한다. 외딴 곳에 홀로 있기가 지루하더라도 말이다. 그래야만 더 이상 자기 자신 이외의 사람에게 의존하지 않고, 그러면서 자신의 숨겨진 진정한 힘을 알아보는 법을 배운다. 가령 배고플 때 먹고 잠이 올 때 자는 법을 배우는 것이다." 케루악에게 진정한 삶이란 느린 삶이었다. 더 이상 목적도, 어찌해볼 수 없는 과거도 존재하지 않고, 실질적인 목표만이 남는다. 오두막에서의 삶은 지금 주어진 할 일, 위를 채우고 머리를 쓰고 다리를 움직이는 일로 꾸려진다. 케루악은 순간순간을 만끽했다. 그는 소로의 표현처럼 "배가 고프기도 전에 배고파 죽고" 싶지 않았다.

그렇지만 그도 결국 자신이 선택했던 고독을 버리게 됐

---

* 히말라야에 산다는 상상의 설인雪人.

다. 고독을 참을 수 없어서가 아니었다. 오히려 고독의 효과를 보았기 때문이었다. 제대로 실천하기만 한다면 자발적 고독을 위해 오랜 시간 고립되어 있지 않아도 된다. 홀로 있고 싶다는 욕구가 저절로 사라진다. 이 욕구가 충족되는 시점이 찾아온다. 그리고 평정심만은 유지된다. "한 가지 사실을 깨달았다. 내가 어느 곳에 있든지, 작은 방에서 생각에 잠겨 있든지 아니면 산과 별이 가득한 장대한 우주에 있든지 모든 것은 내 안에 있다. 홀로 있고 싶다는 욕망은 없다. 있는 그대로의 삶을 사랑하되 선입견을 갖지 말아야 한다." 이 점을 이해한다면 싯다르타를 닮아간다는 의미이다. 헤르만 헤세의 소설 속 주인공 싯다르타처럼 케루악은 오두막에서 자족했다. 그는 영혼의 평화를 찾았고 그래서 다시 사회를 받아들일 수 있게 됐다. 그는 예전의 피로와 무관심을 이겨냈고 이전에 자신을 쓸모없게 만들던 것으로부터 멀어졌다. 고독은 주체가 된 삶으로 가는 여정의 한 단계였다. 세상으로 되돌아와 산 정상의 작은 오두막 신전을 더 이상 볼 수 없는 상황에 적응하게 되자, 그는 쉼터가 되어주고 깨달음을 준 그 신전에 감사했다.[5]

홀로 있으면서도 함께 모여드는

홀로 있고자 하는 욕망은 산을 오르게 했다. 이 욕망은 정신을 고양시키고 싶다는 충동을 불러일으켰다. 우리는 다른 사람의 평가나 자신의 정신적인 고민거리로부터 언제나 도망치지 않는다. 또 꼭 고요한 은신처를 갈망하지도 않는다. 쇠렌 키르케고르의 '구석'은 케루악의 오두막과 달랐다.

그립스코우 숲에는 '사통팔달의 구석'이라는 이름에 걸맞은 곳이 있었다. 어느 지도에도 표시되지 않은 곳이라서 공들여 찾는 사람만이 발견했다. 이름에서도 모순점이 드러난다. 여덟 방위가 만나는 지점이 어떻게 구석이 될 수 있는지, 공공 도로와 사람이 많이 다니는 길이 어떻게 고립되고 감춰진 지역과 양립할 수 있는지 의문이 들기 때문이다. (……) 여덟 방위와 아무도 찾지 않는 곳이라니! 마치 세상이 멸망했는데, 생존자가 매장해줄 사람을 더는 찾지 못해 당황스러운 상황이랄까, 아니면 온 세상이 사방으로 떠나면서 당신을 잊어버린 것 같은 상황이랄까! "숨어 지낸 자가 값진 인생을 보낸 자"bene vixit qui bene latuit라는 시인의 말이 사실이라면, 나는 내가 숨어 지낼 구석을 잘 선택했으니 인생을 값지게 살아낸 것이다. 그리고 세상과 그 안에 있는 모든 것을 제대로 보려면 구석에 서서 세상을 바라보기에 적합한 술수를 써야 함은 분명하다.[6]

키르케고르의 구석은 즉흥적으로 고른 동굴이다. 측량사들조차 알지 못하는 곳이었다. 교차로로 여겨지긴 했지만 고요한 자연이 펼쳐진 곳이었다. 키르케고르는 여러 갈래의 도로가 만나는 곳, 그러니까 진정한 교차로에는 은신처가 숨어 있음을 시사했다. 고독을 바랐던 그는 그곳으로 몸을 숨겼다. 그의 술

수는 숲으로 가서 눈에 띄지 않는 장소에 자리 잡고 오가는 이들을 관찰하는 것이었다. 그곳에서 지나가는 사람들을 살폈다. 그렇다고 그가 소위 은둔자가 된 것은 아니었다. 그는 세상과의 연을 끊지 않았다. 자신이 선택한 장소에 피난처를 만들어 숨은 것은 오고 가는 이들을 더 잘 보기 위해서였다. 사람이 자주 다니는 교차로인지 여부는 그다지 중요하지 않았다. 키르케고르는 내면의 삶에 바친 성소이자 영혼이 좋은 추억을 회상하는 안식처를 찾았다. 그에게 구석은 은신처였다.

소로는 오두막에 다른 기능이 있다고 여겼다. 그에게 오두막은 몸을 숨기기 위한 곳이 아니라, 잠시 뒤로 물러나 있는 곳이었다. 뒤로 물러나 있을 때에도 다른 사람들은 여전히 그를 볼 수 있다. 그는 사회를 관찰하기 위해 사라지지 않았다. 그저 적당한 거리를 두었다. 월든 호수는 고통을 잊기 위해 찾는 동굴이 아니었다. 소로는 걷기에 관한 에세이에서 "여행자들의 공공 도로"를 의미하는 교역의 사회와 "세 갈래 길이 모여든" 이 세상에 대해 바로Marcus Terentius Varro가 밝혀낸 어원을 언급했다. 소로는 이를 바탕으로 "도시"ville라는 단어는 "'나르다'라는 의미의 베오veho"에서 왔는데, "빌라villa라는 단어가 사람들이 사물을 가지고 오고 또 가지고 가는 곳을 의미하기 때문"[7]이라고 했다. 도시에서 떨어진 숲이나 산등성이에 있는 오두막 역시 모여드는 지점을 의미한다.

오두막의 가장 중요한 의의는 무엇일까? 산을 한참 올라 완벽하게 갖춰진 대피소에 들어갔을 때 오래전 목동들이 쓰던 임시 피난처의 모습을 그려보기란 쉽지 않다. 그렇지만 예전 오두막의 흔적이 남은 현대식 하이테크 건축물도 있다. 그다지 높지 않은 곳에 있는 대피소는, 마치 오랜 풍습에 예를 표하듯, 예전에 목동들이 쓰던 낡은 오두막을 손봐서, 그러니까 네 벽을 보수하고 전체적으로 규모를 키워서 활용한다. 그리고 그 대피소는 (사회로부터) 그리 멀리 떨어져 있지도 않다. 새로 지은 대피소도 목동의 오두막과 동일한 역할을 한다. 목동의 오두막은 피난처였고, 몸을 피할 수 있는 지붕을 제공했다. 목동은 악천후를 만났을 때 가장 신속하게 찾아갈 수 있는 곳이 어디인지 알고 있었다. 가축들이 뜨거운 여름 햇살에 지쳐 목말라할 때면 맑은 물이 흐르는 냇가 곁에 자리한 오두막으로 동물들을 몰았다. 견고한 문이 있는 곳이 거의 없는 이런 거처에서 밤을 보낼 때면 그는 자연의 소리를 들었다. 이런 곳에 들르는 다른 사람들처럼 그도 다음에 올 사람들을 위해서, 혹은 자기가 되돌아올 때를 대비해 약간의 먹을거리를 남겨뒀다. 또 마른 나뭇가지와 오래된 나무 밑동을 모아 쌓아뒀다. 그가 떠난 후 그곳의 문을 열고 들어오는 사람은 여행하면서 필요한 생필품을 보충했다. 겨울이면 나뭇단을 이용해 불을 피워 몸을 녹였다. 목동의 오두막은 대체로 초라한 모습이었다. 겉모습은 허름하지만 그곳을 찾는 이들은 환대받는 기분이 들었다.

오두막은 목동이 밭을 가로지르고 계곡을 건너는 여정에서 각 단계를 구분짓는 역할도 한다. 그 덕분에 목동은 처음 출발했던 곳으로 되돌아올 수 있다. 모든 방랑객들이 그렇듯 목동도 자신이 어디로 가는지 파악하려고 한다. 개들을 데리고 동물들을 몰 때 꼭 쉴 곳이 필요하지 않더라도 오두막을 기준으로 짠 경로를 따라 이동하는 것은 신중을 기하기 위해서다. 오두막의 위치를 연결해서 자기만의 지도를 만드는 것이다. 경로를 구성하는 어느 한 오두막에 도착했다는 사실은 가슴 벅찬 경험이었다. 산을 뒤흔드는 천둥이 칠 때에는 오두막으로 달음박질치기도 했다. 그곳에서 홀로, 자기 자신을 벗삼아 비가 그치기를 기다렸다. 목동이 두려워한 것은 사회가 아니라 아무런 예고도 없이 날뛰는 자연이었다. 성을 내기 시작한 하늘의 예측할 수 없는 심술궂음이 겁났다. 가족의 품으로 돌아온 여행자가 그간 겪은 이야기를 털어놓듯 목동도 되돌아와 자신이 만난 폭풍우에 대해 길게 이야기하기도 했다. 목동의 작은 오두막은 극지방에서 시야를 가리는 눈보라를 피하기 위해 서둘러 지은 이글루와 같았다. 그곳은 하나의 모험을 상징했다.

오늘날의 산책자들은 예전의 목동들과 다르다. 그들은 아마도 장비를 잘 갖췄을 것이다. 그렇지만 이들도 목동들과 마찬가지로 걸으려면 얼마간 외로운 노력이 필요하다는 점, 특히 길이 험할 때나 경사가 급할 때 더 노력해야 한다는 점을 알고 있다. 오른쪽에서 큰 입을 벌리고 있는 협곡으로 떨어지지 않으려면 조심해서 걸음을 옮겨야 한다. 어찌 됐건 숨이 가빠 이야기를 나누기가 어렵다. 육체적 피로와 구불구불한 산길, 울퉁불퉁한 바닥을 직면한 그 순간에는 혼자임을 절감한다. 누구도 다른 사람을 대신해 걷거나 숨을 쉬어줄 수 없다. 숨이 가빠지지 않는 리듬, 근육을 약화시키지 않고 단련시키는 템포, 절대로 영혼을 마비시키지 않으면서 달래주는 걸음걸이를 찾아야 한다. 영혼과 육체의 시너지가 결정적인 역할을 한다.

높은 곳에 있는 대피소에 올라오는 방법에는 적어도 두 가지가 있다. 걷는 사람이 저 아래에서부터 올라오는 내내 그곳을 인지하고 있거나, 굽이굽이 휜 산길을 오른 끝에 그곳을 발견하는 것이다. 전자의 경우에 그 사람은 목표물에서 눈을 떼지 않는다. 앞으로 나아갈 때마다 직관적으로 남아 있는 거리와 적당한 속도를 다시 계산한다. 저곳에 도착해서 쉬어가겠다고 되뇌며 걸음을 옮긴다. 후자의 경우에는 오두막이 불쑥 등장한다. 그 오두막은 부풀어 있는 빙퇴석이나 얼어붙은 계곡 끝의 호수를 굽어보는 흙언덕에 가려 보이지 않았다. 걷고 있던 사람은 몸을 피할 수 있는 거처가 나타나 놀랐다. 그런 곳을 찾게 되리라 기대하지 않고 있었기 때문이다. 걷기에 주의를 집중하고 있어서 앞으로 나아가는 일에 완전히 몰입해 있었다. 어떤 방식이든 걷는 사람은 자유롭다. 그는 발걸음을 재촉할 수도, 늦출 수도 있다. 다리의 움직임을 고스란히 느껴본다. 풍경에 감탄할 시간을 가지기도 한다.

　　대피소에 도착하는 일은 언제나 특별한 사건이다. 또 집단의 일이기도 하다. 고도가 높은 곳에서는 마지막 몇 미터에서 착각을 일으키기 쉽다. 신중함이 필요한 시점이지만 주의력이 느슨해진다. 경계심을 늦추지 말아야 하지만 마음을 놓게 된다. 마지막 순간까지 발밑에 펼쳐진 땅이 돌인지, 진흙인지, 얼음인지 느끼고 있어야 한다. 걷는 사람은 전적으로 물리적인 존재로 남아 있어야 한다. 무거워진 발걸음과 버거운 몸뚱이를 느끼면서 손에 잡힐 듯한 평온함의 이미지에 현혹되지 말아야 한다. 지척에 가서도 대피소는 여전히 목표이자, 도달하기 어려운 목적이어야 한다. 마지막 몇 미터를 앞에 두고 다른 결정을 내리는 일도 발생한다. 대피소에 빨리 가고 싶은 열망이 큰 탓에 앞에서 걷던 사람이 뛰기 시작하고 뒤따르던 사람들도 덩달아 뛰게 되는 상황이 발생하는 것이다.

한 번 목표를 달성하고 나면 노력의 고삐도 놓게 된다. 산을 오르던 길에 감돌던 상대적인 침묵도 깨진다. 곁에 있는 동행에게 인사를 한다. 피곤하지만 처음 와본 고도가 높은 지역의 장엄한 풍경에 감탄하며 탁자에 둘러앉는다. 서로 이야기를 나눌 거리가 많다. 각자 걷던 사람들이 대피소로 모여든다. 화기애애한 분위기가 싹트고 대화가 오가면서 그들은 사회이자 소우주를 형성한다. 서로를 거의 알지 못하지만 그날 걸었던 길에 대해 이야기한다. 탁자에 둘러앉은 사람들은 즉흥적으로 만들어진 민주주의의 실험장이다. 대피소는 고독한 사람들이 잠깐이나마 연대감을 확인하는 장소가 된다. 다음 날이면 그들은 각자 자신의 길을 떠난다.

여행자들의 집

미셸 세르는 '사회 계약'만이 아닌 '자연 계약'의 조건을 기술하면서 계약이라는 단어를 로프 게임과 연관지었다. 그는 등반팀을 예로 들었다. 그는 등반팀이 "고독한 사람들을 집단으로 묶어"[8] 놓는다고 생각했다. 등반팀에서는 로프 하나로 상호 의존적인 관계를 만들어낸다. 등반팀이 반드시 거쳐 가야 하는 단계인 대피소는 사회의 모델이 아님을 이해할 수 있다. 대피소는 인류에게 영감을 불어넣지 못한다. 밤에는 대피소에서 묵어가며 산을 오르는 과정이 사회를 경험하는 기회를 제공할 뿐이다. 이는 완벽한 경험이다. 걷는 사람들은 우선 걸으면서 자기에게 다가가는 특별한 행복을 맛본다. 그리고 자연과 하나가 되는 듯한, 역시 독특한 기쁨을 누린다. 그리고 잠시 머무를 대피소에 도착해서 먼저 와 있는 사람들을 만난다.

대피소는 누구에게나 열린 기관이고, 민주적인 공간이다. 아무도 상대방의 사회적 지위에 관심을 갖지 않는다. 지금 이 순간 가슴에 품고 있는 이야기만이 중요하다. 대피소에서는 자신이 누구인지 드러내지 않고 자신이 한 일에 대해서 이야기한다. 예의범절은 잊어버렸다. 자유로운 가운데 우애만이 싹튼다. 니체는 "등반 몇 시간이면 친구와 성자가 거의 동일한 존재가 된다. 피로는 평등과 박애, 그리고 한 걸음 더 나아가 잠으로써 주어지는 자유로 가는 첩경"[9]이라고 한 바 있다.

땀 흘리며 산을 오르면 모두가 평등해진다. 높은 곳에서 사람들은 친밀한 관계를 맺는다. 대피소에서는 다들 너그러워진다. 자연스럽게 그곳의 통솔자 역할을 맡는 사람도 폭군이 아니고 사려 깊고 배려심 많은 주인이다. 아무도 사회에서 도피하지 않았다. 모두들 접시를 앞에 두고 모여 앉아서 사회와 비슷한 작은 무언가를 다시 만들어내기까지 한다. 저 높은 곳에서 관찰 지점은 하나뿐이다. 마을로 다시 내려오면서 산꼭대기로 태양이 떠오르는 모습을 잊는 사람은 하나도 없다. 높은 곳에서 형성된 민주주의적 공간은 기쁜 마음으로 되돌아 나오는 건설적인 망명지이다.

대피소는 산 위의 선술집이다. 소로는 1843년에 여인숙 주인을 뛰어난 사회적 인물로서 찬미하는 짧은 글을 썼다. 이 사람이 운영하는 선술집이 완벽한 가게는 아니었다. 하지만 그곳은 신념과 무관하게 사람들이 모이고 싶어 하는 곳이었다. 그 이유는 그가 이런 인물이었다는 데 있다.

열린 마음으로 누구에게나 공감할 줄 아는 사람이었고 언제나 다른 사람들을 반갑게 맞았다. 그는 삼라만상을 사랑하는 마음으로 사람들에게 음식과 숙박을 제공했다. (……) 국가와 개인은 모두 이기적이고 배타적인 반면, 그는 모든 사람들을 똑같이 사랑했다. 그리고 어느 나라에서 온 사람이든 가리지 않고 초대해 대접하기 때문에 가장 가까운 이웃을 이방인처럼 대하고 꽤 멀리에서 온 이를 마치 가족의 품으로 돌아온 친인척처럼 반겼다.[10]

소로의 경쾌한 묘사에 등장하는 여인숙 주인은 나르시시즘이라고는 없는 사람, 영업 허가를 받은 세계 시민에 비유된다. 인류에 대한 그의 사랑은 위선적이지도 관념적이지도 않다. 소로는 자비란 언제나 보상을 받으며 박애주의는 공허한 의지 표명에 불과하다고 생각했다. 여인숙 주인의 호의는 누구에게나 공평하다. 그리고 이 주인은 이방인들만 찾지 않는다. 마치 진정한 의미에서 이방인은 존재하지 않고 그저 각자가 다른 구성원에게서 자기 모습을 발견하는 하나의 가족만이 있을 뿐이라고 생각하는 것 같다.

여인숙 주인의 명성은 널리 퍼졌다. 여행하는 사람만 보이면 다가와 그를 칭찬하는 사람들이 많았다. 그러다 보니 여행자는 "모두에게 열려 있고 누구라도 환영해 비와 눈만이 들어가지 못하는 이 여인숙을 10마일 앞에서도 알아보는데" 멀리서 형태를 드러낸 여인숙이 "얼마나 가슴 설레는 모습"이겠는가. 소로는 여인숙 주인이 개성 있는 인물이라고 적었다. 그의 여인숙은 거의 언제나 고립된 곳에 있었다. 여인숙 주인은 도끼와 삽을 들고 자연으로 물러났다. 삶에 필요한 것을 전적으로 자연에서 구하면서 살기 위해 필요한 문제들은 확실히 어느 정도 해결했다. 그의 감정은 여전히 독특하긴 했지만 사적인 것도, 개인적인 것도 아니었는데 그 감정이 공적인 것이자 여인숙 위의 하늘과 같은 빛깔을 하고 있었기 때문이었다. 인류라는 종은 그를 통해 발현됐다.[11] 내면의 이기심을 뛰어넘은 그는 인류의 친구가 됐다.

그렇다고 해서 그가 고독한 자일까? 소로는 월든 호숫가에서 사는 경험을 하기 이전에 쓴 글에서 천재와 여인숙 주인을 대비했다. 천재는 우리가 흔히 말하는 인간혐오자이다. 그의 고독에는 한이 서려 있다. 그는 "도로에서 멀리 떨어진 곳에 물러나 앉아 있다. 사람들과 동물들이 잠시 걸음을 멈출 수 있게 쉬어가라는 간판을 걸어놓기는커녕 '나는 혼자 있고 싶다, 잘 가, 안녕!'이라는 의미가 전해지는 암시적 행동을 하며 온갖 신호를 보내고 있다." 여인숙 주인은 "절대 혼자로 있고 싶어 하지 않는다. 그는 인간의 조건을 상기하며 함께 잠들고 일어나고 먹고 마신다. 여행자들마다 길에서 흔하게 겪을 수 있는 험난한 사고들을 그에게 털어놓기에 그는 사람들의 생각을 다양하게 접하고, 『일리아스』와 셰익스피어를 벗으로 삼는다."여인숙 주인은 사고가 유연한 사회적 존재이자 언제 찾아가도 반갑게 맞아주는 친구이자 그 고장을 손바닥 보듯이 꿰고 있는 이야기꾼이다.

그는 언제나 토론하고 있다. 자신이 마주한 여행자가 무엇을 기대하는지 어림잡고 "그의 욕구와 운명을 이해"한다. 그는 가장 솔직한 사람이다.

그의 한 손은 다른 이의 손을 잡기 위해, 다른 한 손은 다른 이에게 잡히기 위해 있다. (……) 여인숙 주인에게 조언을 구해보지 않았더라도 우리는 위급한 상황에서 그를 찾게 될 것인데, 풍부한 경험 덕분에 그가 생각과 행동을 연결할 줄 아는 사람이기 때문이다. 그는 정치인보다 대중적인 인물이다. (……) 그와 이야기를 나누는 것은 자기 자신과 이야기를 나누는 것 다음으로 훌륭하고 교육적인 일이다. 좀 더 의식적인 독백이라 하겠다. 다시 말하자면 모든 것에 대해 이야기하면서도 아무것에 대해서도 이야기하지 않는 것이고, 사람들 앞에 서기라도 한다면 무슨 말을 할지 시험 삼아 연습해보는 것이다.[12]

여인숙 주인은 고독한 사람이 아니다. 게다가 여행자들이 시도 때도 없이 그의 선술집에 도착하니 혼자 있을 시간도 전혀 없다. 그의 영향력은 마치 마법 같다. 여행자들이 그와 토론을 나눌 때면 그들은 자기 자신과 대화하는 기분이 든다. 그들은 자신과 대화를 나누던 그 어떤 때보다 내밀한 방식으로 여인숙 주인과 토론하는 경험을 한다. 어떤 면에서 볼 때 여인숙 주인은 자기 집에서, 앞서 이미 언급했던 소로의 표현처럼 "여행자처럼" 사는 데에 성공했다. 그가 사는 자연적, 사회적 환경에서 쌓은 경험은 매일 낯선 방문객이 찾는 덕분에 새로워진다. 그는 모든 것을 새롭게 만든다. 그의 타인 공감지수는 다른 누구와도 비교가 불가능한 수준이다.

결국 함께하기 위해 고독을 꿈꾸는 것이다

소로는 월든 호숫가에서 머물던 시간을 기술하면서 고독한 인간혐오자와 세계 시민인 여인숙 주인을 더는 대조하지 않았다. 그의 오두막 또한 환대의 장소였다. 사람들은 그를 만나러 자주 그곳을 찾았다. 소로가 오두막 내부를 묘사한 대목이 이 점을 잘 보여준다.

> 나는 대다수의 사람들만큼 사회를 사랑한다고 생각한다. (……) 나는 타고난 은둔자가 아니다. (……) 집에는 의자 세 개가 있었다. 하나는 고독, 다른 하나는 우정, 마지막은 사회를 위한 의자였다. 방문객들이 예기치 않게 많이 찾아올 때에도 그들 모두를 위한 의자는 세

소로의 오두막에는 의자가 세 개 있었다. 하나는 고독, 다른 하나는 우정, 마지막은 사회를 위한 의자였다. 월든 호숫가, 소로의 오두막 내부를 복원해놓은 모습.

개뿐이었지만, 그들은 대부분 서 있으면서 공간을 활용했다.[13]

중요한 구절이다. 이 구절에는 상호 보완적인 여러 가지 의미가 내포돼 있다. 먼저 오두막은 여인숙이 기본적으로 갖춘 환대의 정신을 이어나간다. 오두막은 주인만의 공간이 아니다. 그곳을 방문하는 모든 이들에게 열린 공간이다. 소로는 어느 날 오두막에서 여인숙 주인 역할을 자기만의 방식으로, 어렵지 않게 해냈다. 그리고 오두막에서는 다양한 사람들과 교제한다. 소로는 친구들을 선별해 초청하기도 했고, 많은 사람들을 모아 마을 소식에 대해 토론하기도 했다. 동물들과 벗할 때도 있었고, 과묵하게 혼자 일하는 나무꾼만 근처에 있을 때도 있었다. 호기심 많은 낯선 사람들을 비롯해 여러 부류의 사람들이 그에게 인사를 하기 위해 그곳을 찾았다. 결국 의자의 이미지는 산술적인 가치를 지닌다. 사회를 구성하는 의자 세 개는 고독과 우정의 의자 두 개에 하나를 또 더해 완성된다. 이 때문에 고독과 우정과 사회는 서로 불가분의 관계라는 결론을 얻을 수 있다. 어떤 한 의자의 목적이 다른 의자의 목적에 반하지 않고, 오히려 서로의 목적이 된다. 차곡차곡 겹쳐진 세 개의 사회 체제이자 서로 얽힌 세 가지 삶의 방식이다. 관계의 강도만이 상황과 필요에 따라 달라질 뿐이다. 오두막에서의 고독은 대문도 창문도 없는 고독이 아니다. 오두막에서도 다른 사람과의 관계를 완전히 끊지 않는다. 그리고 다른 방식으로 타인과 더불어 살려는 의지를 키운다. 옆으로 한 걸음 옮기면서 사회에 대해 배우는 셈이다.

모든 오두막은 결국 버려진다. 소로는 숲에 마련한 집의 문을 열었고, 다시 닫았다. 그는 타성에 빠지지 않도록 조심했다. "나는 숲에 이끌렸던 때만큼이나 중요한 이유로 숲을 떠났다. 내가 살아야 하는 다른 삶이 있어서 숲에서의 삶에 더 이상 시간을 할애할 수 없다는 생각이 들었다. 놀랍게도 우리는 의식하지 못하는 사이에 쉽게 특정한 길을 걷고, 그러면서 그 길을 우리 스스로 타성에 젖어 걷게 되는 길로 만들어버린다."[14] 오두막은 소임을 다했다. 오두막에 사는 일은 일시적인 경험이었다. 마무리가 됨으로써 진솔한 이야깃거리가 됐다. 소로나 케루악이나 은신처에서 영적인 지도자가 되려고 하지 않았다. 외려 수련에 집중했다. 그들이 은신처를 떠나야겠다고 생각했을 때에는 이미 그곳에서 배운 게 있었다.

오두막을 성역화해서는 안 된다. 오두막에 지나치게 큰 가치를 부여할 때마다 그곳은 낭만적인 오아시스나 아니면 세계 대종말에 대비한 동굴로 전락한다. 오두막에 얽힌 신화는 오두막이 근본적으로 의미하는 것, 즉 일상적인 삶이 이뤄지는 새로운 배경이자 비판적 정신이 날카롭게 벼려지는 공간과 배치된다. 익숙하지 않은 환경에서 자연을 누리면 자기에게 다가갈 수 있을 뿐만 아니라 사회에 대한 시선을 세심하게 다듬을 수 있다. 그러면서 시민은 내적인 삶과 사회적 삶을 하나로 결합시키는 방법을 배운다. 또 모든 인간관계의 근본 요소인 고독, 우정, 사회 사이의 관계를 재정립한다. 오두막은 신탁을 받는 동굴도, 게으름뱅이의 도피처도 아니다. 그곳은 자연과 사회가

조화를 이루는 곳이다. 오두막이 일반적인 삶의 자극제가 된다
면 어떨까?

고독의 힘

우리는 왜 홀로 있는 것을 그토록 좋아하는 걸까?

우리는 완전히 혼자가 아니라는 점, 혹은 곧 사회로 돌아갈 것이라는 점을 인지하고 있을 때 홀로 있는 것을 좋아한다. 수도자들도 대부분의 시간에는 공동체 생활을 한다. 내적인 평화란 보장된 것이 아니며 함께 힘을 모아야 한다는 것을 알고 있기 때문이다. 단체 생활을 하면서 자잘한 살림을 나눠 하고 마음 수련 시간표를 함께 짠다. 고독한 사람 여럿이 모여 지내면 수도하는 삶의 무게가 조금은 가벼워진다. 제멋대로 하는 자유를 만끽하기 위해 홀로 있기로 한 사람은 언제나 사전에 일정을 확정한다. 이 모험가는 출발할 때 대충 언제쯤 돌아올지 짐작하고 있다. 그러다가 도전 중에 일이 꼬이거나 큰 사고가 나면 그는 홀로 있고 싶어 한 일을 후회한다.

자신이 홀로 있는 것을 좋아하는지 확인하기 위해 수도원이나 남극으로 갈 필요는 없다. 고독을 제대로 활용하기 위해 먼저 생활 리듬의 완급을 조절해볼 수 있다. 이런 조언이 등장한 지는 오래됐다.

세네카는 어떻게 하면 잘 사는 것인지 자문하며 이렇게 적었다.

고독과 사회는 서로를 보완하고 서로 이어져야 한다. 고독은 사람들을 만나려는 욕망을 불러일으키고, 사회는 우리 자신을 대면하려는 욕망을 불러일으키니 서로가 서로의 해독제가 되어 고독은 군중에 대한 두려움을 치유해주고, 군중은 고독으로 인한 권태를 달래준다. 정신을 지속적으로 긴장시키고 있어서는 안 된다. 기분 전환하도록 해줘야 한다. (……) 정신적으로 긴장의 끈을 늦출 수 있도록 해야 한다. 잠깐 쉬고 나면 정신은 그 전보다 나아지고 생생해진다. 긴장의 끈을 느슨하게 하는 것과 아예 놓아버리는 것 사이에는 큰 차이가 있다. 법을 만든 사람들은 사람들이 함께 모여 즐길 수 있도록 축제일을 제정했다. 그들은 축제가 노동을 지속하기 위해 필요한 양의 휴식을 제공한다고 생각했던 것이다. (……) 영혼이 단련되고 자유로운 공간으로 또 대자연으로 고양되기 위해서는 시골길 산책도 빼놓아서는 안 된다.[1]

모든 사람에게 유용한 충고이다. 원로원에서 뛰어난 연설로 이름을 날린 세네카는 은퇴 후 얼마 동안 중요한 사회적 문제에 개입하지 않았다. 오후에는 덜 까다로운 업무에 집중했다. 일과가 끝날 무렵에는 어떤 부탁이 들어와도 응하지 않았다. 고단한 군사작전에서 돌아온 군인은 한동안 야간보초를 서지 않는다. 기나긴 작전 기간 부실했던 밤잠을 보충하며 휴식을 취한다. 영혼을 위해 반드시 생활 리듬의 완급을 조절해야한다. 이는 사회에 대한 소화불량을 치유할 수 있는 약이다. 그렇지 않으면 이 군인은 내달리는 시간에 박자를 맞출 수도, 혈기왕성한 말과 같은 시간을 길들일 수 없다. 삶의 주기를 "적당히 조절"하며 조화로운 리듬을 찾는 것이 중요하다. 긴장을 완화시킬 시간을 내고, 내적인 고독에 대한 욕망을 충족시키고, 전원에서 명상에 잠기고 다시 원래 하던 일로 되돌아오는 것이다. 홀로 있으면 평정을 찾기 좋다. 홀로 있으면 새로운 힘을 얻게 된다.

생활 리듬의 완급을 조절하라는 말은 고독과 사회를 대립시키는 시도가 모두 모략임을 확인시켜준다. 이러한 사고의 연장선상에서 요즘 수없이 언급되는 '로그오프'는 한낱 환상에 지나지 않는 것이 아닐까? '오프라인'과 '온라인'을 대치시키는 것은 신기루에 불과한 것이 아닐까? 물론 디지털 기술은 우리가 벗어나고 싶어 하는 주의 산만 상태에 빠져들게 한다. 거대한 정보의 물결에 휩쓸린 나머지 내면적 가치를 그 어느 때보다도 높게 평가한다. 자연의 품을 거니는 산책의 즐거움과 굴레에서 벗어난 일탈의 감각을 다시 추구하고 있다. 하지만 홀로 있음에 관심을 갖는 가장 큰 이유는 흔히 생각하는 그런 이유가 아니다. 완벽한 고독은 환상이다. 로그오프하려는 욕망은 이제 로그온하고 싶은 욕구의 일부가 됐다. 우리의 미래는 아마도 더욱 디지털화될 것이다. 생활 리듬의 완급 조절이야말

로 "가속화의 소용돌이"에 대처하는 방법이다.[2]

완급 조절을 권하는 주장은 보완되어야 한다. 그렇지 않으면 의지가 두 개라고, 그래서 각각 고독과 사회를 추구한다고 오해할 수도 있을 것이다. 그리고 이런 이원론적 관점으로 세상을 바라보게 될 것이다. 그렇지만 함께하는 삶과 홀로 사는 삶이 차례로 이어지고, 서로의 관계 속에서 각각 의미를 찾게 된다는 말만으로는 충분하지 않다. 이 두 삶이 분리될 수 없다는 점을 상기해야 한다.

이 책은 홀로 있고자 하는 의지가 곧 함께 있으려는 마음이라는 모순에 대해 밝히려고 했다. 소로의 경험이 길잡이가 되었다. 그 경험은 독특하면서도 전형적이었다. 2년 남짓한 시간 동안 소로는 숲과 콩코드 시내를 오가며 보냈다. 다른 사람들의 의견을 수집하고, 주위의 동식물을 아울러 생명을 관찰했다. 그는 고독이 주는 이점에 감사하고 자연을 그 자체로 향유했다. 고독과 자연은 그에게 노예제와 같은 부당함에 맞서 분개할 힘을 줬다. 도시에서 수백 미터 떨어진 곳에 머문다고 더불어 사는 삶을 포기한 것은 아니다. 멀리 떨어진다는 것은 상대적인 개념이고 일시적인 일이다. 비판적인 사고가 고안해낸, 지나치게 멀어지지도 그렇다고 지나치게 가까워지지도 않기 위한 전술이다.

오두막은 상아탑이 아니다. 우리는 오두막에서 자신을 좀 더 알아갈 수 있다. 그러나 자발적 고독은 무엇보다 다른 것, 민주적 제스처로서 유용하게 쓰인다. 시민이 옆으로 한 걸음 옮겼다고 시민이 아닌 것은 아니다. 그는 계속 도시의 일에 참여한다. 도시로 되돌아왔다가 다시 떠나기, 등장했다가 사라지기를 반복하고, 주기를 조절하며 자기만의 방식으로 동참한다. 그러면서 한동안 잠시 물러나서 살 수 있는 권리를 정당하게 행사한다. 어찌 됐든 멀리 떠나간 사람은 거의 언제나 되돌아온다. 그 사람은 떠나간 동안에 관찰을 멈추지 않는다. 그리고 공동의 문제에 대한 아이디어를 얻는다. 그는 침묵 속에서 용기를 얻고, 다른 목소리에 귀 기울이고, 해결책을 모색한다. 그가 다시 도시에 나타났을 때 그는 대화의 흐름을 바꾼다. 광장이나 회의실에서 종종 좀 더 명확하게 견해를 밝히고 토의하고 협상하고 반박한다. 도시에서 벗어나 다양한 의견을 들으면서 얻게 된 신념 덕분에 그는 "(다시) 발언권을 얻어 항의"할 수 있었다.[3] 그가 한 걸음 옆으로 옮긴 것은 영웅이 되기 위해서가 아니었다. 이기적인 행동도 아니었다. 그것은 성찰하는 삶을 살겠다는 표시였다.

릴케는 고독이 "우리가 자유롭게 갖거나 버릴 수 있는 무엇이 아니고 우리 자체가 고독"[4]이라고 단언한 바 있다. 고독은 인간의 조건에 속할 것이다. 고독은 피할 수 없는 불가사의한 것이다. 우리는 고독에 아무런 영향도 미칠 수 없을 것이다. 하지만 왜 홀로 있기를 바라는지는 얼추 알고 있다. 그리고 진정한 고독의 힘은 그 앎을 포기하는 것이 아니라 도리어 활용하는 것이고, 그럼으로써 고독 속에서 홀로 있기는 물론 다른 사람들과 함께 있기를 모두 좋아할 이유를 찾아내는 것이다.[5]

아치스 국립공원에서 공원 관리원으로 한 철을 지냈던 에드워드 애비의 경험이 좋은 사례이다. 애비는 10년 만에 유타

주를 다시 찾았다. 산업화와 단체관광의 폐해를 목도한 그는 당황스러웠다. 그는 이 대자연 속에서 다시 시간을 보내고 싶었다. 몇 달이 흐르고 권태가 그를 잠식했다. 그는 자기 자신에게 신물이 났고 서둘러 도시로 가고 싶었다. 도시의 소음을 다시 듣고 명랑한 사람들을 다시 만나고 집 앞 거리를 지나는 사람들과 부대끼고 싶다는 생각밖에 들지 않았다. 그는 이 경험에서 확실한 교훈을 얻었다.

> 비밀은 균형에 있다. 다시 말하자면 온건한 극단주의이다. 두 세상에서 좋은 것만 취하는 것이다. (……) 태양과 별과 바람과 하늘과 황금빛 모래와 함께 26주를 보내고 나니, 다시금 호보컨의 단골 해산물집인 클램 브로스 하우스에서 다 먹고 난 조개껍질이 타일 바닥에 떨어져 부딪치는 소리가 듣고 싶어졌다. 42번가를 지나는 사람들의 즐겁게 상기된 얼굴이, 애틀랜틱가의 보도에 북적이는 유쾌한 사람들이 애타게 그리웠다. 랜즈엔드 봉도, 데드 호스 포인트 주립공원도, 투쿠니키바츠 산도, 다른 장엄한 자연에도 진력났다. (……) 내가 무엇을 했는지를 진지하게 곱씹어보니 오지에서 지내면서 내가 미쳐버린 것이라고 인정할 수밖에 없다.[6]

애비는 야생이 살아 있는 곳으로 찾아갔다. 자연이 빚어내는 경이로운 장관을 감상하며 평정을 찾고 싶은 열망을 충족시켰다. 국립공원을 위협하는 위험 요인도 밝혀냈다. 그러더니 지독한 고독에 몸서리치기 시작했다. 오지에서 고립되어 산 지 6개월 만에 그는 급성장하는 대도시 뉴욕으로 달려왔다. 그는 도시의 소음 속에서 군중에 섞여 기운을 회복했다. 그가 말하는 온건한 극단주의는 자발적 고독을 경험할 당시에 정신 상태가 어떠해야 하는지를 보여준다. 다소 좌절감을 맛보기도 했지만, 그는 자연은 물론 사회의 장점도 고루 취했다.[7]

한 세계에서 다른 세계로 넘어갈 때라도 고독을 추구하는 의지는 사회를 추구하는 의지와 다르지 않다. 고독을 선택할 때에는 이 고독을 향유하는 만큼 사용하고자 한다. 우리는 바쁘게 살다 보면 사색의 시간을 갖고 자기 자신에게 다가가고 싶어 한다. 그렇지만 사회에서 지나치게 멀리 벗어나서는 이모든 것을 손에 넣을 수 없다는 점을 알고 있다. 우리 내면에 때로는 서로 어울리고 때로는 서로 반목하는 두 개의 의지가 존재하는 것이 아니다. 의지는 하나이다. 지향하는 목적이 고독 그리고 사회로 두 개일 뿐이다. 이 둘을 분명히 구분되는 두 개의 의지와 연관짓는 일은 부질없다.

그런 점에서 대부분의 자발적 고독은 정치적 성격을 띤 허구의 이야기이다. 날조되고 가공되고 연출됐다. 도피와 복귀, 사막 횡단, 일탈, 유배 등을 극적으로 포장한다. 홀로 있고 싶어 한다고 해서 몸도 마음도 사회에서 벗어나는 것이 아니다. 오히려 홀로 있는 시간이 길게 이어지지 않을 것이라고 인지한 상태에서 홀로 있는 경험을 한다. 완전한 고독은 오히려 견디기 힘들 것이다. 게다가 실질적인 효과를 내지도 못한다. 완전한 고독을 선택한 사람은 사회적인 관습을 거부하는 것에 그친다. 시민으로서 좀 더 건설적인 저항을 꾀하는 많은 사람들은 적당한 고독 또는 일시적인 고독을 실천하며 성장한다.

고독이 언제나 다정한 경험은 아닐지라도 우리는 홀로 있기를 좋아한다. 홀로 있기는 한 개인이 어려움 없이 버텨낼 수 있는 고독이기 때문이다. 바로 옆으로 한 걸음 옮겨서 만나는 고독이다. 사회적 책무를 적극적으로 짊어지기도 하고 내려놓기도 하고, 공동의 일에 참여하기도 하고 물러나 있기도 하고, 평온하다가도 불안하고, 이렇게 양가적인 모습이 결합된 고독이다. 이런 고독은 성찰에 대한 욕망을 충족시키고 대자연이 주는 즐거움을 발견하게 한다. 변두리나 자연, 또는 그 어느 곳으로든 도피하고 싶은 열망을 채워준다. 그러다가 어느 시점이 되면 중심으로 되돌아와야 하는 필요성을 상기시켜준다. 옆으로 한 걸음을 옮기면 사회에서 절대로 그렇게 멀지 않은 관찰 지점에 닿는다. 조금만 물러나서 고요하게 바라보면 반드시 해결해야 하는 사회적 불의와 결함이 쉽게 눈에 띄고 어떠한 제도적 개혁을 이끌어야 하는지 파악하게 된다. 옆으로 한 걸음은 모닥불 주위를 도는 인디언 댄스와도 같이 공동의 규칙을 전달하는 시간이다. 그 과정에서 자유로운 사고를 이끌어내야 한다.

미주

프롤로그 홀로 있는 것을 좋아할 수 있을까?

1 노르베르트 엘리아스Norbert Elias, 『죽어가는 자의 고독』La Solitude des mourants, S. 뮐러 옮김, 파리: 크리스티앙 부르주아 출판사, 2012, 87쪽. 세실 판 더 펠더Cécile Van de Velde의 「고독의 제작소」La fabrique des solitudes(피에르 로장발롱 엮음, 『사회의 재건』Refaire société, 파리: 라 레퓌블리크 데 지데 총서/쇠유, 2011, 27~37쪽)와 마리노엘 쉬르만스Marie-Noëlle Schurmans, 『고독』Les Solitudes(파리: 프랑스대학출판부, 2003)을 참조.

2 크리스토퍼 R. 롱Christopher R. Long · 제임스 R. 애버릴James R. Averill, 「고독: 홀로 있기의 장점 탐구」Solitude: An Exploration of Benefits of Being Alone, 『사회적 행동 이론 학술지』Journal for the Theory of Social Behaviour, 2003, 33/1, 23쪽. 2000년에 남녀 대학생 패널을 대상으로 실시한 설문 조사에서 혼자 있기에 가장 좋은 장소가 어디냐는 질문에 67퍼센트가 숲과 같이 자연과 인접한 환경이라고 대답했다(같은 책, 30쪽).

3 에픽테토스Épictète, 『대담록』Entretiens, III, 12장, É. 브레이에 옮김, 『스토아 학파』Les Stoïciens, 파리: 갈리마르, 플레이아드 총서, 1962, 987~988쪽.

4 라 로슈푸코La Rochefoucauld, 『성찰 또는 도덕적 격언과 잠언』Réflexions ou sentences et maximes morales, 잠언 231번, 파리: 가르니에플라마리옹, 1961, 64쪽.

5 헨리 데이비드 소로Henry David Thoreau, 『월든, 숲속의 생활』Walden, ou la vie dans les bois, G. 랑드레오지에 옮김, 파리: 오비에, 1967, 195~197쪽.

6 소로가 처한 '상황의 역설'은 티에리 질리뵈프Thierry Gillybœuf가 『헨리 데이비드 소로. 자연 속 독신자』Henry David Thoreau. Le célibataire de la nature(파리: 파야르, 2012, 137쪽)에서 지적한 바 있다.

1장 도피할 것인가, 말 것인가?

1   헨리 데이비드 소로,『월든』, 517쪽.

2   존 크라카우어는 디날리 국립공원에서 맥캔들리스가 사망한 장소가 엄밀히 말하자면 북극권 주민들이 말하는 '야생의 자연'이 아니라고 지적했다. 도보 여행자들과 공원 관리인들이 정기적으로 이 지역을 지나다니고, 조지 파크 고속도로도 가깝고, 그가 발견된 버려진 고속버스에서 그리 멀지 않은 곳에 적어도 "오두막 네 집"이 있었다. 그저 그가 절실하게 필요했던 순간에 아무도 만날 수 없었을 뿐이다. 존 크라카우어Jon Krakauer의『고독으로 떠난 여행』Voyage au bout de la solitude(Ch. 몰리니에 옮김, 파리: 프레스 드 라 시테, 2008, 200쪽)을 참조.

3   톨스토이에게 영감을 받은 행복의 정의("타인을 위한 삶")에 관해서는 존 크라카우어의『고독으로 떠난 여행』(204~205쪽)을 참조. 맥캔들리스는 파스테르나크의 저서를 다시 읽고 나서 "진정한 행복은 함께 나눌 때에만 느껴진다"라고 적었다(같은 책, 227쪽).

4   존 크라카우어,『고독으로 떠난 여행』, 109쪽.

5   노르베르트 엘리아스,『죽어가는 자의 고독』, 86쪽.

6   존 크라카우어,『고독으로 떠난 여행』, 198쪽(인용문은 1992년 5월에 쓰인 맥캔들리스의 일기에서 가져온 것으로 고딕체는 인용자의 강조이다).

7   바실리 골로바노프Vassili Golovanov,『거침없는 여행을 예찬하다』Eloge des voyages insensés, H. 샤틀랑 옮김, 라그라스: 베르디에, 2008, 42쪽, 78~79쪽.

8   도보 여행자이자 작가인 피터 힐러리Peter Hillary는 이처럼 남극대륙의 고요함 덕분에 자기 내면에 한층 다가섰다. "바람이 잠시 잦아들었을 때 찾아오는 믿기 어려운 정적을 사랑한다. 저 산들이 내게 귀 기울이는 느낌이 들었다. (……) 남극대륙이 이전까지는 한 번도 들을 수 없었던 것처럼 경청하게 만들어준다는 점이 좋다. 외부 세상이 철저하게 침묵할 때 생기는 일은 놀라울 따름이다. (……) 무거운 침묵이 내리깔린 빙하 위에 홀로 서 있었다. 갑자기 헬리콥터 소리가 들렸다. 어떻게 이럴 수 있는지 의아했다. 헬리콥터 소리가 들리기에는 우리가 모든 것으로부터 한참 멀리 있었다. 헬리콥터가 들어올 수 없는 곳이었다. 그제서야 그것이 내 심장소리라

는 것을 깨달았다." 피터 힐러리·존 엘더John Elder, 『유령의 나라에서: 경
계에서 보낸 시간』In the Ghost Country: A Lifetime Spent on the Edge[제
니퍼 H. 랭Jennifer H. Laing·제프리 I. 크라우치Geoffrey I. Crouch의 「고
독한 늑대라고? 프런티어 여행 경험에 얽힌 고립과 고독」Lone Wolves?
Isolation and Solitude within the Frontier Travel Experience(『게오그라
피스카 아날레르, B시리즈, 인문지리학』Geografiska Annaler, Series B,
Human Geography, 2009, 91/4, 335쪽)에서 인용됨]. 여기를 비롯해 앞으
로 등장하는 인용문은 별도의 이름이 명시되지 않은 경우에 자체 번역본
이다.

9   제니퍼 H. 랭·제프리 I. 크라우치, 「고독한 늑대라고? 프런티어 여행 경험
    에 얽힌 고립과 고독」, 325~342쪽.

10 에이일 크누트Eigil Knuth, 『인디펜던스, 썰매 여행의 철학』Indépendance
    ou la philosophie du voyage en traîneau, C. 에넬 옮김, 파리: 폴젠 출판사,
    2009, 20쪽.

11 위의 책, 20~21쪽.

12 위의 책, 32~33쪽(고딕체는 인용자의 강조).

13 위의 책, 34쪽.

14 리처드 버드Richard Byrd, 『나 홀로, 남극에서 첫 번째 겨울나기』Seul.
    Premier hivernage en solitaire dans l'Antarctique, H. 뮐러 옮김, 파리: 페
    뷔스 출판사, 1996, 17~18쪽.

15 위의 책, 20쪽.

16 위의 책, 125~126쪽.

17 폴 서루Paul Theroux, 「두려움, 노이로제, 다른 상태」Fears, neuroses and
    other conditions, 『여행자의 책』The Tao of Travel, 런던: 펭귄북스, 2012,
    85~92쪽. 앱슬리 체리개러드Apsley Cherry-Garrard, 『최악의 세계 여행.
    남극 기행 1910~1913』Le pire voyage au monde. Antarctique 1910-1913,
    Th. 모즈네롱 뒤팽 옮김, 파리: 폴젠 출판사, 2008, 7쪽. 체리개러드는 "어
    떤 점에서 전쟁은 남극을 연상시킨다"라고도 적었다(같은 책, 41쪽).

18 라이너 마리아 릴케Rainer Maria Rilke, 『젊은 시인에게 보내는 편지』
    Lettres à un jeune poète, 『전집』Œuvres I 중, P. 드 만 편집, 파리: 쇠유,

1966, 334쪽.

2장 내면의 고독

1 하인리히 폰 클라이스트Heinrich von Kleist, 「프리드리히의 바다풍경화에 대한 감상」Empfindungen von Friedrichs Seelandschaft, 『베를리너 아벤트블레터』Berliner Abendblätter, 1810〔헬무트 뵈르슈수판Helmut Börsch-Supan의 『카스파르 다비트 프리드리히 전집』Tout l'œuvre peint de Caspar David Friedrich(S. 다르스 옮김, 파리: 플라마리옹, 1976)에서 앙리 제르네르Henri Zerner가 인용, 11~12쪽〕.

2 폴 서루, 『여행자의 책』, 16쪽. 그런 생각을 갖고 있었기에 여행은 "고독한 시도"라고 주장하며 "자신이 있는 장소에 관심을 기울이고, 일상은 잊고, 모든 의무는 내려놓고, 연락은 두절하고, 자신을 보기 힘들게 만들라"(같은 책, 5쪽)고 했다.

3 "평생을 산에서 보낸 사람이 높은 산을 타는 것과 40대에 접어들어 처음으로 등반하는 것은 전혀 다른 일이다. 마흔여섯 살이라는 나이가 시작하기에 많이 늦었다고 느껴서가 아니라 살얼음이 낀 표면, 좁고 아찔한 길, 급류에 흔들리는 다리, 위협적인 바람과 폭풍우를 제대로 판단하지 못하지 않을까 의심스러워서이다. 산 정상에서는 사소한 실수도 큰 대가를 요한다." 피터 매티슨Peter Matthiessen, 『눈표범』Le Léopard des neiges, S. 네티야르 옮김, 파리: 갈리마르, 1983, 168~169쪽(본문에 나온 등반길 묘사는 57쪽).

4 위의 책, 57~59쪽.

5 위의 책, 191~192쪽. 그는 또한 아내의 죽음에 눈물 흘렸다.

6 "필요한 것은 단 하나, 고독뿐이다. 위대한 내면의 고독. 내면으로 들어가서 몇 시간이고 아무도 만나지 않는 일을 해내야 한다. 어른들이 왔다 갔다 할 때 혼자 가만히 있는 어린아이처럼 혼자여야 한다. 어린아이의 눈에 이 어른들은 크고 중요해 보이는 일에 휘말렸는데, 단지 어른들이 하는 일이고 또 아이가 어른들이 무엇을 하는지 전혀 알지 못하기 때문에 그렇게 보인다." 라이너 마리아 릴케, 『젊은 시인에게 보내는 편지』, 330~331쪽.

7 피터 매티슨, 『눈표범』, 196쪽.

8   위의 책, 233쪽(고딕체는 인용자의 강조).

9   위의 책, 253쪽.

10 위의 책, 272쪽.

11 『백과전서 혹은 과학, 예술, 기술에 관한 체계적인 사전』Encyclopédie ou
    dictionnaire raisonné des sciences, des arts et des métiers, '고독' 항목.

12 베르나르 뵈그노Bernard Beugnot, 『17세기 은둔에 대한 담론. 세상의 소
    음에서 벗어나』Le Discours de la retraite au XVIIe siècle. Loin du monde
    et du bruit, 파리: 프랑스대학출판부, 1996, 172쪽 및 137쪽. 조르주 미누
    아Georges Minois, 『고독과 고독한 자의 역사』Histoire de la solitude et des
    solitaires, 파리: 파야르, 2013, 208쪽 및 216~226쪽.

13 위의 책, 229쪽. 뵈그노는 17세기 '은둔에 대한 담론' 중 상당수에 "비어
    있는 삶은 무엇이 부족하거나 상실된 삶이 아니라 충만한 삶으로 가기 위
    한 과정으로 받아들여야 한다. 거리를 두거나 확보한다는 것은 지금 있는
    곳을 벗어난 곳에 자리 잡는 것이다. 즉, 세속을 떠나 외지를 찾고, 바다에
    서 나와 해안에 서고, 열정적인 감정을 내려놓고 평정 상태를 유지한다는
    말이다. 또한 거리 두기는 소수의 집단이나 자아 또는 신과 친숙한 관계,
    한 발 더 나아가서는 내밀한 관계를 다시 맺는 일이다. 은둔에 대한 담론은
    단순한 이별과 단절의 이야기가 아니라, 가치 추구의 과정이다. 이별과 단
    절은 단지 각성이나 가식으로 보이는 겉모습에 불과하다"(같은 책, 14쪽)
    라는 교훈이 담겨 있다고 했다.

14 토머스 머튼Thomas Merton, 『별이 뜨지 않는 밤. 수도원의 평화』La Nuit
    privée d'étoiles suivi de La Paix monastique 합본, M. 타디에 옮김, 파리:
    알뱅 미셸, 2005, 404쪽.

15 토머스 머튼, 『그 누구도 섬이 아니다』Nul n'est une île, M. 타디에 옮김, 파
    리: 쇠유, 1993, 12쪽.

16 위의 책, 42쪽, 53쪽.

17 위의 책, 107쪽, 123쪽.

18 위의 책, 130~131쪽, 157쪽(고딕체는 인용자의 강조).

19 위의 책, 177~178쪽, 185쪽.

20 위의 책, 200~201쪽, 203쪽.

21 한나 아렌트Hannah Arendt, 『전체주의의 기원. 전체주의』Les Origines du totalitarisme. Le système totalitaire, J.-L. 부르제, R. 다브뢰, P. 레비 옮김, 파리: 쇠유, 1972, 225~229쪽.

22 위의 책, 230쪽.

23 다니엘 에르비외레제Danièle Hervieu-Léger, 「'세속에서 벗어나서'. 수도원의 탈세속성을 대하는 다양한 반응」"Se tenir hors du monde". Les valences différentes de l'extramondanéité monastique, 계간지 『라 메종 디외』Revue La Maison-Dieu, 「수도사의 책무」La part des moines, 276호 (2013/4), 파리: 세르, 61~89쪽.

24 루이 뒤몽Louis Dumont, 『개인주의에 대한 소고. 근대 이데올로기에 대한 인류학적 견해』Essais sur l'individualisme. Une perspective anthropologique sur l'idéologie moderne, 파리: 쇠유, 1983, 38~41쪽.

25 위의 책, 46쪽.

26 크리스토퍼 R. 롱·제임스 R. 애버릴, 「고독: 홀로 있기의 장점 탐구」, 39쪽.

27 루이 뒤몽, 『개인주의에 대한 소고』, 75~76쪽, 244~245쪽.

3장 애매모호한 사회

1 베르나르 무아테시에Bernard Moitessier, 『기나긴 여정』La Longue Route, 파리: 제뤼, 1986, 136쪽, 218쪽.

2 장-자크 루소Jean-Jacques Rousseau, 『말셰르브에게 보내는 편지』Lettres à Malesherbes, 『전집』Œuvres complètes I 중, 파리: 갈리마르, 플레이아드 총서, 1959~1995, 1132쪽, 1140쪽.

3 글렌 굴드Glenn Gould, <고독 3부작>The Solitude Trilogy, CD, 라디오 다큐멘터리, 캐나다방송협회 및 미국공영방송, 1967/1969/1977.

4 헨리 데이비드 소로의 표현을 인용. 선집 『인생의 정수』La Moelle de la vie(Th. 질리뵈프 옮김, 파리: 밀 에 윈 뉘, 2006, 잠언 114번, 25쪽) 참조.

5 로버트 버턴Robert Burton, 『우울의 해부』Anatomie de la mélancolie, B. 회프너·C. 고포 옮김, 파리: 조제 코르티, 2000, I, 411~416쪽〔조르주 미누아가 『고독과 고독한 자의 역사』(247쪽)에 인용〕.

6 샹포르Chamfort, 『잠언과 성찰. 성격과 일화』Maximes et pensées.

Caractères et anecdotes, 파리: 갈리마르, 1970, II장, 98절, 45쪽.

7 위의 책, II장, 135절, 53쪽; II장, 131절, 52쪽; IV장, 268절, 88쪽.

8 위의 책, III장, 192절, 67쪽; III장, 194절, 68쪽; III장, 214절, 73쪽.

9 위의 책, III장, 258절, 84~85쪽.

10 위의 책, III장, 235절, 79쪽.

11 위의 책, V장, 323절, 102쪽(앞의 인용구는 IV장, 279절, 91쪽; IV장, 289
절, 93~94쪽; IV장, 290절, 94쪽).

12 위의 책, V장, 332절, 104쪽.

13 위의 책, V장, 339절, 105~106쪽.

14 장-자크 루소, 『백과전서 '제네바' 항목에 관해 달랑베르에게 보낸 편지』
Lettre à M. D'Alembert sur son article 'Genève', 파리: 가르니에플라마리
옹, 1967, 97~99쪽.

15 장-자크 루소, 『고독한 산책자의 몽상』Les Rêveries du promeneur solitaire,
파리: 가르니에프레르, 1981, 66쪽, 131쪽.

16 소로는 장서의 목록을 작성했다. 요한 게오르크 치머만의 저서는 '철학,
형이상학, 신학' 도서로 분류됐다. 티에리 질리뵈프, 『헨리 데이비드 소로.
자연 속 독신자』(426쪽)를 참조. 치머만의 저서에 대한 평가는 리제로테
E. 쿠르트포크트Lieselotte E. Kurth-Voigt, 「고독에 대하여(1784~1785):
작품에 대한 평가」Über die Einsamkeit (1784~1785): Zur Rezeption
des Werkes, 『모던 랭귀지 노트』Modern Language Notes(116권, 2001/3,
579~595쪽)를 참조.

17 요한 게오르크 치머만Johann Georg Zimmermann, 『고독에 대하여, 무엇
이 고독에 대한 취향을 낳는가』De la solitude, des causes qui…, A.-J.-L. 주
르당 옮김, 파리: J.-B. 바리에르, 1840, 30쪽.

18 위의 책, 245쪽.

19 위의 책, 4쪽.

20 "선한 사람이라고 해도 아무도 그의 발자국 소리를 듣고 있지 않을 때에는
걸을 수 없다. 하지만 당신이 그의 일거수일투족을 기꺼운 마음으로 살피
고 그의 흔적을 따른다면 그는 사랑과 감사를 담아 당신을 감싸 안을 것이
다." 위의 책, 10~15쪽(앞의 인용문도 포함).

21 위의 책, 28쪽, 30~31쪽.

22 위의 책, 19쪽, 31쪽, 40쪽.

23 위의 책, 13쪽, 52쪽, 56쪽, 64쪽.

24 위의 책, 92쪽, 101쪽, 103~104쪽.

25 위의 책, 161~162쪽, 195쪽.

26 위의 책, 230쪽, 236쪽, 524쪽.

27 위의 책, 278쪽.

28 위의 책, 334쪽.

29 위의 책, 522쪽, 275쪽, 533쪽.

30 위의 책, 269쪽, 275쪽.

31 위의 책, 522쪽, 551쪽.

4장 한 걸음 옆으로 물러나서

1 장-자크 루소, 『백과전서 '제네바' 항목에 관해 달랑베르에게 보낸 편지』, 97쪽.

2 토머스 페인Thomas Paine, 『상식』Le Sens commun, Ch. 아멜 옮김, 파리: 오 포르주 드 빌캥, 2013, 23쪽.

3 프레더릭 J. 터너Frederick J. Turner, 『미국사에서의 프런티어』La Frontière dans l'histoire des États-Unis(A. 랑베르 옮김, 파리: 프랑스대학출판부, 1963)를 참조.

4 에릭 슬로터Eric Slauter, 「사회 계약의 시대에 홀로 있기」Being Alone in the Age of the Social Contract, 『더 윌리엄 앤드 메리 쿼털리』The William and Mary Quaterly, 62권, 2005/1, 31~66쪽(주석 34, 65쪽).

5 위의 글, 36쪽.

6 에드윈 M. 베츠Edwin M. Betts 엮음, 『토머스 제퍼슨의 정원 일기, 1766~1824』Thomas Jefferson's Garden Book, 1766~1824, 필라델피아, 1944, 25~26쪽〔에릭 슬로터가 「사회 계약의 시대에 홀로 있기」(40쪽)에서 인용〕.

7 캐스린 슐츠Kathryn Schulz, 「해캄. 헨리 데이비드 소로의 도덕적 근시안」Pond Scum. Henry David Thoreau's moral myopia, 『뉴요커』The New

Yorker, 2015년 10월 19일.

8   제디디아 퍼디Jedediah Purdy, 「소로를 변호하며」In Defense of Thoreau, 『더 애틀랜틱』The Atlantic, 2015년 10월 20일.

9   도너번 혼Donovan Hohn, 「모두가 싫어하는 헨리. 문학의 성자인가 거만한 사기꾼인가? — 왜 우리는 소로를 이 중 하나로 규정하는가?」Everybody hates Henry. Literary saint or arrogant fraud? — why do we need Thoreau to be one or the other?, 『뉴 리퍼블릭』New Republic, 2015년 10월 21일.

10   리처드 B. 프라이맥Richard B. Primack · 에이브러햄 J. 밀러러싱Abraham J. Miller-Rushing, 「미안해, 『뉴요커』, 어느 때보다 지금 소로에게 주목해야 하는걸」Sorry New Yorker, Thoreau is more relevant than ever, 『더 보스턴 글로브』The Boston Globe, 2015년 10월 21일.

11   랠프 월도 에머슨Ralph Waldo Emerson, 「사회와 고독」Société et solitude, 『사회와 고독』Société et solitude, Th. 질리뵈프 옮김, 파리: 파요, 2010, 15쪽, 21~22쪽.

12   헨리 데이비드 소로, 『월든』, 107쪽, 121쪽.

13   위의 책, 95~97쪽.

14   위의 책, 309쪽.

15   헨리 데이비드 소로, 『일기』Journal, 『레른의 선집』Cahier de l'Herne 총서 『헨리 데이비드 소로』Henry David Thoreau 중 「비인간으로 우회하다」Le détour par le non-humain에서 미셸 그랑제Michel Granger가 인용, 파리: 레른, 1994, 233쪽.

16   스탠리 카벨Stanley Cavell, 『월든의 의미』Sens de Walden, B. 리발 · O. 베라다 옮김, 쿠르브부아: 테아트르 티포그라피, 2007, 20쪽, 8쪽, 93쪽.

17   헨리 데이비드 소로, 『월든』, 121쪽.

18   요한 게오르크 치머만, 『고독에 대하여, 무엇이 고독에 대한 취향을 낳는가』De la solitude, des causes qui…, 339쪽, 347쪽.

19   『월든』에서 소로는 "오두막 근처에서 거의 벗어나지 않은 삶을 살았지만 개방적인 여행기 형식"을 취해 "자유롭게 사유한 개인적 통찰의 대상이 된 수많은 주제가 공존할 수 있게 했다." 미셸 그랑제, 『헨리 데이비드 소로. 독특한 자의 역설』Henry David Thoreau. Paradoxes d'excentrique, 파리:

벨랭, 1998, 25쪽. 미셸 그랑제는 오두막이 "프런티어에서 살고 있다는 기분이 들게 만드는 방법"(같은 책, 8쪽)이라고 적었다.

5장 자기에게 다가가는 법

1   드니 디드로Denis Diderot, 『사생아에 대한 두 번째 대담』Second entretien sur le fils naturel, 『전집』Œuvres complètes 중, 파리: 가르니에, 1875~1877, VII, 122쪽(조르주 미누아가 『고독과 고독한 자의 역사』(304쪽)에서 인용).

2   미셸 드 몽테뉴Michel de Montaigne, 「고독에 대하여」De la solitude, 『수상록』Les Essais, I, 39, 파리: 아를레아, 1992, 186쪽, 187쪽.

3   사라 베이크웰Sarah Bakewell, 『어떻게 살 것인가, 몽테뉴의 인생에 대한 한 가지 질문과 스무 가지 대답』Comment vivre? Une vie de Montaigne en une question et vingt tentatives de réponse, P.-E. 도자 옮김, 파리: 알뱅 미셸, 2013, 37~58쪽, 229~234쪽.

4   미셸 드 몽테뉴, 「고독에 대하여」, 『수상록』, I, 39, 187쪽, 191쪽.

5   장-자크 루소, 『고독한 산책자의 몽상』, 29쪽.

6   위의 책, 30쪽.

7   위의 책, 31~32쪽, 39쪽.

8   헨리 데이비드 소로, 『월든』, 521쪽.

9   위의 책, 73쪽.

10   스탠리 카벨, 『월든의 의미』, 61~62쪽.

11   헨리 데이비드 소로, 『인생의 정수』, 잠언 85번, 20쪽.

12   헨리 데이비드 소로, 「개혁과 개혁가들」La réforme et les réformateurs, 『저항하라』Résister, Th. 질리뵈프 옮김, 파리: 밀 에 윈 뉘, 2011, 42~43쪽.

13   헨리 데이비드 소로, 『월든』, 75쪽.

14   위의 책, 75~77쪽.

15   헨리 데이비드 소로, 「H.G.O. 블레이크에게 보내는 편지(1859년 1월 1일)」Lettre à H.G.O. Blake (1ᵉʳ janvier 1859), 『레른의 선집』 총서, 『헨리 데이비드 소로』, 44쪽. 아마도 소로는 "세상을 돌아다니며 경험을 쌓는 것만으로는 충분하지 않다. 여행하는 법을 알아야 한다. 관찰하려면 두 눈이

있어야 하고, 또 그 눈을 알고 싶은 대상을 향해 돌릴 줄 알아야 한다"라고
한 루소에게 동의했을 것이다. 장-자크 루소,『에밀 또는 교육에 대하여』
Émile ou de l'éducation,『전집』Œuvres complètes IV 중, 파리: 갈리마르,
플레이아드 총서, 1959~1995, 828쪽.

16   헨리 데이비드 소로,『콩코드 강과 메리맥 강에서 보낸 일주일』Sept jours
sur le fleuve, Th. 질리뵈프 옮김, 파리: 파야르, 2012, 325쪽, 326쪽.

17   클로드 레비-스트로스Claude Lévi-Strauss,『슬픈 열대』Tristes tropiques,
파리: 플롱, 1984, 9~10쪽, 42~44쪽(고딕체는 인용자의 강조).

18   위의 책, 452쪽.

19   헨리 데이비드 소로,『월든』, 315쪽.

20   헨리 데이비드 소로,『노예제에 대하여. 존 브라운을 위한 변론』De l'esclavage.
Plaidoyer pour John Brown, Th. 질리뵈프 옮김, 파리: 밀 에 윈 뉘, 2006,
57쪽(고딕체는 인용자의 강조).

21   이 표현은 장-크리스토프 바이Jean-Christophe Bailly의『낯설게 하기. 프
랑스 여행』Le Dépaysement. Voyages en France(파리: 쇠유, 2011, 13쪽)에
서 빌려왔다.

22   헨리 데이비드 소로,『시민 불복종』La Désobéissance civile, G. 빌뇌브 옮
김, 파리: 밀 에 윈 뉘, 1996~2000, 37쪽.

23   감옥에서 보낸 밤에 대해 미셸 그랑제는『헨리 데이비드 소로. 독특한 자의
역설』(81쪽)에서 "그것은 의식적으로 법에 반한 외로운 정치적 행위였다.
사람들이 인정은 하지만 준수하지 않는 원칙으로 정당화될 수 있는 행동
이다. 그는 사회의 사상적 합의에 근거해 권력을 지닌 다수에게 그들 스스
로가 자신들의 가치를 어기고 있음을 인정하게 하려고 했다. 그는 근본적
으로 접근해 정치적 근간을 문제로 삼지 않았고(아닌 게 아니라 그는『월
든』에서 '상대적으로 자유로운' 국가에 대해 논한 바 있다), 단지 다수의
권리가 모두에게 보장되길 바랐다"라고 강조했다.

24   헨리 데이비드 소로,『콩코드 강과 메리맥 강에서 보낸 일주일』, 371쪽.

6장   느리게 자연을 읽는다는 것

1   랠프 월도 에머슨,「자연」La Nature,『자기 신뢰와 다른 에세이』La Con-

fiance en soi et autres essais, M. 베고 옮김, 파리: 파요, 2000, 22쪽.

2   헨리 데이비드 소로, 『메인 숲』Les Forêts du Maine, A. 파요 옮김, 파리: 조
제 코르티, 2001, 71~73쪽, 79쪽, 88쪽.

3   위의 책, 165쪽, 167~168쪽, 262쪽.

4   헨리 데이비드 소로, 『월든』, 261쪽.

5   장-자크 루소, 『고독한 산책자의 몽상』, 116~117쪽.

6   위의 책, 119쪽, 131쪽.

7   헨리 데이비드 소로, 『걷기에 대하여』De la marche, Th. 질리뵈프 옮김, 파
리: 밀 에 윈 뉘, 2003, 16쪽. 상류 사회는 거리를 두더라도 잊기 어렵다. 샹
포르는 상류 사회보다 상태에 집중한 삶을 택해야 한다고 단언하며 "우
리는 세상에서보다 고독 속에서 더 행복하다. 그것은 고독 속에서는 여러
상태에 대해서 생각하는 반면, 세상 속에서는 사람에 대해 생각해야만 하
기 때문이 아닐까?"(『잠언과 성찰. 성격과 일화』, IV장, 271절, 89쪽)라고
했다.

8   위의 책, 37쪽, 40쪽, 65~66쪽, 38쪽, 34쪽. 걷기만으로는 부족했던 소로
는 때때로 "나무에 기어오르고" 먼 산과 다른 지역을 바라보기 위해 높은
곳으로 올라갔다(위의 책, 64~65쪽).

9   위의 책, 36쪽, 10쪽, 7쪽.

10 소로가 『콩코드 강과 메리맥 강에서 보낸 일주일』에서 쓴 '비상식'이라는
표현에 미셸 그랑제는 이렇게 주해를 달았다. 『헨리 데이비드 소로. 독특
한 자의 역설』(48쪽) 참조.

11 헨리 데이비드 소로, 『원칙 없는 삶』La Vie sans principes, Th. 질리뵈프 옮
김, 파리: 밀 에 윈 뉘, 2004, 24쪽(고딕체는 인용자의 강조).

12 헨리 데이비드 소로, 『걷기에 대하여』, 18쪽.

13 헨리 데이비드 소로, 『월든』, 255쪽.

14 헨리 데이비드 소로, 『인생의 정수』, 잠언 385번, 70쪽.

15 헨리 데이비드 소로, 『매사추세츠 자연사』Histoire naturelle du Massa-
chusetts, 『레른의 선집』 총서, 『헨리 데이비드 소로』, 48쪽.

16 소로의 『일기』에 등장하는 문장으로 미셸 그랑제가 자신의 글인 「비인간
으로 우회하다」(『레른의 선집』 총서, 『헨리 데이비드 소로』, 232쪽)의 첫

머리에 인용했다.

17 헨리 데이비드 소로,『인생의 정수』, 잠언 387번, 70쪽.

18 위의 책, 잠언 372번, 68쪽(고딕체는 인용자의 강조).

19 "의사들이 하나같이 내가 사람들과의 교류가 부족해서 괴로워하는 것이
라고 진단했다. 사람들과의 교류가 부족한 경우는 한 번도 보지 못했다. 처
음에 나는 내가 괴로운 건지도 잘 몰랐다. 그러다가 어떤 아일랜드 사람이
말했듯 사람들에게 질린 것임을 알게 됐다." 헨리 데이비드 소로, 「H.G.O.
블레이크에게 보내는 편지(1859년 1월 1일)」〔티에리 질리뵈프가 『헨리
데이비드 소로. 자연 속 독신자』(295쪽)에서 인용〕.

20 헨리 데이비드 소로, 「현대 사회의 상업적 기질」L'esprit commercial des
temps modernes, 『저항하라』(73쪽). 소로는 현대 사회에서 많은 논란의
대상이 되는 "자연"이라는 범주를 사용했다. 그가 고독을 활용한 방식은
워낙 독창적이어서 그를 "자연"과 "문화"의 "이분법적 경계를 무너뜨린"
인물로 꼽아야할 정도이다〔카트린 라레르Catherine Larrère와 라파엘 라
레르Raphaël Larrère의 저서(『자연과 더불어 생각하고 행동하기. 철학적
고찰』Penser et agir avec la nature. Une enquête philosophique, 파리: 라 데
쿠베르트, 2015, 51~82쪽)에서 인용한 표현〕.

21 알도 레오폴드Aldo Leopold, 『모래 군의 열두 달』Almanach d'un comté
des sables, A. 깁슨 옮김, 파리: 가르니에플라마리옹, 2000, 13쪽.

22 위의 책, 211쪽, 216쪽.

23 위의 책, 220쪽.

24 버니 크라우스Bernie Krause, 『위대한 동물의 오케스트라』Le Grand
Orchestre animal, Th. 피엘라 옮김, 파리: 플라마리옹, 2013, 234쪽.

25 위의 책, 235~236쪽.

26 헨리 데이비드 소로, 『메인 숲』, 219쪽.

27 위의 책, 241쪽.

28 알도 레오폴드, 『모래 군의 열두 달』, 66~67쪽.

29 버니 크라우스, 『위대한 동물의 오케스트라』, 100쪽, 91쪽, 223쪽.

30 알도 레오폴드, 『모래 군의 열두 달』, 72쪽(고딕체는 인용자의 강조).

31 위의 책, 221쪽, 224~225쪽(고딕체는 인용자의 강조).

32 위의 책, 254~255쪽, 258~259쪽.

33 배리 로페즈Barry Lopez, 『노지를 가로지르며』Crossing Open Ground, 뉴욕: 빈티지 북스, 1989, 80~81쪽, 149쪽.

34 알도 레오폴드, 『모래 군의 열두 달』, 23~36쪽, 259쪽. '도서관'을 상징하는 나무둥치 삽화는 같은 책의 237쪽 참조.

35 생물의 상호 작용을 보여주는 미래의 자연 보호 기술을 실천에 옮겨야 할 것이다. 위의 책, 237쪽. 앞의 인용구는 284쪽에 있다. 문헌학자를 "느리게 읽기를 가르치는 자"라고 부른 사람은 프리드리히 니체이다(『아침놀』, 서문 5, G. 콜리·M. 몽티나리 옮김, 파리: 갈리마르, 1980, 18쪽).

7장 고독하게 연대하며

1 미셸 드 몽테뉴, 「자기 의지의 아낌에 대하여」De ménager sa volonté, 『수상록』, III, 10, 769~770쪽.

2 헨리 데이비드 소로, 『노예제에 대하여』, 98쪽.

3 헨리 데이비드 소로, 『시민 불복종』, 12~13쪽.

4 한나 아렌트Hannah Arendt, 「시민 불복종」La désobéissance civile, 『거짓말에서 폭력으로. 현대 정치에 대한 소고』Du mensonge à la violence. Essais de politique contemporaine, G. 뒤랑 옮김, 파리: 아고라포켓, 1996, 57쪽, 61~63쪽(고딕체는 인용자의 강조).

5 헨리 데이비드 소로, 『시민 불복종』, 18~19쪽(고딕체는 인용자의 강조).

6 위의 책, 25쪽(고딕체는 인용자의 강조).

7 위의 책, 23쪽, 25쪽.

8 헨리 데이비드 소로, 『노예제에 대하여』, 56~57쪽.

9 "사람이 신념을 갖고 있다면 동일한 신념을 갖고 협력할 것이고, 신념이 없다면 누구와 함께하든지 다른 보통사람들처럼 살아갈 것이다. 협력한다는 것은 가장 고결한 의미에서나 가장 저급한 의미에서나 삶을 함께 꾸려간다는 뜻이다."『월든』, 169쪽(고딕체는 인용자의 강조). 소로는 이 단락에서 이기주의라는 비난에 대해 자신이 박애주의자는 아니라고 짧게 대답하고는 "선행을 베푸는 직업에 더 이상 빈 일자리가 없다"라고 덧붙였다.

10 위의 책, 77쪽, 91쪽.

11 헨리 데이비드 소로, 『시민 불복종』, 23쪽.

12 헨리 데이비드 소로, 『노예제에 대하여』, 30쪽.

13 위의 책, 26~27쪽.

14 헨리 데이비드 소로, 『시민 불복종』, 44쪽.

15 헨리 데이비드 소로, 『노예제에 대하여』, 70쪽(고딕체는 인용자의 강조).

16 헨리 데이비드 소로, 『시민 불복종』, 43쪽.

17 프리드리히 니체Friedrich Nietzsche, 「이별할 시간」Le moment de prendre congé (307), 『인간적인 너무나 인간적인』Humain, trop humain, R. 로비니 옮김, 파리: 갈리마르, 1987, II, 393쪽.

18 프리드리히 니체, 「나쁘게 보려고 하지 말라」Ne pas chercher à voir à contretemps (297), 『인간적인 너무나 인간적인』, 390~391쪽.

19 헨리 데이비드 소로, 『시민 불복종』, 23쪽(앞의 인용구는 11쪽, 고딕체는 인용자의 강조).

20 위의 책, 26~28쪽.

21 위의 책, 11쪽, 12쪽. 소로는 "사회의 신성한 법"에 대한 이런 의견을 재차 언급한 바 있다. "인간의 의무는 사회에 저항하는 태도를 취하는 것이 아니라, 자기 존재의 법칙을 따르는 과정에서 취하는 자세를 (그 자세가 어떠하든지 간에) 유지하는 것이다. 그리고 그 자세는 정의로운 정부(그런 정부가 존재한다면)에 반항하는 태도가 아닐 것이다." 『월든』, 525쪽.

22 장-마리 뮐러Jean-Marie Muller, 『불복종의 필요성. 시민 불복종의 철학적·전략적 근거』L'Impératif de désobéissance. Fondements philosophiques et stratégiques de la désobéissance civile, 파리: 르 파사제 클랑데스탱, 2011, 188쪽.

23 한나 아렌트, 「시민 불복종」, 『거짓말에서 폭력으로. 현대 정치에 대한 소고』, 70쪽.

24 존 듀이John Dewey, 「창의적 민주주의: 우리 앞에 놓인 과제」La démocratie créatrice: la tâche qui nous attend, S. 샤퓌 옮김, 『철학적 전망』Horizons philosophiques, 5/2, 1995, 41~48쪽(인용문은 43~44쪽).

25 위의 책, 45쪽, 47쪽.

26 빅토르 위고Victor Hugo는 1870년 8월 15일부터 1871년 2월 12일까지 사

용한 수첩에 이 두 단어를 함께 사용했다. "내 삶은 고독과 연대라는 두 단어로 요약된다."『총서』Œuvres complètes 중 「여행」Voyages(파리: 라퐁, 1987, 1099쪽)을 참조. 알베르 카뮈는『유배와 왕국』L'Exil et le Royaume에서 이 표현을 차용했다.『연극, 중단편』Théâtre, récits, nouvelles(파리: 갈리마르, 플레이아드 총서, 2002, 1654쪽)을 참조.

8장 의지로서의 세상

1   로버트 해리슨Robert Harrison,『숲. 서구적 상상에 대한 단상』Forêts. Essai
    sur l'imaginaire occidental, Fl. 노그레트 옮김, 파리: 플라마리옹, 2010,
    122쪽, 124~125쪽.

2   위의 책, 122쪽, 124쪽.

3   위의 책, 126~127쪽.

4   바츨라프 하벨Václav Havel, 「회의의 해부」Anatomie d'une réticence,『정
    치적 소고』Essais politiques, R. 에레라·J. 블라디슬라프 엮음, 파리: 쇠유,
    1989, 217~218쪽.

5   "정신을 가다듬고 싶을 때에는 가장 어둡고 무성하고 끝이 보이지 않는 숲
    을 찾는다." 헨리 데이비드 소로,『걷기에 대하여』, 42쪽.

6   헨리 데이비드 소로,『인생의 정수』, 잠언 241번, 49쪽.

7   알베르 카뮈Albert Camus,『반항하는 인간』L'Homme révolté, 파리: 갈리
    마르, 1951, 311쪽.

8   위의 책, 35~36쪽, 305쪽.

9   위의 책, 314~316쪽, 330쪽.

10 알베르 카뮈,『여름』L'Été, 파리: 르 리브르 드 포슈, 1967, 81쪽.

11 알베르 카뮈, 「1957년 12월 14일 강연」Conférence du 14 décembre 1957,
    『스웨덴 연설』Discours de Suède,『총서』Œuvres complètes, IV, 파리: 갈리
    마르, 플레이아드 총서, 2008, 265쪽.

12 스탠리 카벨,『월든의 의미』, 8쪽, 105쪽.

13 이자벨 코흐Isabelle Koch, 「아우구스티누스와 세상의 사용」Augustin et
    l'usage du monde,『철학 연구』Cahiers philosophiques, 122, 2010/2, 27쪽,
    40~42쪽.

14 위의 책, 41~42쪽. 성 아우구스티누스의 『삼위일체론』 인용문은 이자벨 코흐의 글에서 재인용한 것이다.

15 헨리 데이비드 소로, 『월든』, 255쪽.

16 에드워드 애비Edward Abbey, 「소로와 함께 강을 따라서」Down the River with Henry Thoreau, 『강을 따라서』Down the River, 런던-뉴욕: 펭귄, 1982, 46쪽.

17 헨리 데이비드 소로, 『일기』 중 「1856년 8월 30일」Journal, 30 août 1856 〔티에리 질리뵈프, 『헨리 데이비드 소로. 자연 속 독신자』(129쪽)에서 인용〕.

18 헨리 데이비드 소로, 『월든』, 239쪽.

9장 오두막 학파

1 헨리 데이비드 소로, 『월든』, 259쪽. 잭 런던Jack London(『불을 지피다』 Construire un feu, P. 그뤼예 옮김, 파리: 페뷔스, 2007), 그레이 올Grey Owl(『버려진 오두막 이야기』Récits de la cabane abandonnée, J. 로슈마종 옮김, 파리: 수플 출판사, 2010), 좀 더 최근에는 실뱅 테송Sylvain Tesson(『시베리아의 숲에서』Dans les forêts de Sibérie, 파리: 갈리마르, 2011)이 소로의 이 질문에 대한 각자의 대답을 내놓았다.

2 "우리는 서로 너무 빈번하게 만나서 상대에게 새로운 가치를 얻을 시간적 여유가 없다. (……) 장담하지만 조금만 덜 자주 만나도 중요한 모든 대화를 얼마든지 충분히 나눌 수 있을 것이다." 위의 책, 263쪽.

3 잭 케루악Jack Kerouac, 『외로운 나그네』Le Vagabond solitaire, J. 오트레 옮김, 파리: 갈리마르, 1980, 183쪽.

4 위의 책, 188쪽.

5 위의 책, 192~194쪽(고딕체는 인용자의 강조), 198쪽, 203쪽, 206쪽. 헨리 데이비드 소로의 인용문은 『월든』(199쪽)을 참조.

6 쇠렌 키르케고르Søren Kierkegaard, 『인생길의 여러 단계』Étapes sur le chemin de la vie, F. 프리오르 · M.-H. 기노 옮김, 파리: 갈리마르, 1975, 22~23쪽. 본문에 언급된 시인은 오비디우스이다("숨어 지낸 자가 값진 인생을 보낸 자이다", 『비가』Les Tristes, III, 4, 25).

7 헨리 데이비드 소로, 『걷기에 대하여』, 19쪽. 티에리 질리뵈프도 뒤로 물러나 있는 곳과 몸을 숨기기 위한 곳을 구분한 바 있다〔헨리 데이비드 소로, 『노예제에 대하여. 존 브라운을 위한 변론』(110쪽)의 발문「자유로운 인간을 위한 투쟁」Combat pour un homme libre을 참조〕.

8 미셸 세르Michel Serres, 『자연계약론』Le Contrat naturel, 파리: 플라마리옹, 1992, 167쪽.

9 프리드리히 니체,「평등으로 가는 길」Le chemin de l'égalité (263), 『인간적인 너무나 인간적인』, 365쪽(고딕체는 인용자의 강조).

10 헨리 데이비드 소로,「여인숙 주인」L'Aubergiste, 『저항하라』, 7쪽, 8~9쪽.

11 위의 책, 10~13쪽(고딕체는 인용자의 강조).

12 위의 책, 14~17쪽.

13 헨리 데이비드 소로, 『월든』, 269쪽.

14 위의 책, 525쪽.

에필로그 고독의 힘

1 세네카,「영혼의 평정에 대하여」De la tranquillité de l'âme, É. 브레이에 옮김, 『스토아 학파 철학자들』Les Stoïciens, 파리: 갈리마르, 플레이아드 총서, 1962, 689~690쪽.

2 나탕 쥐르장송Nathan Jurgenson이 언급했듯이, 우리는 점점 더 홀로 있는 것을 좋아하는데 "'온라인'이 '오프라인이 아님'을 의미한다고 잘못 배웠기 때문이다. (……) 반대말이 잘못 되었다고 인정하고 디지털과 현실 세계가 서로 얽혀 있다고 본다면 우리가 로그온되어 있을 때 하는 일들이 로그오프되어 있을 때 하는 것과 불가분의 관계에 있다는 점을 이해하게 될 것이다." 나탕 쥐르장송은 "디지털 세상의 이원론"과 "온라인에서 보낸 시간만큼 오프라인에서 보낸 시간이 줄어든다는 제로섬" 게임은 착각이라고 했다(「현실 세계에 대한 집착」The IRL Fetish, 『새로운 질문』The New Inquiry, 2012년 6월 28일. 셰리 터클Sherry Turkle의 「대화로부터의 도피」The Flight from Conversation(『뉴욕 타임스』The New York Times, 2012년 4월 21일)에 대한 반박 기사). "가속화의 소용돌이"에 대해

서는 하르트무트 로자Hartmut Rosa의 『가속화. 시간에 대한 사회적 비평』 Accélération. Une critique sociale du temps, D. 르노 옮김, 파리: 라 데쿠베르트, 2010, 187~197쪽을 참조.

3 앨버트 O. 허시먼Albert O. Hirschman은 "이탈"Exit한 이후에 가능하다고 했을 것이다(『이탈과 항의』Défection et prise de parole, C. 베세리아 옮김, 파리: 파야르, 1995). 항의 활동에 '항의와 이탈'의 쌍을 적용하는 가설은 마이클 워너Michael Warner의 『공공과 반공공』Publics and Counterpublics(케임브리지: 존 북스, 2002), 알베르 오지앵Albert Ogien 과 상드라 로지에Sandra Laugier 공저의 『민주주의 원칙. 새로운 형태의 정치에 대한 연구』Le Principe démocratie. Enquête sur les nouvelles formes du politique(파리: 라 데쿠베르트, 2014)를 참조.

4 라이너 마리아 릴케, 『젊은 시인에게 보내는 편지』, 340쪽(고딕체는 인용자의 강조).

5 '고독의 힘'은 훗날 미국 연방대법원 판사가 된 조지프 스토리Joseph Story 가 젊은 시절인 1804년에 발표한 시의 제목이다(에릭 슬로터가 「사회 계약의 시대에 홀로 있기」(35쪽)에서 언급).

6 에드워드 애비Edward Abbey, 『고독한 오지』Désert solitaire, J. 마일로 옮김, 파리: 갈마이스터, 2010, 333쪽.

7 애비는 이 글에서 소로가 "한 번에 한 세계에만 집중해야 한다고 강조했다" 라고 언급했다. 여기서는 각자 자발적 고독을 실천하는 방식은 다를지라도 "두 세계에서 최고의 것만 누리는 것"을 목표로 한다는 가정을 세웠다.

고독의 사용법

고독이 동경의 대상일 때가 있다. 삶의 속도에 현기증을 느끼고 피상적인 관계에 지쳐 있을 때면 '고독'이라는 단어를 듣기만 해도 마음에 한 줄기 바람이 불어오는 듯한 기분이 든다. 혼자 있다 보면 기운이 충전되고 생각이 맑아지고 중심을 다시 찾을 것만 같다. 외지나 극지로 길을 떠나는 탐험가와 모험가들이나 묵상과 명상으로 수행하는 종교인들의 모습이 어렴풋이 떠오른다. 답답한 현실에서 도피하려고 대자연에 투신한 이들은 극한 환경 속에서 평화와 평정을 되찾았다고 고백했다. 자연 속으로 은둔한 이들은 그 위대함에 감탄하며 무한한 존재와 하나가 되는 충만한 경험을 하고 현재에 만족하게 되었다고 감사했다. 이런 이야기를 귀 기울여 들으면 지금 우리에게 필요한 것이 바로 고독이라는 확신이 든다.

　물론 자기와 사회에 대한 변화를 갈망하는 마음이 고독으로 향하는 첫걸음을 내딛게 한다. 그리고 고독을 지혜롭게 활용하면 누구나 소기의 성과를 얻을 수 있다. 그렇지만 아무나, 아니 아무렇게나 해도 이런 상태에 도달하는 것은 아니다. 물리적인 고독에는 육체적인 고통이 따르고, 낭만적으로 보이는 은둔은 정신적인 부담감이 상당하다. 고독이란 자아를 다시 바로 세울 기회를 제공하기도 하지만, 고독을 마주할 준비가 되지 않은 사람에게는 오히려 독이 될 수 있다.

고독은 해결책이 아니라 직면한 문제를 풀어나갈 방법을 강구하기에 적절한 마음가짐을 찾아가는 과정이다. 그리고 이점을 받아들일 수 있는 자족적 태도를 익혀야만 제대로 고독할 수 있다. 어쩌면 문제 해결보다 더 어렵고 더 지속적인 노력을 요구하는 과정이다. 고독을 맞이할 준비가 되지 않은 사람은 고독을 고립으로 만들고 적막감에 몸부림치며 상황을 악화시킨다는 점을 상기하면, 고독이라는 동경의 단어에 깃든 희미하고 막연한 불안감의 정체도 이해가 된다. 그러니 문제를 명확하게 인식하고 인정한 상태에서 현재와는 다르게 접근해 풀어나가려는 계획을 확고히 세운 상태여야만 고독은 유용할 수 있다.

그런 점에서 '자발적 고독'이라는 이 책의 제목은 울림이 있다. 왠지 생소하면서도 고독, 또는 '홀로 있음'에 '의지'를 담아 한결 담대하게 삶을 대하고 있다고 느꼈다. 선택에 따르는 책임을 인식하고 쉽지 않은 과정을 감내하겠다는 결연한 다짐이 들리는 듯했다. 저자가 말하고 싶은 자발적 고독의 모습은 어떤 것일지 궁금했다. 그는 혼자 있으려는 바람에 대해 '우리는 완전히 홀로 되지 않았다는 점을 인식하고 있을 때에만 혼자 있음을 즐길 수 있다'라고 단언하면서 헨리 데이비드 소로를 사례로 들었다. 숲속에 은신하며 주체적인 삶을 이끌어 현대 사회에서 전설적인 은둔자가 된 소로라니 다소 의아했다.

소로가 자연 속에서 내면의 고독을 실천하며 진정한 자기에 가까워지고 관찰력과 집중력을 키우고 이성을 벼렸다는 점은 익히 알려져 있다. 그러나 저자는 지금까지 간과된 그의 모습에서 자발적 고독의 지혜를 찾았다.

저자의 설명에 따르면 소로가 숲으로 떠나기로 한 선택은 세상과 연을 끊기 위해서가 아니었다. 세상 속에서가 아니라 세상에서 벗어나 적당한 거리를 두고 세상을 바라보기 위해서였다. 고독의 장점을 취하면서 고독의 단점을 보완하는 방법이었다. 고독은 일시적일 때, 또 고독으로 인한 고통을 함께 나눌 수 있을 때 효과를 발휘한다는 점을 그는 알고 있었다. 탐험가들이 귀환 이후의 삶을 그리면서 모험을 계획하고, 종교인들이 공동체를 이뤄 수양하는 것처럼 말이다. 그렇기에 인간에게 고독이 필요한 만큼 사회도 중요하다고 강조했다. 개인적 차원의 고독의 가치는 사회적 영역으로 확장될 수밖에 없고 또 그래야만 본래 고독의 역할을 다할 수 있다고 봤다. 사회가 강제한 구속에서 벗어나 자유롭게 생각하고 타인에 대한 애정을 재확인하고 다시 사회로 돌아와 합리적인 시민으로서 더 나은 사회를 만들려면, 몽테뉴가 '뒷방'으로 물러났던 것처럼 옆으로 한 걸음 옮겨 혼자 있는 시간을 정기적으로 가져야 한다고, 이왕이면 인간의 본원적 고향인 자연으로 잠시 떠나볼 것을 권했다. 저자는 소로가 실천한 '따로 또 같이'의 균형 잡기가 자기를 지키고 사회를 개선시키는 고독의 사용법이라고 정의했다.

당연한 말이지만 고독이란 사회가 있어야 성립된다. 인간은 고독하기에 사회적 존재가 되고, 사회적인 존재이기에 고독한 것이다. 혼란스러운 사회에서 떠날 때는 미처 깨닫지 못했더라도 애초에 자기를 바로 세우기 위해 고독을 선택한 이유도 결국에는 사회로 돌아와서 흔들리지 않고 살기 위해서다. 더 나아가 고독 속에서 개발한 명철함과 판단력으로 사회를 바로 세우는 데에 일조하는 것도 가능하다. 이렇게 고독과 사회는 서로가 존재함으로써 상호 보완하는 의존적 관계로 한 쌍을 이룬다. '홀로 있음'과 '함께하기'가 번갈아 이루어질 때 개인은 더욱 자유로워지고, 사회는 한층 정의로워질 수 있다. 인간이라는 존재의 조건을 감안하면 이 방법이 인간답게 사는 삶을 가능하게 하고, 더불어 살기 좋은 바람직한 사회를 구현할 것이다.

한국은 집단이 중시되던 시대에서 개인이 중심이 되는 시대로 이행하는 중이다. '혼-'이라는 접두어가 달린 다양한 활동이 등장했고, 타인의 시선과 반응, 통념을 의식하지 않고 자유롭게 자기 생각을 표현하는 사람들이 늘어나기 시작했다. 또 변화무쌍한 무한 연결의 시대에 당연하게 여겨지는 상시 접속 온라인의 삶에 지쳐 오프라인의 생활에 눈을 돌리는 경향도 두드러지고 있다. '홀로 있음'에 대한 관심이 높아진 것이다. 아직 개인에게 위로가 되고 치유의 효과가 있는 고독을 구하는 단계인 듯싶다. 그래도 디지털 미디어를 이용해 취향을 바탕으로 한 공동체를 형성하거나 바람직하다고 생각하는 대의를 위해 함께 목소리를 내는 등의 움직임은 이 책에서 말하는 '홀로 있음'과 '함께하기'가 교직된 삶의 방식이 은연중에 널리 확산되어 있다는 생각이 들게 한다. 첫걸음은 멋있게 뗀 셈이다. 이제 이 책에서 말하는 고독의 올바른 사용법을 통해 스마트폰의 전원을 과감하게 끄는 작은 용기를 시작으로 스스로 올곧고 정의롭게 생각하는 법을 익히고 그렇게 키운 비판적 사고로 불의한 사회에 당당하게 맞서는 시민으로 거듭날 수 있는 계기가 마련되길 바란다.

2019년 6월
서희정